# 体育营销
## 案例分析

游战澜 主编

华中科技大学出版社
http://press.hust.edu.cn
中国·武汉

## 内 容 提 要

体育市场营销是依托于体育活动,将产品与体育结合,把体育文化与品牌文化相融合以形成特有企业文化的系统工程。本书以案例分析为主,遵循借鉴与分析结合,突出实用性与操作性的指导思想。全书共分两大部分,首先用简洁的语言对体育营销的基本原理进行叙述,之后将体育本身独特的产品特性和体育营销理论相结合,阐述了23个体育营销案例的具体操作方法并加以分析。在内容组织上循序渐进、深入浅出,在案例选择上给人以启迪且具有借鉴意义,突破了以往教材单纯理论说教模式,增强了实用性,既可作为各类高等体育院校的参考教材,也可供各级各类社会组织中注重营销活动的工作者使用。

**图书在版编目(CIP)数据**

体育营销案例分析/游战澜主编.—武汉:华中科技大学出版社,2018.6(2025.2重印)
ISBN 978-7-5680-4178-2

Ⅰ.①体… Ⅱ.①游… Ⅲ.①体育产业-市场营销-案例 Ⅳ.①G80-052

中国版本图书馆 CIP 数据核字(2018)第 122857 号

**体育营销案例分析** 　　　　　　　　　　　　　　　　　游战澜　主编
Tiyu Yingxiao Anli Fenxi

策划编辑:陈培斌
责任编辑:汪　佩
封面设计:刘　婷
责任校对:刘　竣
责任监印:周治超

出版发行:华中科技大学出版社(中国·武汉)　　电话:(027)81321913
　　　　　武汉市东湖新技术开发区华工科技园　　邮编:430223
录　　排:武汉楚海文化传播有限公司
印　　刷:武汉邮科印务有限公司
开　　本:787mm×1092mm　1/16
印　　张:12.75　插页:1
字　　数:306千字
印　　次:2025年2月第1版第5次印刷
定　　价:45.00元

本书若有印装质量问题,请向出版社营销中心调换
全国免费服务热线:400-6679-118　　竭诚为您服务
版权所有　侵权必究

# 前 言

　　2014年10月,国务院出台《关于加快发展体育产业促进体育消费的若干意见》,也就是业内熟悉的46号文件,文件要求把体育产业作为推动经济社会持续发展的重要力量,并提出到2025年打造出5万亿规模的体育市场的目标。体育产业作为全民健身生活方式的载体成为社会的新动能,它改变了传统的发展模式,将一切交由市场主导,其价值也极速增长。体育产业传统意义上的营销正面临着巨大挑战,营销将不再是利用信息的不对称来实现的推销过程,而是需要创造价值,扩大需求将自身价值与消费受众需求,完美结合实现产品与服务创新。如今体育消费已经是人们的常态化消费,体育营销成为商家关注的热点之一。体育营销是利用体育赛事来推广企业或者品牌的市场营销活动,是将品牌理念与体育精神结合的战略形式,它不是一次简单的、偶然的商业行为,是发现用户共性需求、探索服务方式和产生利润价值的长期过程。体育营销有巨大的影响力和号召力,能迅速扩大品牌知名度。我国体育营销的重心、方法和手段也随着社会需求发生了本质性的变化,与之相对应的体育营销学内容已经不太适应体育产业化、市场化和社会化的发展趋势。如何在残酷的竞争中生存发展下去,除了具有必要的营销技能之外,更要有营销才能,要增长才能,必须在实践中学习。哈佛培养出了许多世界一流的管理大师,哈佛商学院的案例教学法被视为培养高级管理人才最成功的方法。每个人的经历是有限的,但是经过大量案例的学习训练,读者视野会更开阔,脑中会储备丰富的应对策略,在实践中遇到类似的问题,就会迸发出若干备选方案。正是在这样的背景下,我们编写了这本《体育营销案例分析》,体育的魅力就在于它的不可思议,只有将品牌精神、产品特性和运动项目、体育赛事的精神内涵充分结合,并深挖契合点,才能创造出最强有力的品牌。本书在编写时,先对体育营销的理论进行梳理,再对精选的案例进行评析,案例在叙述时力求做到客观、具体、脉络清晰,便于读者自己进行分析;评析时力求全面、专业、一针见血给读者以启发。真诚期望本书能成为一本具有时效性和实用性的参考书,为正在从事和即将从事体育营销活动的人们提供帮助。

　　本书在编写过程中参考了大量文献,已尽可能地列在书中的参考文献里,但其中仍难免有遗漏,这里特向被遗漏的作者表示歉意,并向所有的作者表示诚挚的感谢。

　　由于时间仓促及作者水平有限,本书错误之处在所难免,敬请读者批评指正。

编　者<br>
2018年1月

# 目录

理论导读 …………………………………………………………………………… (1)
案例一　TCL 的体育赞助方略 …………………………………………………… (15)
案例二　VISA 的奥运营销 ………………………………………………………… (23)
案例三　阿迪达斯体育营销：个性化体育营销 …………………………………… (33)
案例四　百事可乐的全方位体育营销 ……………………………………………… (41)
案例五　红牛体育营销功能饮料定位战略 ………………………………………… (51)
案例六　吉列体育营销：优质明星代言 …………………………………………… (59)
案例七　健力宝艰难的体育营销复兴之路 ………………………………………… (64)
案例八　金六福的品牌推广和体育营销 …………………………………………… (71)
案例九　可口可乐如何创造品牌核心价值 ………………………………………… (79)
案例十　李宁的国际化体育营销 …………………………………………………… (89)
案例十一　联邦快递的品牌文化传播 ……………………………………………… (98)
案例十二　麦当劳的温情体育营销 ………………………………………………… (104)
案例十三　青岛啤酒的深度体育营销 ……………………………………………… (111)
案例十四　蒙牛创新的体验营销 …………………………………………………… (119)
案例十五　纽崔莱：明星代言与赛事营销的结合 ………………………………… (126)
案例十六　七匹狼：体育营销系统工程 …………………………………………… (132)
案例十七　三星电子优秀的体育营销哲学 ………………………………………… (138)
案例十八　伊利体育的组合体育营销 ……………………………………………… (147)
案例十九　怡冠急功近利由盛转衰的启示 ………………………………………… (155)
案例二十　招商银行：非奥运赞助商也能红动中国 ……………………………… (160)
案例二十一　联想的北京奥运营销 ………………………………………………… (167)
案例二十二　黄鹤楼体育营销：借势传媒　缔造经典 …………………………… (183)
案例二十三　匡威跨界营销 ………………………………………………………… (192)
后记 …………………………………………………………………………………… (197)

# 理论导读

根据 B. J. Mullin、Hardy、William. A. Sutton 三人对体育市场营销的定义：体育市场营销包括所有通过交易活动满足体育市场消费者的需求。体育市场营销主要包含两层含义：一是直接向体育市场消费者提供体育产品和服务的市场营销过程；二是利用体育的宣传作用进行其他消费产品、工业产品或服务的市场营销过程。

第一层含义范围是指体育企业以及相关组织通过生产和提供产品及服务来满足消费者需求，比如生产及改进产品和服务、合理定价、选择合适的分销渠道和采取有效的沟通。第二层含义延伸了体育的作用，使之成为推广体育产品和服务的平台，以各种体育赞助、体育广告、体育明星代言为主要形式吸引顾客，并增加产品和服务的销量。

在体育营销中，体育促销或营销传播占据主体地位。有效的体育促销和销售活动最重要的是能够清楚地传播信息和引起消费者反响。

体育促销具体包括体育组织利用一切有效的手段，与既定的目标顾客群进行的沟通与劝说行为。这些活动有机地结合起来，构成了促销组合。传统的促销组合包含广告、公共关系、销售促进和人员推销。体育运动因其独特的特点，使体育促销组合被赋予了更多促销工具，包括广告、公共关系、销售促进、人员推销和体育赞助。

## 一、体育广告

体育广告是指体育企业（组织）或非体育企业（组织）通过支付一定的费用，有计划地借助与体育活动密切相关的媒体或形式向公众传递商品、劳务和其他方面信息，以促销产品或服务的大众传播形式。

### （一）体育广告的特点

体育广告媒体具有多样性，电视、广播、报纸和互联网等媒体都可以成为媒介传播的手段，企业也可以借助体育场馆和比赛，以及相关的宣传品进行广告宣传，还可以用运动员作为广告的媒体。

体育广告内容广泛，既可以传播产品和服务的信息，也可以传播健康的生活方式等观念上的信息。

### （二）体育广告的类型

根据企业传播信息的不同目标，体育广告可以分为告知性广告、说服性广告和提醒性广告。不同的广告类型在企业实施营销目标的不同阶段中发挥着不同的作用。

**1. 告知性广告**

告知性广告，是运用陈述信息的方式向消费者介绍体育性产品或者服务的品牌、特性、价格、品种、质量、功能等信息的广告。如"晶晶亮，透心凉——雪碧"。这类广告往往是将真实的产品信息直白地告诉消费者，使之知晓并产生兴趣和购买动机。该类型的广告一般没有华丽的辞藻，多用于体育性产品的市场导入期。

**2. 说服性广告**

说服性广告是通过劝说、劝服来引导消费者购买体育性产品和服务，使他们对体育产品和服务形成特定的品牌偏好和忠诚。说服性广告又可以分为理性诉求广告和感性诉求广告。

1）理性诉求广告

它充分把握体育消费者的心理，客观地分析和说明体育性产品或服务的特点以及能给消费者带来的效用，促使消费者产生购买行为。理性诉求广告重视分析和解决问题的办法，逻辑性强，以理服人，富有哲理，如"有能量，创造新传奇"，说明"红牛"功能饮料的作用，激发消费者的购买动机。

2）感性诉求广告

它主要以情感来打动消费者，促使他们产生购买行为。这种体育广告的特点是动之以情、以情感人。例如，李宁先前推出的广告主题"我运动我存在""运动之美，世界共享""出色源自本色"，使人感受到一种生活信念和生活境界。

**3. 提醒性广告**

提醒性广告是促使消费者产生重复购买行为而进行的广告宣传，通常这类体育性产品和服务已经在市场上打开了一定的知名度，提醒性广告的目的在于维持产品的知名度，并提高顾客购买频率。

（三）体育广告的功能

在市场营销活动中，体育广告的功能主要体现在以下几个方面。

**1. 传播市场信息，与顾客有效沟通**

广告传播面广，目标受众广阔，具有极大的影响力。因此，广告可以将体育产品或服务的特性、功能、质量、用途、售后服务以及企业信息传递给消费者，使消费者逐渐产生对产品、品牌、商标的认知，继而产生购买行为。我国许多体育用品公司和体育俱乐部都是借助广告形式来沟通体育产品信息的。据资料显示，1996年亚特兰大奥运会期间，可口可乐公司借助体育广告使第三季度的盈利增加了21%，达9.67亿美元。

**2. 开发顾客需求，促进产品销售**

世界著名广告公司BDO的一项研究结果显示，每增加10万美元的广告预算就可以增加5万箱的产品销售。从数据中可以看出广告对销售起到的促进作用。广告可以激发消费者对某种体育产品或者体育服务的潜在需求，引起购买欲望，并最终可能转化为现实的购买行为。例如，康威体育用品公司、青岛英派斯健身器材有限公司、美能多运动饮料通过巨大的广告投入，扩大了产品销路，赢得了市场。

**3. 传播新知识，引导消费**

广告一方面可以向消费者宣传体育产品或服务的相关信息，另一方面也可以帮助消费者形成一种新的消费观念或新的消费方式。特别是一些有很高价值的体育比赛和体育俱乐部的服务，它们有很大的潜在市场和文化价值，与之相关的体育广告能体现这种体育文化，引导消费者的需求和消费欲望。比如北京奥运会的广告赞助商们借助奥运广告既宣传了产品和服务的信息，又增强了人们参加体育运动的健康意识。

**4. 树立企业和产品的良好形象**

体育广告能提高体育企业及其产品的知名度和美誉度,获得社会公众对体育企业及其产品的良好评价。国内外的一些著名体育用品公司,如耐克、健力宝、英派斯等都很好地运用了形象策略广告,在树立良好的品牌形象的基础上提高了社会知名度和美誉度,获得了公众的消费信心,达到了促销产品的目的。

## (四)体育广告媒体及选择

广告媒体是传递广告信息的工具。不同的广告媒体的目标受众不同,在传播效果和功能上各有特点和作用,因此企业应根据体育产品和服务的特点来进行选择。

**1. 体育广告的媒体分类**

1) 报纸广告

报纸的主要优点是发行量大、覆盖面广、信息传播速度快、传阅率高、广告费用低廉。在美国,每天约有1.13亿成人阅读报纸,1992年报纸广告收入达307亿美元;在我国,1996年报纸广告营业额超过77亿元,占当年全国各类广告媒体总收入的21.2%,位居前三。但是报纸广告也有缺点:时效短、不易保存、广告表现力有限。

2) 杂志广告

杂志以刊登各种专门性知识为主,分类明确,能较好地选择目标消费者,且目标消费群相对稳定;其图文并茂,印制精美,艺术效果和感染力较强;另外,保存期长,传阅率高,无形中扩大了传播的范围。目前,我国体育类杂志达数百种,因其具有相对稳定的读者群,各大体育经营单位都乐于借助这一媒体平台向广大体育爱好者和体育专业人士传播体育商品的信息,以促进销售。但杂志广告也不免有缺点:传播的范围较小,传播速度慢,制作复杂且广告注目率较低。

3) 电视广告

电视广告是最有冲击力的广告形式,是各广告主倾向的媒介选择。电视广告集声音、图像和情感于一身,表现形式丰富,感染力强且覆盖面广,受众广泛;但电视媒体价格昂贵,广告信息不易保存。不过,电视成为当前最有价值的广告载体,电视经营者与体育经营者的关系也发生了本质变化:电视转播权成为体育经营组织最重要的收入来源,而高额的转播费也使电视媒体成为企业广告竞争的焦点和宠儿。2000年悉尼奥运会共创造26亿美元的收入,其中13.18亿美元来自出售电视转播权,占总收入的51%;当年澳大利亚各媒体广告收入共65.56亿澳元,其中电视广告收入38.24亿澳元,占总收入的58.3%。

4) 广播广告

利用广播媒介做广告,其优点在于信息传播速度快、价格低廉;其局限在于仅凭声音传递信息,形象感较弱,且保存难度大。

5) 互联网广告

近年来,国际互联网(Internet)成为一种新型的广告媒体,它发展速度快,灵活性强,投入成本低并能与顾客进行互动,利于信息沟通交流。1995年全球国际互联网用户只有800万,仅1997年底就突破1亿,并以每年53%的速度增长,而国际互联网广告也以超过100%的速度增长。1997年互联网广告收入高达9.056亿美元;1999年上半年,世界排名前5名的网站广告总收入就突破35亿美元。搜索引擎广告、富媒体广告以及其他新广告形式将成为推动网络广告市场发展的主要动力。今天的互联网已成为体育经营者和参与者喜爱的促销媒体和有价值的体育信息资料来源。不过目前因相关网络法规不完善,网上广告和网上促销混乱,甚至使消费者产生厌烦心理。

6) 自办媒体广告

自办媒体广告是体育市场特有的沟通方式,自办媒体广告内容丰富,形式多样,主要包括以下几种。

(1) 体育馆广告,是指在体育馆内设置的立牌广告、横幅广告、电子记分牌广告、气球广告以及在比赛路线沿途设置的各种临时性广告,另外国外许多场馆已启用电子式翻牌广告系统。

(2) 体育印刷品广告,是指在体育活动的成绩册、画册、纪念册、秩序册、明信片、信封、票证等物品上印刷的广告。

(3) 实物广告,指在运动服装、用具、器械、纪念品、礼品上带有广告宣传作用的商标,比如球员穿着的印有"NIKE"标志的球衣。

(4) 冠杯广告,指以商标或企业名称等作为体育比赛奖杯或比赛的名称,比如"丰田杯"冠军赛、"步步高"排球联赛等。

(5) 冠队广告,是以商标或企业名称作为体育运动队的名称,如上海"申花"队、北京"现代"队等。

**2. 体育广告媒体的选择**

由于不同广告媒体的特点不同,产品或服务的因素不同,选择什么样的媒体传递广告的信息,就直接影响着体育广告能否达到预期的宣传和促销效果。因此,在选择媒体时,需要对以下几个方面的因素进行统一周密的考虑。

1) 媒体因素

(1) 广告媒体的传播特点。不同的广告媒体有不同的传播特点,所选用的媒体必须能够准确、清晰地表达广告信息,并能顺利接触到目标受众。其中,媒体的覆盖面和覆盖率、广告信息的触及率是选择媒体需要首先考虑的因素。一般来说,媒体的传播范围应当与市场范围相一致。如冰雪类运动器械,主要局限于我国北方地区销售,应选择地方性媒体做广告;而行销全国的运动服装、健身器材等应选择全国性媒体做广告。

(2) 所选用媒体的社会地位。媒体的社会地位越高,在公众中的信誉越好,它所传播的广告信息就越易被公众接受;反之,广告效果差。因此,在发布体育性广告时,必须认真了解媒体的发行量、发行地区、受众类型及媒体信誉等指标。

(3) 媒体的成本。广告活动受企业的广告预算的制约,而选择的媒体不同,投入费用则不同。即使选择同种媒体,因影响力、时效性和传播范围不同,其收费标准也不尽相同。体育经营单位应该考虑到本单位的经济支付能力,力求在一定的预算条件下,选择费用较小而效果较高的媒体,以收到一定的经济和社会效益。

2) 产品因素

(1) 产品特征。不同性质的体育性产品,有不同的使用价值、使用范围和宣传要求,广告媒体只有适应该产品的特征,才能取得较好的广告效果。比如体育服装、运动鞋帽,主要展示其款式、颜色和品牌,最好在电视和杂志上做广告,可以增强其美感、吸引力和品牌地位;操作较为复杂的健身器械或体育劳务信息的传递则较多采用印刷媒体或广告媒体。

(2) 目标市场的特点。不同的广告有不同的目标市场,不同的媒体有不同的受众群体。媒体的目标市场和广告的目标受众越吻合,宣传效果越好,反之,必然是南辕北辙,达不到预期效果。因此,体育经营单位要根据目标市场的特点选择媒体,以便使所选择的媒体能把广告的信息有效传递给消费者。例如,在农村宣传全民健身计划就可以利用有限广播网;而各类体育健身器械、各种商业体育赛事、各种体育俱乐部服务,其消费群主要集中于城市,则可以选用报纸、赞助、电视或自办媒体等形式。

(3)目标受众接触媒体的习惯。由于目标受众的年龄、性别、文化和职业等个人因素不同,经常接触的媒体类型也有差别。体育性广告媒体的选择要考虑目标受众的这些特征方能达到预期目标。如女子健身健美用品的广告以刊登在妇女杂志上为宜;足球、篮球用品、武术器械等的广告则更适宜刊登在相应的专业性杂志上。

## 二、人员推销

体育市场人员推销是指推销人员通过与体育消费者建立一种良好的人际关系,以劝说和推荐的方式直接推销体育性产品和服务的促销方法。

### (一)人员推销的优点

同体育广告、公共关系等非人员推销相比,人员推销具有无可比拟的优点。

第一,推销人员同目标顾客直接接触,面对面洽谈,这样就可以根据顾客的需求特点和支付能力推荐适合顾客需要的产品和服务,促成即时购买。

第二,人员推销使得企业及推销人员与消费者之间建立一种长期的良好的人际关系,使得消费者对体育性产品和服务产生信任感,促进新产品的销售和老产品的重复购买。

第三,人员推销是把销售、服务等综合在一起的长期促销战略,培养了消费者的忠诚度。

第四,推销人员可在销售产品和服务的同时,进行市场调研等工作,寻求体育性产品和服务可能的改进方向。

### (二)人员推销的任务

推销人员在推销过程中起关键作用。一般而言,推销人员要完成以下一项或几项任务。

**1. 销售产品**

销售产品是体育产品或服务推销人员的基本任务。推销人员通过与消费者的直接接触,运用推销的技巧,向消费者推销体育产品或服务,分析解答消费者的需求问题,最终达成交易。

**2. 寻找和发现顾客**

体育产品或服务的推销人员要不断开发新顾客,挖掘新的市场需求,扩大市场范围。

**3. 了解市场,提供反馈信息**

推销人员需要与顾客直接接触,面对面地交流信息。他们既是体育产品或服务的推销员,又是市场调查员。他们不仅需要了解顾客的现实需求和潜在需求,而且要把握竞争者的动态以及市场发展趋势。由于他们对体育市场需求信息的传递和反馈最为准确及时,体育经营单位可以利用这些反馈信息迅速提供适销对路的体育产品或服务。如"孙晋芳全民健身服务网络"结合大量的反馈信息和市场调查,生产出符合少儿特点的各类学校体育健身器材。

**4. 与顾客建立长期友好的人际关系**

与顾客建立长期友好的人际关系也是推销人员的核心任务。良好的人际关系有利于买卖双方的沟通,使顾客产生信任感,从而达成购买行为,并有利于建立企业形象、树立产品口碑,为企业带来新顾客。

**5. 提供服务**

体育产品或服务的推销人员在推销过程中还应做好相应服务,如对顾客存在的问题和需求提供咨询、寻找资金、安排运输、监督安装、进行维修等服务,负责培训新产品的使用人员,并解决顾客提出的其他疑难问题,以解除顾客的后顾之忧,赢得更多的市场机会。

(三)人员推销的手段

推销人员若要成功地把体育产品和服务介绍、演示给消费者,就应当善于运用促销手段。经常使用的推销手段有以下几种。

**1. 企业宣传资料和工作名片**

推销人员必须要准备好企业的相关资料以及正规身份证件,以便向消费者介绍企业情况和本人身份。企业资料可以帮助消费者了解企业的发展史和经营概况,取得消费者信任。名片可以证明推销人员的专业工作人员身份,有备忘、激发并留下好印象等多种用途。

**2. 产品资料**

品名、产地、型号、牌号、特征、功能、性能、技术要求等产品信息资料,有助于消费者参阅。

**3. 广告**

很多消费者购买体育产品或服务是凭借对广告的感受来购买的,因此,推销人员可准备广告宣传资料,以利用广告的广泛性影响来达成销售。

**4. 样品**

样品既包括体育实物商品和体育商品模型,也包括免费邀请参观或观看赛事等服务。

**5. 电脑及计算器**

电脑便于信息处理和资料调用。计算器用于运算成本、费用和数据分析。比如,耐克公司就在其公司数据库中存储大量的客户资料和信息,借助电脑为顾客设计个性化的运动服和运动鞋。

**6. 销售场所**

推销人员应当注意销售场所,以便能高效地与顾客交谈。

## 三、体育销售促进

体育销售促进是指企业或体育组织运用各种短期诱因,促使消费者购买企业或中间商的产品和服务的体育促销活动。体育销售促进的目的在于短期内增加销售收入和利润,提高市场份额,提高体育活动或赛事品牌知名度,获得消费者的认可和支持。

（一）体育销售促进的特点

体育销售促进具有不同于其他体育促销手段的独有特征。

**1. 随机性**

体育销售促进是一种短期的促销方式，市场环境多变，消费者需求、竞争威胁以及销售渠道经常发生变化，这种促销方式常用于解决这些具体的和非周期性的体育促销问题，以扩大市场占有率、维护产品品牌形象、反击竞争者。

**2. 时效性**

销售促进的着眼点是向消费者提供短期的激励和诱因，比如赠送有价值的礼品，刺激顾客迅速采取购买行动。这种刺激能有效消除消费者的疑虑，打破其购买惰性，使潜在的消费者变成现实的消费者。因此，销售促进活动常在有限的时间和空间内进行，追求的是立竿见影，在短期内销售状况有迅速的改观。

**3. 直接性**

体育销售促进以利益引诱直接促进商品销售。在吸引顾客购买方面见效更快、更直接。

**4. 灵活多样性**

体育销售促进工具花样繁多，各有其长处和特点，企业可以针对不同的促销对象灵活选择体育销售促进工具。如雅典奥运会时出售各种赛事的标志性产品，购买某体育产品时赠送部分小礼品等。

（二）体育销售促进的形式

体育销售促进的目的是鼓励现有消费者在短期内更多地使用和购买体育产品。其手段具体包括以下几种。

**1. 赠送礼品**

消费者在购买某种体育商品时免费附送一些小礼品，如运动护腕、太阳镜、门票等。

**2. 优惠券**

优惠券通常是消费者购买体育产品时得到优惠的凭证，消费者可以凭借优惠券在购买某一体育产品和服务时得到价格上的优惠。专家认为，优惠券优惠的幅度一般要在15%～20%才有效。优惠券可以出现在印刷广告上，直接邮寄或散发给消费者。优惠券的形式可以诱导销售，但它也存在一些问题，比如易导致消费者对产品形象产生怀疑和排斥。

**3. 有奖销售**

体育消费者凭借购买某种体育产品，参与企业组织的抽奖活动，或通过收集某种运动饮料的包装或包装上的特制符号来兑换奖金等。著名的案例有健力宝饮料百万大奖兑换活动，可口可乐"可口可乐发发发""可口可乐红色真好玩"，以及1998年世界杯期间开展的"看足球、齐加油，喝可口可乐"等系列有奖销售活动。

**4. 出售各类标志性产品**

每当举行大型体育赛事如奥运会、世界杯足球赛和全运会等，企业都会不失时机地利用带有赛事标志的体育性产品和服务进行促销。2000年悉尼奥运会，仅出售带有悉尼奥运会标志的产品收入就高达4.2亿美元。

体育营销案例分析

**5. 发行体育彩票**

体育彩票是一种新兴的体育促销工具,并日渐形成庞大的产业。比如由于某些体育赛事结果难以预料,体育竞猜彩票无疑成为一个极佳的销售促进方式。由于买了体育彩票,消费者必然更加关注体育,从而导致体育产品的销售利润增加。体育与彩票的互动促进关系,为体育经营单位提供了一个有效的促销工具。例如,意大利足球市场的火爆闻名于世,其足球彩票销售额每年竟高达 20 多亿美元。

**6. 参与奖励**

这种促销形式一般用于纯商业性比赛。在比赛间隙和比赛结束后,幸运消费者可以直接与心目中的明星进行娱乐性"较量",和运动明星"零距离"接触。对于众多体育消费者而言,这种机会既少又难得,进而可以激发消费者的机会心理,刺激消费者的消费欲望,达到促销目的。

## 四、公共关系

体育公共关系可以定义为企业或体育组织利用体育组织机构或个人与相关的社会公众之间所发生的各种利益关系。其目的在于提高体育组织机构或个人的形象,促进体育产品销售的活动。

### (一)体育公关的主要形式

**1. 公开出版物**

体育经营单位可以依靠各种沟通材料去接近和影响其目标市场。它们包括年度报告、小册子、文章、视听材料以及经营单位的商业信件和杂志等。在向目标顾客介绍某种体育产品是什么、如何使用时,小册子往往起重要的作用;由经营单位撰写的富有思想性和宣传性的文章可以引起公众对经营单位及其产品的注意;经营单位的商业信件和杂志可以树立公司形象,向目标市场传递重要信息;视听材料如电影、幻灯、录像和录音带等给人的印象较深,也越来越多地用于体育促销。

**2. 新闻发布**

公关人员的一个重要任务是善于发现对企业和产品有利的体育组织、个人或事件,以吸引新闻界和公众的注意,增加报道的频率,扩大影响,提高知名度。其好处体现在:第一,通过参加新闻发布会的各媒介机构对体育项目进行多途径的新闻报道,以引起社会的广泛关注,起到宣传体育、扩大体育影响的目的;第二,重复的、多形式的体育新闻报道有助于体育组织或体育产品经营者在巩固现有消费群体的前提下,吸引更多潜在消费群体并完成消费行为,从而有效地实现促销的目的。例如,北京奥委会就北京奥运的组织管理、场馆筹建、会徽征集与发布等问题举行过多次新闻发布会。

**3. 赞助公益或社会活动**

由于体育本身就具有公益性,因此,以开展公益活动为公共关系促销手段,对于企业、体育组织或个人来说,显然是必要而有效的。尤其是对企业,通过投入一定的人力、物力、财力开展公益活动,可获得企业及其产品的社会认同和支持。宝洁公司和美国出版社情报交流所为资助特别奥运会联合组织了一次促销活动。宝洁公司为发出的每张特别奥运会节目单捐献面额 10 美分的优惠券,而出版社情报交流所将产品优惠券放在邮件内发出。

**4. 事件关注**

企业或体育组织往往还通过制造某一特定事件来引起社会的关注和认同。这类事件要求必须是具有广泛影响的、受消费者欢迎的,并且事件的内容必须与相关的体育主题一致。如迎奥运群众健身跑,以新北京、新奥运为主题开展的各项活动,库勒国际自行车赛等等。这样不仅给体育经营单位提供一个邀请、招待供应商、经销商和顾客的机会,同时又引起对其体育产品及品牌的关注。

## (二)体育公关的模式

### 1. 文化公关促销模式的思路

当决定用文化公关促销模式来策划某种体育产品或服务的促销方案时,首先要把与该体育产品或服务有关的传统文化、现代文化尽量多地寻找出来,然后调查分析哪种文化对消费者的影响更大,更容易导致消费行为,而后选择这种文化作为影响消费者的手段,巧妙利用这种文化诱导消费。文化公关促销模式如图0-1所示。

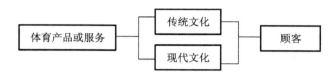

**图0-1 文化公关促销模式**

文化消费是现代市场消费的重要趋势。社会的进步,人们生活、知识水平的提高,使消费不仅仅是维持人的生理机能,同时还是一种"文化行为"(如"吃文化""穿文化""玩文化"等)。这就要求体育经营单位必须从传统的"商品经营"转变为"文化经营"。"文化搭台,经济唱戏",经营的经济行为与文化行为有机结合是一种崭新的营销观念。

文化公关促销是一种"先推销文化,再推销商品",用"文化味"代替"商业味"的高级促销模式。其优点是:①能形成大范围的销售气氛;②容易影响和转变消费者的观念;③把经济行为上升为文化行为,淡化了销售的商业味;④使顾客消费体育商品或服务成为一种更自觉的行为;⑤顾客感到商品的价值增加,不仅获得了具有使用价值的商品,同时也接受了一次文化教育;⑥容易吸引非企业界特别是政界人士加入促销活动;⑦容易形成一种连续性或周期性的消费行为,具有长期促销作用;⑧促进经营单位技术、管理、推销、广告、公关等方面人员的"产品文化"素质的提高;⑨容易与其他促销方式、手段相结合,形成一种更好的综合促销效应;⑩文化活动产生的新闻价值往往能吸引新闻媒体的连续跟踪报道。但文化促销模式的主要缺点在于:①涉及社会不可控因素多,活动过程容易出差错;②总体人力、财力投入大;③容易带动竞争对手的产品销售;④要求经营单位管理、营销、广告、公关人员具有较高的文化素质(必要时求助相关文化专家);⑤形成文化的社会氛围难度较大。

对体育产品或服务的要素及促销过程注入感情,让顾客在情感上接受企业的产品或服务及其促销方式,在企业与顾客之间建立起一座友谊的桥梁,实现"商客一家亲"。

推销过程的感情化,主要表现为对顾客的热情、礼貌、诚实,处处为顾客着想。整体宣传促销的形式、主题和内容要体现中国传统和现代的感情文化,要能引起顾客感情的共鸣,使顾客在心理上把企业当成自己人。感情促销模式如图0-2所示。

体育营销案例分析

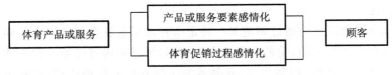

图 0-2 感情公关促销模式

**2. 感情公关促销模式分析**

感情体育促销是对"市场经济没有感情"论点的挑战。市场经济应当是理智型经济与情感型经济的有机结合。在经营中注重人情人理,这是一种人性思维。情感效应是实现经济效益的重要途径。

(1)感情消费始终是人们消费的主流(尤其是生活资料消费范畴)。具有为满足自身享受情感心理、交际情感心理的需要而消费的一大特点。

(2)感情购物与理智购物并驾齐驱。尽管理智购物是顾客的座右铭,但感情购物的动机常常具有巨大的力量。有学者曾做过的一项"理智-感情购物调查"表明,由于购物的目的不同、物品的用途不同,在购物时理智与情感所占的比重也不一样,但从一个人的长期购物实践看,一般来说感情购物超过理智购物。因此,使顾客处于感情状态,千方百计调动顾客的感情,往往创造促销奇迹。

(3)"情人眼里出西施"的原理。当顾客对企业及其产品或服务有感情时,产品在顾客心目中的"质量"就会更好,顾客就会理解、谅解产品的某些缺点。

(4)顾客有被尊重的强烈情感需求。学者调查表明,每一位顾客在购物前、购物中、购物后,都希望企业能充分地尊重他们。尊重是感情的高级形式,尊重能使顾客产生购物的荣誉感、成功感、安全感,减少在购物过程中的百般挑剔。

(5)"顾客是上帝""顾客是亲人""顾客至上""顾客永远是正确的""企业生存发展的基础就在于顾客的支持",这些都是企业在长期经营实践中总结出来的经典秘诀,感情正是这些秘诀的基础。

借助大众喜爱的体育名人来宣传企业及其商品(服务),实践证明是提高企业声誉、提高产品或服务销售效果的好方法,也由此掀起了一场激烈的名人公关战。

并不是所有的体育产品或服务都适合所有的名人来宣传,两者之间有一种最佳组合。要为自己的体育产品或服务选择在形象、格调方面相同,并与其最有关系、最能被广大顾客所信任和喜欢的体育名人。

所选择的名人,主要通过新闻、广告、产品说明书和包装等形式来宣传介绍商品。一定要采取种种传播手段使广大顾客知晓本企业的商品或服务是由哪位名人来宣传介绍的,而且要通过宣传,使顾客越来越喜欢名人,进而也越来越喜欢商品。名人公关促销模式如图 0-3 所示。

图 0-3 名人公关促销模式

体育名人所拥有的最宝贵的财富是他们的知名度、美誉度和在健康领域的号召力、感染力,这正是企业所需要的公关促销要素。体育名人公关促销的成功在于"名人效应",名人效应主要包括:

(1)晕轮效应。使顾客看不清"庐山真面目",引起一种神秘感、探索感和崇拜感。

(2)"西施"效应。在顾客心目中,体育名人是完美的形象,喜欢、追求、崇拜、学习名人是顾客的普遍心理。

(3)榜样效应。体育名人消费最有说服力,是顾客心目中的消费榜样,向名人学消费是广大顾客的愿望。

(4)新闻效应。体育名人的消费行为常常成为一种消费新闻,是新闻媒介热衷报道和顾客希望知道的内容。

(5)时髦效应。体育名人消费常常成为时髦的代表(或标志),甚至能引导时尚,创造新潮流。

(6)形象效应。名人是美誉度的象征,顾客认为由名人推荐和消费的体育产品或服务,其质量是一流的。

### 五、体育赞助

体育赞助定义为赞助方即企业或个人向被赞助方(体育组织或运动员)直接提供金钱、人员服务和设备等资源,以便被赞助者能顺利开展体育运动项目,同时赞助方借助开展体育运动项目的机会来实现自己的商业目的。

#### (一)体育赞助的特征

体育赞助包含于赞助的范畴,是赞助的热点之一。体育赞助实质上是企业的资金或资源同体育项目的特定权利进行交换的过程。它不同于广告与公关,具有得天独厚、巨大而明显的优势,但也有一些固有的、与生俱来的弱点。因此,我们必须全面、辩证地认识和看待体育赞助的特征,既要大力利用和弘扬赞助的优势,又要高度重视和设法弥补赞助的缺陷。

**1. 体育赞助的隐含性和非商业状态性**

体育赞助从广义上讲属于广告范畴,是一种软性的间接广告传播行为,其诉求点隐含于赞助行为之中,并自然地将多种诉求传递给消费者,比较隐蔽、含蓄。企业通过体育赞助进行广告宣传,可以实现传统广告所不能表达的诉求信息。比如,作为赞助回报的场地、沿途、运动员服装以及运动器械上的各种广告,它们不是单独出现,而是依附于其他载体以背景方式出现,因而其商业性和功利性不会像其他传统沟通手段那么直截了当。一方面,不易招致人们的反感,另一方面自然而然又具有强制性,使消费者在欣赏比赛的同时愉快地接受。正是由于体育赞助的隐含性和非商业性,使得赞助在信息爆炸、广告泛滥的时代能够产生特殊的传播效果。

**2. 体育赞助的参与性**

体育赞助的参与性具有双重性,既体现在赞助者身上,又体现在受众身上。就企业而言,通过赞助可以将参与者的身份直接参与到体育性、公益性活动中去,例如以赞助方式直接和举办者联合举办赛事,和体育部门联合成立足球俱乐部,选派少年球迷参加2006年德国世界杯服务等。就受众而言,也可以直接或间接参与赞助者所赞助的活动,比如到赛场为球队摇旗呐喊,百般助威,同他们同呼吸共命运。由于体育赞助属公益事业,更贴近人们的生活和需要,既能造福社会,促进公益事业的发展,又能满足人们观赏、宣泄和实现自我的需要,使受众产生天然的亲切感。这种感情投资所产生的巨大沟通效果是其他沟通手段难以达到的。

**3. 体育赞助的整合性**

企业对一项体育赛事进行赞助,其形式是多种多样的,包括冠名赞助、冠杯赞助、广告赞助等等。这些信息虽至关重要,但是仅凭借这些信息,还不足以令人们对企业、产品及其品牌产生全面、详细的认识和了解。比如,许多球迷都能如数家珍般地说出上海申花、大连赛德隆等俱乐部,但其赞助商具体是什么企业,生产什么,却不一定知晓,对其产品更是了解甚少。因此要求企业采用整合促销的方法,即以赞助为主体,结合广告、公关等其他促销手段,以弥补赞助传播的不足,建立整合传播体系,以便产生规模效应和轰动效应。国际上通常在赞助预算中采用1∶1或1∶2的做法,即若赞助预算为1元,其他沟通手段的配合费用为1~2元。

**4. 体育赞助的依附性**

体育赞助同有形的广告相比,除了特定名义外,其特性和组成因素多为无形无质的,甚至在赞助活动结束一段时间后才能体现或感受到。赞助所获取的效果,一方面很大程度上取决于所选择的赞助对象是否恰到好处;另一方面,也取决于彼此之间能否同心协力,紧密配合,确保顺利地完成议定的共同使命。此外,体育中介机构和媒体的配合程度和能力往往也至关重要。这表明,企业的赞助从头到尾都依附于参与各方特别是赞助方,企业在挑选赞助伙伴和合作伙伴时要慎之又慎,而且在赞助全过程中都要积极参与操作、监督和协调。

**5. 回报手段的丰富性和直观性**

赞助所提供的回报手段非常多,如冠名权,赞助商、装备商、借助应商等名称使用权,形形色色的广告、公关等沟通权以及专卖权、专利权等。同时,赞助回报直观性非常强。除了能直接在现场或通过电视、广播、报刊等媒体看到或听到外,有的还朗朗上口,易于记忆和传播。例如,球迷们在兴高采烈地谈论"丰田杯足球赛""上海申花队"时,"丰田"和"申花"总无法避免。于是,这些企业也就跟着声名远扬了。

**6. 以心理功能和远期功能为主**

体育赞助一般很难在短时间内对销售产生明显的直接效果,但主要体现在心理功能上,即提高知名度、信任度、美誉度和忠诚度等方面。此外,赞助主要从长期利益出发,放长线钓大鱼,不同于广告和营业推广的模式:发布信息—激发欲望—促进购买—增加利润,而是走间接的路线,即赞助—扩大影响—提高知名度—树立良好形象—促进销售和企业的发展。想要达到这个目的,必须有一个渐进的进程,难以一蹴而就。

**7. 体育赞助的风险性**

因为赞助是一个大系统,下有众多纵横交错的子系统,从赞助策划到最终完成,持续的时间较长,涉及的单位和人员也比较多,故不确定因素比较多。其中任一环节出现问题,都有可能给赞助效益带来负面影响。总体来说,体育赞助风险性主要体现在两个方面:其一,企业赞助体育活动往往需要投入巨额资金,如TOP赞助计划的赞助起价从第一期400万美元到第三期已高达4000万美元。巨额的投入可以创造巨大的产出,但伴随着高风险；其次，体育赞助是一项极其复杂的商业活动，其干扰因素也是多方面的，如赛事的精彩程度、赛事的日程安排、赞助对象的成绩等都可能直接影响赞助效果。因此，企业一方面要制定周详的赞助方案，将各种不确定因素尽可能考虑进去；另一方面则要树立风险意识，根据本企业的状况及其产品的特点慎重决策。

（二）体育赞助的作用

在同类商品琳琅满目、品质和价格差异日益缩小的当今市场，重塑商品个性，使之鹤立鸡群、独树一帜，成为现代营销的一大趋势。而"生活形态和事件营销"成为一种行之有效的企业营销的新主流。所谓"生活形态和事件营销"是指企业通过组织或赞助百姓所关心的活动或事件来开展营销活动。这一营销方法的要点是攻心为上，从根本上获取人们的好感、认同、理解和尊重，美化和巩固企业及品牌的形象，增强其差异和特色。

企业和产品的形象是指人们对与之有关的文化、质量、风格、信誉、款式、价格、包装和服务等要素的各种看法的总和，也是企业及其产品的美誉度、可信度及顾客忠诚度的一个决定性因素。良好的形象一旦形成，就是企业最宝贵的无形财富。体育赞助则通过形象转移和善行义举两个方面实现这一目标。

形象转移是指，通过体育赞助使人们产生联想，把赞助对象的某些独特的、美好的形象特征转移到企业或产品形象上去，使之增光，从而有效维护和提高企业的形象和产品的知名度。

同时，体育赞助又具有善行义举的色彩，特别是当一个企业义无反顾地承担一项重大的社会责任或赞助一些冷门项目或活动时，尤其能博得人们的好感和同情。如果这类赞助能持之以恒，而且不断翻新花样，那么随着时间的推移，人们会渐渐地由好感上升到信任感，最终甚至深化到忠诚感。

绕过某些沟通障碍，有针对性地与目标顾客沟通。受法律、风俗、受众、媒体等因素的制约，有效的沟通会受到一定的阻碍。利用明星效应，产生无穷威力，影响深远且费用低。在电视上做广告，时间以秒计算，而且价格昂贵。美国黄金时间的电视广告每30秒37万美元。我国央视黄金时段的广告每秒也近万元。据统计，一场足球比赛中场附近赞助广告牌的出现时间累计长达7分37秒；乒乓球、网球等比赛赛场四周挡板上的赞助广告出现的时间几乎相当于整个比赛的一半。而且广告画面多次重复出现，给人们的印象更加深刻。上海航星集团1997年取得辽宁足球队冠名权、胸前及场地广告权，其集团总经理江弘一席话道破天机："我们做过调查，要使航星集团在全国范围内产生一定的社会影响，普通广告的投入至少要5000万元，最终效果还很难说。而投资辽宁足球队，每年只需花500万元就足够了，肯定能带来足够的回报。"

凸显赞助企业的实力和地位。奥运会、世界杯足球赛、全运会等大型赛事中，凡取得行业独家赞助权和冠名权的企业均具有排他性。在有多名赞助者参与的大型赞助活动中，主要赞助者又比其他赞助者回报更多，名声更大，更具权威性。在以赞助金额多少而排名的其他赞助者中，排名靠前的又比靠后的更有优势。所有这些差异，都可使首要和主要的赞助企业先声夺人，显示其实力地位和王者风范，不但能在气势上压倒同类企业，而且还可以提高企业在公众心中的地位。

激励赞助企业的员工。通过本企业因体育赞助所取得的巨大社会效益，或邀请本企业职工参加或参观本企业所赞助的体育活动,既可增强本企业职工的荣誉感,又可激励他们参加群众性体育活动。如能赞助所在地区的一些群众性体育活动,效果更好,既能推动本企业的体育活动,又能激发职工更加切身的荣誉感。

### (三)体育赞助平台

体育赞助平台非常多,企业可以根据自身的市场定位和营销目标,选择合适的赞助平台。

**1. 执行机构赞助**

执行机构相当多,从国际奥委会到各种当地体育运动组织,企业可以选择恰当的合作伙伴。比如19世纪90年代卡玛特公司赞助了美国奥委会,可口可乐赞助了NFL联盟。

**2. 球队赞助**

企业可以选择特定的球队赞助其体育活动。美国NFL超级碗比赛具有极高的收视率,百事可乐曾经一度赞助过NFL中的达拉斯牛仔队。

**3. 运动员赞助**

企业作为赞助商,也可以选择对个别运动员的支持来进行赞助,比如让运动员在赞助商品上签名,运动员能在电视上留下很多清晰可见的形象,因此很多体育服装装备赞助商对此有极大兴趣。消费者往往能在运动员的近镜头中看到他们帽子、衣服上的赞助商的商标。

**4. 媒体频道赞助**

企业也可以选择媒体频道以及一些体育节目来赞助,赞助商可以购买一些体育赛事转播期间的广告权,以此使得消费者能将赛事节目与赞助商联系起来。

**5. 设备赞助**

体育设备总是在寻求可能的资助方式,因此赞助商可将公司的名字嵌入体育设备。1995年以来,美国和加拿大的所有体育建筑物都嵌入了一个赞助商的名号。

**6. 比赛赞助**

比赛赞助在所有赞助活动中占有相当大的比例,事实也证明了比赛能极大地提高赞助商的知名度,比如伊利赞助了2008年北京奥运会,福特赞助了澳大利亚网球公开赛。

### 参考文献

[1]刘勇.体育市场营销学[M].北京:高等教育出版社,2001.
[2]耿力中.体育市场:策略与管理[M].北京:人民体育出版社,2002.

# 案例一 TCL的体育赞助方略

## 一、企业简介

TCL集团股份有限公司创立于1981年,是中国较大的全球性规模经营的消费类电子企业集团之一,也是全球化浪潮中中国的新兴力量。TCL即"The Creative Life"三个英文单词首字母的缩写,意为创意感动生活。如图1-1所示为TCL LOGO。

经过近30年的发展,TCL借中国改革开放的东风,秉承敬业奉献、锐意创新的企业精神,从无到有、从小到大,迅速发展成为中国电子信息产业中的佼佼者。1999年,公司开始探索国际化经营,开拓新兴市场,推出自主品牌,并在欧洲市场并购成熟品牌,逐渐成为中国企业国际化进程中的领头羊。

图1-1 TCL

TCL集团旗下拥有三家上市公司:TCL集团(SZ.000100)、TCL多媒体科技(HK.1070)、TCL通讯科技(HK.2618)。目前,TCL已形成多媒体、通信、家电和泰科立部品四大产业集团,以及房地产与投资业务群、物流与服务业务群。

TCL在发展壮大中确立了在自主创新方面的优势和能力——生产出中国第一台免提式按键电话、第一台28寸大彩电、第一台钻石手机、第一台国产双核笔记本电脑等很多具有划时代意义的创新产品。

TCL集团旗下主力产业在中国、美国、法国、新加坡等国家设有研发总部和十几个研发分部。在中国、波兰、墨西哥、泰国、越南等国家拥有近20个制造加工基地。2008年TCL全球营业收入384.14亿元人民币,6万多名员工遍布亚洲、美洲、欧洲、大洋洲等多个国家和地区。在全球40多个国家和地区设有销售机构,销售旗下TCL、Thomson、RCA等品牌彩电及TCL、Alcatel品牌手机。其中,彩电销售超过1436万台,手机1370万部。

2009年TCL品牌价值达417.38亿元人民币(61.1亿美元),蝉联中国彩电业第一品牌。

未来十年TCL将继续构建设计力、品质力、营销力及消费者洞察系统为一体的"三力一系统",将TCL打造成中国最具创造力的品牌。

## 二、TCL体育营销之路

体育营销被TCL视为树立国际化品牌形象最为重要的渠道。TCL体育营销的历史可追溯到1996年,当时TCL与中国女排合作,成立了TCL郎平排球基金会。在赞助体育事业的初期,TCL更多地将赞助体育事业看作纯粹的公益行为。随着对体育赞助认识和操作的逐渐深入,TCL发现,赞助各项体育赛事,不仅可以扩大TCL品牌的影响和美誉度,还能有效地促进TCL产品在全球各地的销售。现在,体育营销已经成为TCL越来越重要的市场推广手段和建立全球品牌的重要途径。

体育营销要取得成功,企业不仅要制定高效的营销战略,还要有详尽的规划。TCL根据企业的发展战略逐步实施其体育营销战略,初期主要是体育赞助。其中,国内的项目赞助如表1-1所示。

表1-1　TCL在国内的赞助项目

| 时间 | 项目 |
| --- | --- |
| 1996年 | TCL开始与时处低谷的中国女排合作,出资赞助中国女排,成立TCL郎平排球基金会。在1996年至1999年,TCL向中国女排郎平基金会捐款近380万元。1998年,TCL赞助中国排球协会 |
| 2004年 | TCL赞助亚太地区汽车拉力赛第五站比赛 |
| 2002—2007年 | TCL冠名赞助欧巡赛分站赛之一的TCL高尔夫精英赛,使其成为当时国内参赛球员水平最高、第一个总奖金达到100万美金的职业高尔夫球赛事 |
| 2007—2009年 | TCL赞助中国女子网球队,签署了为期3年的战略合作协议 |
| 2009—2010年 | TCL赞助广州亚运会,成为广州2010年亚运会合作伙伴 |
| 2009—2012年 | TCL正式成为中国国家男子篮球队官方合作伙伴和中国男子篮球职业联赛指定赞助商,并将为中国男篮及CBA提供资金和产品支持,以助力中国篮球打造科技和环保的运营平台 |

随着企业国际化进程的加快,TCL的体育赞助范围也扩大到了海外,其国际项目赞助如表1-2所示。

表1-2　TCL在国际上的赞助项目

| 时间 | 项目 |
| --- | --- |
| 2004年 | TCL赞助泰国围棋比赛 |
| 2005年 | TCL赞助澳大利亚赛马、橄榄球比赛 |
| 2006年 | TCL在印度赞助板球比赛 |
| 2007年 | TCL在澳大利亚赞助印地赛车 |
| 2007—2008年 | TCL在澳大利亚赞助澳大利亚网球公开赛 |

## 三、TCL体育营销方略

### (一)TCL赞助亚运会的整合营销

2008年11月12日,TCL集团与广州第十六届亚洲运动会组委会签约,成为广州2010年亚运会合作伙伴,正式启动亚运营销。在亚运周期内,TCL的整体营销计划以"快乐亚运新视界"为主题,寻求亚运会与TCL自身产品技术和市场推广的合作,通过"创意理念＋快乐体验＋多媒体互动技术"的战术组合,实施了亚运整合营销推广。

TCL之所以选择赞助广州亚运会,从商业角度看,亚运会在亚洲范围内具有较强的影响力,是全亚洲人民经济、文化、体育交流的舞台。在中国,特别是3、4级城市,亚运会依然拥有着广泛的目标群体。从调研数据上看,87%的受众对广州亚运会表示关注和非常关注。而广州亚运会将成为快乐、包容和富有创意的体育盛事。赞助亚运会,为TCL海内外的合作伙伴、消费者创造了近距离和广州亚运接触的机会,同时也使TCL有机会在家门口迎接四方宾客,展示世界一流科技。

TCL的亚运赞助权益涵盖旗下电视机、LED显示大屏、安保监视器、移动电视等产品。利用自身在技术和产品上的优势,TCL在亚运营销上努力做出(实现)差异化,带给消费者愉悦的体验。这也是TCL寻求亚运会与自身产品技术的结合点,构建"快乐亚运新视界"整合营销的产品支撑。

借助亚运会这一极具影响力的赛事传播平台,TCL向人们充分展示了其多媒体产品可以完美地实现全模式高清、节能护眼和随机录放等功能,满足世界一流赛事和接待的需求;监视器解决方案和工程经验可以满足赛事和场馆的安保需求,确保万无一失。通过与大韩电光的合作,TCL将釜山亚运会和韩国世界杯场馆技术服务的经验和研发能力与其自身的制造能力结合到一起,为广州亚运会提供了更为出色的LED设备和服务。另外,TCL遍布海外40多个国家和地区的渠道也协助亚组委更好地进行了海外推广的工作。

凭借广州2010年亚运会合作伙伴的专属权益和独特资源,TCL以代表世界领先科技的TCL视听产品为载体,将创新科技和快乐体验带给了更多消费者,在促进销售的同时也推广TCL品牌所倡导的时尚、健康、快乐的生活方式和积极进取、自我实现的生活态度。

此外,携手中国男篮及CBA也是TCL亚运营销战略的重要组成部分。这一体育营销体系的基础,则是大众运动人群的广泛参与,这也是TCL围绕亚运实施整合营销的重点。

### (二)构建起强大有效的营销平台

在成为广州2010年亚运会的合作伙伴,拥有了一定的高端赛会资源之后,2009年6月27日,TCL集团在宁波北仑正式结盟中国男篮和CBA,成为中国国家男子篮球队官方合作伙伴和中国男子篮球职业联赛指定赞助商,通过收纳高端运动队和运动员资源,进一步完善了亚运周期内整合营销的平台。

之所以选择篮球项目作为TCL亚运周期内"快乐亚运新视界"整合推广活动的重要载体,是因为全球经济环境变化对企业体育营销提出的新要求。在欧美市场陷入经济衰退的情况下,国内及亚太新兴市场增长潜力依然凸显,而全球消费电子行业的发展重心向中国及亚洲新兴市场转移的趋势也逐渐显现。

为了顺应时势,同时兼顾欧美市场,对国内普通大众和海外新兴市场影响力最大并且大众参与度最高的篮球项目成为实施TCL亚运营销的重要载体。篮球运动是中国人参与人数较多的运动之一。且中国男篮在亚运赛场称霸多年,2010年的广州亚运会上,中国男篮和明星球员也成为万众瞩目的焦点。

这也是TCL以篮球作为"快乐亚运新视界"推广重要载体的初衷——通过拥有广泛群众的运动项目资源,争取将"快乐亚运新视界"的创新科技和快乐体验带给更多人,从而建立起以消费者(受众)为核心的品牌沟通传播模型。

在2010年一年的时间里,亚运营销成为TCL体育营销的主线,而中国篮球是TCL"快乐亚运新视界"整合推广的重要载体。作为例证,9月23日的TCL集团亚运战略发布会上,中国男篮球员王治郅、胡雪峰、张凯代表中国男篮出任了TCL亚运大使,助力TCL亚运营销,并陆续出席了TCL后续的亚运推广活动。

中国男篮联赛也进一步夯实了TCL的亚运营销平台基础——在高端的综合赛事资源上,TCL拥有2010年广州亚运会的推广权益和资源;在万众瞩目的运动队上,TCL将中国男篮揽入了自身营销平台中;而在具有足够时间和区域跨度的高水平联赛上,TCL的亚运推广也在CBA拥有了相应的资源。

(三)"快乐亚运新视界"——TCL亚运营销计划

以"快乐亚运新视界"作为亚运推广主题,是为了区隔传统体育营销中仅对产品性能的诉求。TCL希望利用亚运良机,构建起跨越时间和空间的体验平台,将体验作为公众、亚运和TCL品牌的黏合剂,力求让公众享受与亚运盛会相关的各种活动。通过"新视界"所代表的产品创新、技术创新,使公众获得快乐的切身体验,从而接触认同TCL的产品和品牌理念。

2010年,TCL围绕"快乐""亚运"和"创新视界"几个关键词,以"创意理念+快乐体验+多媒体互动技术",依托亚运会上最受瞩目的冠军运动队资源——中国男篮,联合广州亚组委启动了一系列亚运整合推广活动。

从2009年11月起,TCL启动了"快乐亚运新视界"全国亚运巡演。该项巡演活动历时一年,涉及全国20余个大中型城市,以富有创意的数字多媒体互动体验为主,辅以各地不同特色的表演形式,使全民更加快乐地享受轻松愉悦的亚运Party。

除了TCL"亚运中国行"大型文艺晚会,作为广州2010年亚运会合作伙伴,TCL还主办了"世界经典艺术多媒体互动展""亚洲之路"和一系列亚运赛事文化活动,参与亚运火炬地面传递,启动针对海内外消费者和员工的亚运传播和接待计划,并辅以"快乐亚运新视界"网络推广、网络亚运火炬传递等线上活动,以整合推广、大力传扬广州亚运的官方理念和体育精神,全力支持广州亚组委办好此次盛会。

其中,TCL"亚运中国行"大型文艺晚会于2009年10月21日在南京开启首站活动。此项亚运文艺推广活动到访了南京、杭州、上海、济南、西安、武汉、长春、哈尔滨、北京9个国内主要城市,集传递亚运精神的歌舞与富有地方特色的文艺节目于一身,营造了全民参与亚运的氛围。

2009年8月14日,TCL主办的"世界经典艺术多媒体互动展"已在北京城市规划展览馆拉开中国巡展的序幕,并依次前往杭州、上海、广州等地进行了巡展。作为运用多媒体科技推动世界文化交流和艺术传播的大胆尝试,TCL艺术展以"穿越时空的对话"为主题,集教育、IT技术、娱乐为一体,通过多媒体技术让首次中国之行的欧洲艺术作品全部改"说"汉语。此次互动展是国内首次将3D技术、全息技术和声音识别技术完美融合来展示西方经典艺术珍品魅力的高科技视觉盛宴。

而在最早启动的大型迎亚运文化体育交流活动"亚洲之路"中,TCL为重访"海上丝绸之路"的"阔阔真公主号"配备了高清液晶电视、高清播放器、移动空调、高清DV等顶尖电子设备,为远洋航行的"文化使者"提供了便捷、舒适的海上工作环境,更为登船参观的亚洲各国民众营造了无与伦比的视听享受。在造访亚洲十余个国家和地区的40余个港口城市的过程中,通过多场参观、联谊等品牌和市场拓展活动,TCL给各国公众留下了深刻的品牌印象。这一推广活动已经收到了明显效果,在活动结束后,TCL彩电在菲律宾当月的销售额一举超越了2008年全年的销售额,并且这种影响一直在继续,2009年6月的销售又比5月提升了近20%。

在"亚洲之路"的陆路行程中,TCL调动沿途国内和海外分公司力量,为重走古"丝绸之路"的亚运车队提供技术设备和活动支持,沿途将以"Fun Games, Fun Party"为主题,开展媒体见面会、趣味跑、乐羊羊走亚洲、亚运祝福语征集、亚运图片展等活动,这将又是一番传播体验之旅。

通过一系列亚运整合推广活动,TCL让更多人全方位地体验广州亚运的激情、创意、个性与乐趣,以"快乐亚运新视界"倡导健康、时尚、快乐生活的品牌精神。

(四)强调体验式营销的网球营销嘉年华

相对于习惯了获取优质资源的传统体育营销而言,组织面向社区及家庭的体育活动是一场更加浩大的工程。2008年3月20日,网球正式成为TCL用以"打动"市场的又一"利器",TCL集团副总裁史万文在北京正式启动以"网动08、网动生活"为主题的体育营销策略和计划。TCL凭借中国女网首席赞助商的专属权益和独特资源,在十余个大中城市开展了以网球为主题的社区挑战赛、大篷车、官方球迷招募、公益赞助等一系列大规模的推广活动。

TCL实施网球项目体育营销的突出特点:一是走进社区,深入家庭,与消费者直接接触与互动;二是强调体验式营销,将品牌和产品的理念潜移默化地根植到目标客户的认知中。TCL"家庭网球挑战赛"的赛制、环节设置了充满趣味性、游戏性,旨在降低网球运动的门槛,让更多家庭得以参与其中。活动还专设了网球训练营和网球文化区,聘请专业的网球教练向参与者特别是孩子们传授网球技术,讲解网球礼仪、网球规则,让他们更深入地理解网球运动、网球文化。全国8个站大约将有16000个网球家庭、48000人参与到这场网球运动体验中来。网球推广活动也成为TCL品牌与消费者取得沟通的平台。

就TCL这样的品牌而言,对体育营销的认识和操作,已从追求品牌曝光提升为寻求与消费者运动、生活方式的互动。这种体育营销与消费者互动所遵循的原则是社区化、娱乐化和时尚化。

网球运动专注、进取、创新、时尚等特点正暗合未来消费电子产业的发展趋势,也与TCL品牌特质非常契合,而追求生活质量的中高收入群体是网球运动参与者也正是TCL的目标消费群。网球运动迅速发展所带来的关注度和吸引力为TCL这样的中国企业在全球范围内品牌推广和产品销售提供了广阔的平台和丰富资源。TCL希望以网球运动为载体、互动性强的推广活动能更直接、有效地与消费者建立起良好的品牌沟通和体验,寻求在与消费者生活方式的互动中潜移默化地吸引消费者,影响消费者。

## TCL体育营销的解析

体育赞助是以体育为对象的赞助,是指企业(赞助商)与体育组织(被赞助者联姻),企业向体育组织提供金钱、实物或劳务等支持,体育组织则以广告、冠名、专利等无形资产作为回报,使两者平等互利、共同获益的商业营销活动。体育赞助商是体育赞助的赞助者,即体育赞助的买方,是构成体育赞助的另一大主体。赞助商通过体育赞助,达到加强与目标受众之间的沟通,提高企业和品牌的知名度和美誉度,以及顾客对企业和品牌的忠诚度等目的。对于TCL来说,赞助中国女排、男篮、亚运会、网球等活动,能够给TCL和其品牌带来巨大的收益。

1.品牌竞争力上升

品牌的价值关键体现在差异化价值的竞争优势上,这是由产品的质量、性能规格、包装、设计、样式等性质所带来的工作性能、耐用性、可靠性、便捷性等方面的差别。品质差别是品牌价值差别的核心,而技术是一切品质的终极决定因素。

2006年,TCL彩电炫律H61、炫魅E64获得法国工业设计院颁发的Janus工业设计大奖和法国工业设计促进署颁发的"设计之星"大奖;炫律H61荣获了CCTV创世盛典所颁发的"最佳自主创新设计奖";同年10月召开的"中非国际合作论坛",TCL液晶电视成为会议指定显示设备,其高性能的表现受到了国际友人的交口称赞;在12月权威机构发布的"中国最有价值品牌排行榜"上,TCL以362亿元人民币名列前三甲……这些奖项和荣誉是TCL多年不断变革创新,打造高品质产品的具体体现。

步入2007年,TCL国际化的品牌价值开始释放:瞄准液晶模组向产业链高端延伸,在核心技术开发方面取得了显著进步,自主知识产权的自然光技术一举突破平板电视节能降耗的世界级难题,提出的闪联标准被国际电工委员会采纳为国际标准,率先开发出闪联盒子软件核心技术,跻身世界数字家庭大潮前列。凭借旗下法国工业设计的团队,TCL液晶电视和电脑产品连获德国红点工业设计、IF Design Award China等国际荣誉。

基于在工业设计方面的固有优势,2007年6月TCL发布了"创意感动生活"的新品牌战略,致力于TCL在未来十年成为受人尊敬和最具创新能力的全球领先企业。现在公司继续保持全球第四大电视机生产商的地位,国内电视机市场份额18.8%,高出第2名竞争对手4个百分点。1995年TCL品牌价值仅为6.9亿元,到迈向国际化经营的2007年,其价值已增长至401.36亿元,13年翻了58倍。

2008年TCL品牌价值达408.69亿元人民币(59.5亿美元),蝉联中国彩电业第一品牌。TCL品牌价值增长迅猛,主要归功于国际化带来的企业核心价值创造能力的提升。TCL已经建立了全球业务架构,实现研发、供应链、管理等全球协同,并拥有自己的核心技术、专利和国际化运营团队人才,成为率先进入国际市场的中国品牌。

2009年发布的"中国最有价值品牌排行榜",在其行业分类榜单里,TCL以417.38亿元品牌价值蝉联彩电第一品牌,成为中国第一大彩电集团。TCL集团品牌中心总经理梁启春认为,在全球化市场竞争中,提高自主创新能力是保证企业生存发展进而提升品牌价值的关键之道。2009年,平板电视产业快速兴起,引发了中国家庭由传统彩电向平板电视升级换代的热潮。此外,TCL集团还发布了11月份销售数据。数据显示,11月份该公司液晶电视业务和手机业务均保持高于市场平均水平的持续增长势头。其中,2009年前11个月TCL全球液晶电视销量超过714万台,同比大幅上升99.4%。

2009年11月,TCL集团成为广州亚运会合作伙伴,品牌价值有质的提升。同年12月,全球性的咨询管理公司翰威特、RBL集团以及《财富》杂志共同组织评选的"2009年最具领导力公司"在上海揭晓。TCL集团在众多参评企业中脱颖而出,成为跻身"2009年亚太区最具领导力公司"12强的中国唯一一家消费电子企业,以中国区排行榜榜眼的身份在亚太区排行榜中位列第三。

**2. 亚运营销成果初现**

TCL集团发布2009年8月的主要产品销售数据显示,其主营产品液晶电视及手机8月销量同比均出现大幅增长,海外市场形势喜人。据TCL多媒体数据显示,TCL液晶电视自2009年1月以来,销量一直保持快速稳定的增长,1—6月TCL液晶电视销量占到公司电视产品销量的56.0%,前6个月其主营产品液晶电视销量达2931251台,同比增长93.1%。其中,国内市场6月液晶电视继续保持稳健快速增长的态势,同比上升275.3%,1—6月销售量劲升249%,中国区8月销量达40万台,同比增长365.2%;北美市场、欧洲市场和新兴市场8月销量也出现快速增长,分别同比增长366.4%、200.4%和215.3%。而手机方面,形势仍然一片大好,8月份手机销量为138万台,同比增长24.55%,其中海外销量同比增长26.32%。

TCL业绩逆市上扬,其体育营销的助力功不可没。"海上丝绸之路"的营销活动已经收到了明显效果。在活动结束后,TCL在菲律宾当月的销售额竟然一举超越了2008年全年的销售额,并且这种影响一直在持续,2009年6月的销售又比5月提升了近20%,而TCL的目标是比亚洲市场销售同期增长30%。

在当今欧美市场陷入经济衰退的情况下,国内及亚太新兴市场增长潜力依然凸显,而全球消费电子行业的发展重心向中国及亚洲新兴市场转移的趋势逐渐显现。与之相应,中国本土及亚洲新兴市场在TCL企业经营战略上的重要性也进一步凸显。夯实品牌基础,进一步强化与上述重要目标市场消费者的品牌联系,成为TCL品牌战略下一步推进的重点。我们有理由相信,TCL未来在营销上的投入将成为这一品牌战略的又一发力点。

**3. 网球嘉年华体验营销取得了较好的效果**

体验营销是指企业通过采用让目标顾客观摩、聆听、尝试、试用等方式,使其亲身体验企业提供的产品或服务,让顾客实际感知产品或服务的品质或性能,从而促使顾客认知、喜好并购买的一种营销方式。这种方式以满足消费者的体验需求为目标,以服务产品为平台,以有形产品为载体,生产、经营高质量产品,拉近企业和消费者之间的距离。

有体育营销专家指出,以罗兰·贝格家电消费方式矩阵分析,网球爱好者群体与全球消费电子产品的主流消费群体在生活形态上有着高度的重合,在目标受众的选取上具有针对性;而以目标受众感兴趣的运动体验进行生活方式营销则非常巧妙,有望同其建立起更直接的品牌良性体验和沟通。从行业角度看,这一营销策略和计划的实施,显示出中国领先企业在品牌和市场推广战略的一些显著变化。这些变化将直接激化消费电子品牌在市场推广上的新一轮竞争。而作为竞争中的先行者,这一营销战略必将使TCL获益良多。

在发布网球营销嘉年华策略之前,TCL刚刚发布了在推行国际化战略以后的首份业绩盈利公告。公告显示,TCL在2007年实现净利润3.96亿元。联系此次实施的大规模体育营销计划,TCL集团副总裁史万文表示,自国际化战略实施以来,TCL在全球各个市场同国际消费电子巨头直接竞争,更切身体会到品牌的重要性,品牌是保证企业在未来可持续成长的重要资产,实施体育营销计划将成为TCL品牌国际化的战略助推器。

**4. TCL在体育营销上的失败之处**

在与法国汤姆逊结盟一年后,TCL坐上了全球彩电业的第一把交椅。2005年其销售的2300万台彩电中,超过一半销往海外市场。为进一步扩大在全球的市场份额,提升在全球范围内的品牌影响力和国际化形象,TCL想到了世界杯营销。

因为时间问题,TCL不可能去争赞助商的席位,于是退而求其次——选择即将参加2006年德国世界杯的顶级足球明星作为品牌形象代言人。TCL看中的是夺标热门之一——巴西队的主力前卫罗纳尔·迪尼奥。小罗凭借在欧洲顶级联赛和各种国际赛事中的出色表现连续当选两届的"世界足球先生",可谓如日中天的世界级球星。TCL认为这样的巨星才与自己全球化的形象相匹配,并不惜付出高达1000万欧元的代价"押宝",折合人民币1.3亿元。此举堪称中国企业世界杯营销历史上的最大手笔。

但2006年世界杯的巴西队早早止步于八强,而小罗表现也大失水准,成为"最差11人"之一。对小罗所代言的产品而言,无疑也产生了很大程度上的负面影响。当然,TCL在这场"豪赌"中最大的失策并不是事先没有考虑小罗的表现,而是对世界杯营销缺乏系统的准备。

首先,在TCL签约前,小罗已经代言了十几个产品,其中不乏耐克、百事可乐、联合利华这样的国际大牌企业,他作为球星的品牌价值被严重稀释,TCL选择小罗作为代言人,不能突出其品牌特色。

其次,在TCL的相关传播中,品牌理念模糊,并没有将品牌与明星代言和世界杯建立紧密的关联,只是推行了一次短期的产品促销秀而没有整体的营销战略。如果TCL仅仅借助小罗向全球大规模推广TCLB68平板电视系列新品,巨额的明星代言费的投入显得过于事倍功半——以每销售一台40英寸以上的液晶电视,提出1000元作为广告费用计算,至少要卖13万台以上才能与这笔巨额广告支出相抵。但TCL在2005年的国内市场上所有平板电视销量不足10万台。而且彩电产品的生命周期通常比较短,一旦所代言的产品进入衰退期,那就意味着小罗失去了相应的价值。

最后,除了从媒体上看到关于TCL签约罗纳尔·迪尼奥的报道,以及在渠道方面有对B68产品的促销,其他方面几乎看不到任何有关TCL和小罗的营销活动和营销场景。在一个月的世界杯期间,TCL也没有任何其他有影响力的焦点事件或活动,这相当于花高价买了个"世界杯"的营销形象摆在卖场,而真正的营销效果难以实现。

## 参考文献

[1] TCL [EB/OL]. https://wapbaike.baidu.com/item/TCL/33013.

[2] 搜狐体育. 快乐亚运新视界 TCL亚运营销简介[EB/OL]. http://sports.sohu.com/20091123/n268402920.shtml.

[3] 中国雅虎. 跳出赞助窠臼 TCL体育营销热衷亲民路线[EB/OL]. http://m.pjtime.com/2008/7/m41473646.shtml.

[4] 搜狐体育. TCL成为中国男篮官方合作伙伴及CBA指定赞助商[EB/OL]. http://sports.sohu.com/20091015/n267379683.shtml.

[5] 搜房网. 启动奥运年体育营销策略 TCL制造网球嘉年华[EB/OL]. http://m.hexun.com/tech/2008-03-25/104742826.html.

# 案例二 VISA的奥运营销

## 一、企业简介

VISA是全球较负盛名的支付品牌之一（见图2-1），VISA与世界各地的VISA特约商户、ATM以及会员金融机构携手合作，创造了支付品牌的一段佳话。VISA全球电子支付网络VISA Net是世界上覆盖面最广、功能最强和最先进的消费支付处理系统，不断履行VISA卡通行全球的承诺。

VISA并不是一个发卡机构，它只是一个提供全球支付技术的公司，提供一个连接持卡人、商户和金融机构的交易处理网络。在多家银行成为信用卡发卡银行的时候，一个金融协会类的组织——美洲银行卡公司成立了，这就是VISA组织的前身。1976年美洲银行卡公司正式更名为VISA。1987年VISA推出了多币种清算结算服务，提高了跨境支付结算的效率。到了1997年VISA品牌的支付产品总交易金额突破了1万亿美元。2008年VISA在

图2-1 VISA品牌

纽约股票交易所上市，以高达197亿美元的融资额成为美国历史上规模最大的IPO（首次公开募股）。

运用VISA支付系统的信用卡都可以统称为VISA卡。目前，全世界有超过2000万个特约商户接受VISA卡，还有超过84万个ATM遍布世界各地。作为全球领先的支付品牌，VISA国际组织在上市之前是由全球21000多家会员金融机构所组成的非股份、非营利性国际银行卡组织。VISA的会员机构向顾客提供着最广泛的支付产品和服务。在亚太区，VISA国际员组织有超过700个金融机构发行各种VISA支付工具，包括信用卡、借记卡、储值卡、公司卡以及多功能智能卡等。VISA卡可在全球300多个国家和地区的2900多万个商户使用，并可以在130多个国家的80多万台自动提款机上提取当地货币。这些产品都能让客户在消费时倍感便利和安全。

VISA的网络系统每秒最快可处理10000笔交易，年刷卡交易额超过2.3万亿美元。目前，VISA卡全球发行量已超过11亿张，占全球支付卡市场约57%的份额。

今天，VISA的网络已经横跨170多个国家和地区，连接着数以亿计的个人、政府和企业。他们通过使用VISA信用卡、借记卡和预付卡产品及服务，可以更安全可靠地为所购买的商品和服务提供支付。

作为世界著名的信用卡运行机构的VISA组织，自1988年起就开始将其营销与体育

结合,将体育营销植入组织的 DNA,利用各种营销手段在世界范围内进行广泛的品牌营销,取得了良好的企业收益及社会效益。

## 二、VISA 的体育营销之路

1986 年 VISA 成为奥运 TOP 赞助商的时候,VISA 卡的交易金额只有 110 亿美元左右,全球仅有 1.37 亿张卡片,与其他支付品牌的市场份额差距并不大。但目前的 VISA 营业额达 1.2 万亿美元,发卡量达 10 亿,占有全球 60%的银行卡市场份额,远远超过其他品牌的总和。其中很重要的原因就是,奥运已经成为 VISA 商业 DNA 的核心部分。如表 2-1 所示为 VISA 主要的体育营销事件。

表 2-1　VISA 主要的体育营销事件

| 时间 | 营销事件 |
| --- | --- |
| 1985 年起 | 国际奥委会 TOP 计划成员 |
| 1988 年 | 赞助汉城(现首尔)夏季奥运会和卡尔加里冬季奥运会 |
| 1992 年 | 赞助巴塞罗那夏季奥运会和阿贝维尔冬季奥运会 |
| 1994 年 | 赞助利勒哈默力冬季奥运会,并创办"WOA 奥运金牌俱乐部(VISA 赞助)" |
| 1996 年 | 赞助亚特兰大夏季奥运会 |
| 2000 年 | 在中国举办 VISA 奥运畅想少儿绘画大赛 |
| 2001 年 | 推出"1996 年奥运会诞生百年 VISA 卡" |
| 2002 年 | 赞助悉尼夏季奥运会和盐湖城冬季奥运会 |
| 2004 年 | 赞助中国女子曲棍球队,启动"加油中国,VISA 之队"的赞助合作项目 |
| 2005 年 | 成为中国国家短道速滑队、花样滑冰队、自由式滑雪队的官方合作伙伴,正式启动"胜利中国,刷新梦想"的赞助合作项目 |
| 2006 年 | 成为中国国家帆船帆板队、赛艇队、皮划艇队的官方合作伙伴,设立"VISA 残奥名人堂" |
| 2007 年 | 组织举办了"海外刷 VISA,亲临北京奥运会"促销活动,正式成为国际足联(FIFA)合作伙伴 |
| 2008 年 | 举办"VISA 动感光影大赛""VISA 北京最佳奥运商户评选活动";赞助北京夏季奥运会,推出"北京申奥经典纪念卡" |

2002 年盐湖城冬奥会期间,VISA 的卡交易量较 2001 年同期增加了 30%,比前一个月增加了 23%。2004 年 8 月雅典奥运会期间,希腊国内的 VISA 卡交易量同比增长 55%,平均每笔交易价值达到 86.25 欧元,与 2000 年悉尼奥运会相比,平均每笔交易额增长了 44%。在 2006 年都灵冬奥会期间,透过 VISA 自动柜员机产生的平均交易额对比雅典又增长了 35%,对比盐湖城更增长了 95%。

## 三、VISA 的体育营销战略

企业开展体育营销的目的是整合企业资源,通过一系列服务于体育营销的活动,将体育文化融入企业产品中,实现体育文化、品牌文化与企业文化三者的融合,从而引起消费者与企业的共鸣,使消费者在心目中形成长期的特殊偏好,以建立起企业的一种竞争优势。企业推行体育营销的时间确定要依据企业的发展战略、产品生命周期的阶段、主要竞争对手的状况及实施体育营销的机遇等各种因素的综合衡量。此外,将企业产品与体育有机结合,能够产生一种文化。真正带动体育营销企业销售的不是产品,而是一种文化,一种与消费者对体育产生共鸣的情感。所以,体育营销不等同体育赞助、体育事件营销等短期行为,而是一项全方位、长期的系统工程。任何对体育营销实质的曲解,都可能使企业的商业行为成为一种得不偿失的"烧钱行动"。

目前,奥运会成为全球关注的焦点,是全世界的重大赛事,这也促使大量企业开始走奥运营销之路。一般来说,体育营销并不是短期内就能得到收益与回报,把奥运商机作为"灵丹妙药"是较短视的做法。VISA赞助奥运多年,其投入与产出至少要以10年为周期来计算。奥运投入不是一个小的数字,期望这笔巨大的投入在一年或两年内见效,更是不切实际的。奥运赛事仅17天时间,如果赞助商想在17天就得到回报,基本上是白日做梦。因此,企业与奥运的结合,不能只是简单地把两个标识放在一起,而是要将奥运战略与企业的产品战略和长远发展战略有机地结合在一起,将奥运营销变成企业长期的、持续的营销战略,树立奥运品牌,立足长远效益,否则就可能成为一种盲目的投入。

VISA赞助奥运会长达22年。VISA是2008年北京奥运会指定的独家支付卡,也是所有奥运场馆唯一接受的用于任何奥运官方交易的支付卡。VISA支持奥运会有两个目的,一是弘扬奥林匹克精神,二是发展VISA的业务。奥运会是世界上最为人熟知和最值得欢庆的全球性体育赛事,它所追求的"更高、更快、更强"的体育精神与企业所倡导的优秀的价值观、做大做强的理念相契合。奥运会为VISA搭建了一个促进业务发展并向商户、持卡人和金融机构客户展示产品和服务的理想平台。

鉴于VISA在全球市场的市场营销经验和客户资源以及影响,VISA占据着一个独特的地位来为奥运会举办国和城市等有VISA业务的市场创造一个长期或短期的价值平台,将奥运营销和奥林匹克大家庭紧密联系在一起。作为全球金融机构客户机持卡人,VISA得以将奥运会的独特魅力和它自身的品牌魅力带给全世界的体育爱好者。

在VISA的奥运营销战略下,它通过多种途径开展各种各样的活动来创造巨大收益。

(一)奥运TOP长期赞助商

作为奥林匹克运动的全球合作伙伴之一,VISA到2012年仍然是奥运会指定的独家支付卡和官方支付服务赞助商,这其中包括2008年北京奥运会、2010年温哥华冬奥会以及2012年伦敦奥运会。到2012年,VISA成为所有奥运场馆唯一接受的用于任何奥运会官方交易的支付卡。此外,VISA是过去11届奥运会的官方支付服务赞助商,其中包括卡尔加里、首尔、阿尔贝维尔、巴塞罗那、利勒哈默尔、亚特兰大、长野、悉尼、盐湖城、雅典和都灵。

VISA的奥运营销主要是通过遍布全球的21000个会员银行网络统一筹划实现的,它在全球任何一个国家的会员银行都有权将奥运主题和标志融入各自的营销、集资和广告活动中,拓展各自标有VISA的银行卡业务,提升各自的品牌形象。尤其是在每届奥运会期间,VISA都会与共同赞助奥运的当地银行合作,在比赛及非比赛场地设立专用的自动提款机网络、数百处销售点、使用场地,包括国际新闻中心与奥运村。VISA的营销活动,既大量增加了其营业额,又使会员银行尝到了甜头,持卡人和全球1900家指定客户也得到了额外的实惠。

## （二）残奥会全球赞助商与合作伙伴

VISA的残奥会赞助服务是VISA对奥运会支持的延续，VISA向世界各地约5亿残障人士以及他们的亲人传递鼓励和包容的信息，残障人士可以在家中轻松而自由地享受VISA的产品和服务，这也是VISA分享的价值观对残奥会的赞助，是VISA对奥运会承诺的一部分。2008年北京残奥会是VISA参与赞助的第四届残奥会。

VISA是残奥会的官方支付服务赞助商唯一认可的支付卡。VISA致力于帮助残奥会运动员、各国残疾人奥林匹克委员会和国际残疾人奥林匹克委员会实现下列目标：提高运动员的参与性，深化公众对残疾人奥林匹克运动的理解，使残奥运动员拥有出色的运动成绩，同时使全世界受到鼓舞和激励。由于其独特的经营理念，VISA很荣幸地成为国际残奥委员会的第一家全球赞助商，通过与国际残奥委员会与各国残奥委员会的合作来鼓励和支持残奥会选手勇创佳绩。

同时，VISA也通过VISA之队项目赞助了11个国家的多名残奥运动员。通过经济援助、生存技能训练和有价值的宣传等形式，VISA帮助这些杰出的运动员实现他们的梦想，并且在世界范围内展示自己为追求残奥会目标而取得的成就。

## （三）赞助运动员与运动队

VISA不仅赞助奥运会这一人类历史上最重大的体育赛事，还通过赞助参赛运动员、运动队来进一步增强品牌影响力。从1986年开始，VISA已先后通过对奥林匹克运动及"VISA之队"等赞助项目为世界各地的运动队和运动员（其中包括残疾奥运选手）提供了超过1亿美元的支持。2004年，VISA正式在中国启动以"加油中国，VISA之队"为主题的赞助合作项目。

一般企业的体育营销选择的都是耳熟能详的队伍，VISA却另辟蹊径。VISA选择赞助对象没有固定模式，不以成绩或项目作为标准，而是选取在当地最适合的人。入选VISA之队的运动员都热爱他们的运动，对奥林匹克精神的理解与VISA一致。VISA的服务目标是让消费者更方便、更安全。它与奥运的结合也是一样，通过"VISA之队"把赞助目标建立在共同的信念和对品牌的追求上，将VISA的目的、追求与运动队、运动员的追求从品牌的角度结合在一起。

在运动队方面，VISA赞助了女子曲棍球队、皮划艇队、赛艇队、帆船帆板队以及激流回旋皮划艇队5支中国国家队。表面上看，这5支队伍都是奥运冷门队伍，并不为大多数中国观众所熟悉。但是，从2008年中国奥运金牌整体战略来看，一些优势项目的夺金空间已经饱和，田径项目难以在短期内取得重大突破，水上项目便成为夺金的重要突破点。VISA赞助的运动队主要是从事水上项目的队伍，一旦他们取得佳绩，VISA的品牌影响力将随着中国人的惊喜和兴奋得到进一步巩固和扩大。从这里可以看出，VISA在赞助运动员、运动队上的整体考虑和搭配是值得称道的。

## （四）与奥运会举办方的旅游管理部门达成战略联盟

众所周知，奥运会的商机之一在于旅游业。VISA通过"奥运旅游目的地"营销分享了这块蛋糕。对于一个奥运举办城市来说，基础建设不仅仅是道路、桥梁和通信，良好的以支付系统为基础的旅游消费环境、金融消费环境建设也是成功举办奥运的重要条件。在过去的15年里，中国国际卡的发展由最初平缓的发展转向近3～5年的爆发式发展，未来这个趋势会一直持续。而这为从业者带来很多的机遇,也提出很多的要求。在2001年申办奥运会的时候,中国政府就做出承诺,即使资金不够,中国政府也会全力举办这届奥运会。实际上这是一个非常重要的承诺,奥运会如果运作不好,最大的赞助商非但可能没有收益,反而会承担巨大的损失。北京市政府甚至中国对奥运的投入是巨大的,从产出方面来讲,很重要的一点是把中国作为一个旅游产品向全世界推广。举办奥运会最大、最直接、最容易理解的收益,就是旅游收入的回报。而旅游产品功能中最关键的一点是旅游消费环境,游客到一个国家,其旅游产品的销售及旅游消费环境是否能够满足消费者的需求很重要。一个很直接的数字能说明这个问题:VISA 在全球支付市场占有60%的份额,也就是说,每一架飞机在北京降落,60%以上的外国游客会有 VISA 卡,如果没有提供很好的用卡消费环境,这60%的人很可能就是走马观花,来看看景点就走了。

在这方面,VISA 有一整套成熟的做法,即与奥运会举办方的旅游管理部门达成战略联盟,运用各种手段影响 VISA 持卡人和潜在客户,刺激他们去奥运会举办国和举办城市,从而带来旅游消费和银行卡交易量的增长。VISA 与国家旅游局达成了很多合作,在海外宣传中国,又在中国一起推进旅游市场的消费环境。VISA 与北京市旅游局还有一个战略合作,其重点是让北京的旅游商户包括景区景点、旅游消费品等的国际卡收卡率能够达到50%及以上。北京市政府和北京市旅游局在这方面也做出了不懈的努力。同时 VISA 与许多会员银行合作,制订了3～5年计划,这个计划在不断地进行中,奥运举办城市接纳国际卡的商户也在不断增加。另外,从促销角度来说,VISA 进行的奥运题材的促销中,如与北京市旅游局共同进行的"迎奥运商户服务质量评选活动"中,也将收卡列为一个重要标准。通过这些渠道,VISA 既增强了品牌影响力,又增加了业务量,与奥运会举办方实现了双赢,收效十分显著。

2001年北京获得第29届奥运会举办权后,VISA 高层立即行动,第一时间将"奥运旅游目的地"概念带到北京。2003年年底,VISA 与中国国家旅游局签署战略合作协议。按照协议,VISA 一方面在全球范围内宣传中国旅游品牌,另一方面与旅游局及商户合作,致力于改善中国内地的刷卡环境。2005年,VISA 与北京市旅游局签署战略合作协议,开始参与北京市电子支付环境建设。2007年下半年,VISA 推出"北京最佳奥运商户评选活动",吸引了八达岭长城、琉璃厂、秀水街、首都国际机场等奥运热点场所近1000家商户的参与。如今,VISA 客户在北京地区的旅游消费额已经大幅增长。同时,VISA 的海外会员银行也针对北京奥运会开展了营销活动,他们把长城、故宫等元素纳入营销方案,并在海外主流媒体投放广告,宣传北京旅游。同时,他们着力经营北京的用卡环境,培养北京地区用卡的习惯,取得了显而易见的效果。2003年年底,VISA 客户在北京地区旅游总收入的比重是4%,2008年已攀升到10%左右。VISA 在中国的发展十分迅猛,2005年中国内地 VISA 国际卡的交易总额突破153亿美元,收入大约2亿人民币,并与国内银行共发行 VISA 国际卡1000多万张。目前在国内共有超过5.2万台 ATM 和12万家商户受理 VISA 国际卡,VISA 控制着我国信用卡市场的大部分份额。

(五)与举办国国内企业组织展开活动

北京奥运会期间 VISA 不仅与中国银行合作,也一直积极联合国内其他会员银行机构为奥运会创造良好的支付环境。如2006年1月20日,VISA 国际组织联手中国民生银行隆重推出全球首张以北京奥运吉祥物"福娃"为主题的银行卡——"民生 VISA 奥运福娃卡";招商银行联合VISA于2007年3月24日在青岛启动"2008和世界一家"信用卡品牌活动,推出"招商银行VISA奥运信用卡";交通银行推出"刘翔VISA信用卡";2007年8月8日,在北京奥运倒计时一周年之际,同为奥运会顶级合作伙伴的VISA和可口可乐及中信银行携手,签发"可口可乐VISA奥运信用卡"。

在2008年北京奥运的背景下,VISA还积极与其他国内企业组织展开合作。2004年12月22日,同为TOP合作伙伴的联想集团与VISA签订为期5年的奥运战略合作伙伴协议。根据协议,全国大中城市的500家联想专卖店将率先安装POS机,为客户提供信用卡支付服务。联想集团还将成为VISA全球计算技术设备和服务的首选供应商。同时联想、VISA以及中国银行还联合发行了带有北京2008年奥运会会徽"中国印"标识的"中银联想VISA奥运信用卡"。2006年4月,中国网通集团与VISA国际组织在品牌、营销和技术等方面展开全面合作。VISA利用其先进电子支付技术和中国网通的成熟通信产品形成安全快捷的支付网络,使双方共同服务于2008年奥运会,同时还推出了两套奥运电话卡。

（六）组织各种外延项目活动

VISA通过举办各种社会活动来提高自身影响力。如举办"VISA奥运畅想少儿绘画大赛""海外刷VISA卡,亲临北京奥运会"以及"VISA动感光影大赛"等活动,尽可能地把受众与体育运动紧密联系起来,产生了一举多赢的效果。

**1. 举办"VISA奥运畅想少儿绘画大赛"**

VISA奥运畅想少儿绘画大赛(VOI)是一项专为10~14岁儿童设计的以奥运会为主题的国际绘画比赛,旨在让儿童在参与绘画比赛的同时深入了解奥林匹克运动。获奖者可以作为VISA嘉宾,应邀到现场观看奥运会。此项目始于1994年挪威利勒哈默尔冬奥会,旨在让参赛儿童充分发挥想象力,通过艺术创作深入了解奥运会的宗旨、理念及历史。

历代奥运会不仅仅是体育的盛会,也是文化的盛宴。运动员在比赛场上竞技的同时,诗人、音乐家、画家和雕塑家们也为奖牌一争高下。现代奥林匹克运动的创始人皮埃尔·德·顾拜旦爵士也曾积极主张保留奥运会的艺术色彩,他曾于1906年亲自为5项奥林匹克艺术类比赛颁发了金、银、铜牌。"VISA奥运畅想少儿绘画大赛"的举办使奥运会的艺术传统得以延续。

**2. 设立奥林匹克运动员团聚中心**

1994年,VISA和世界奥林匹克运动员协会(WOA)推出了一个全新的概念:奥运城市里最专属私密的俱乐部——奥林匹克运动员团聚中心(ORC)。奥林匹克运动员团聚中心为奥运选手们在奥运会期间提供了一个可以休息和放松的聚会场所,它也是一个可以让奥运会的新老运动员相互交流、追忆往昔、老友叙旧、款待新朋的场所。同时,运动员们还可以在这里通过电视直播观看奥运会比赛。奥林匹克运动员团聚中心提供饮料和茶点,工作人员也随时为各种特别聚会提供协助。

奥林匹克运动员团聚中心设置在每届奥运会的现场,专门面向往届奥运会的各国运动员选手。这是VISA对历届奥运会运动员表达感谢的一种独特方式,感谢他们永不气馁的拼搏精神、完全奉献的团队精神和对奥林匹克理想执着追求以及为人类体育运动所带来的众多的伟大时刻。

**3. 创建残奥会名人堂**

由 VISA 创建的残奥会名人堂于 2006 年设立,旨在表彰和传颂残障运动员及其教练在为残疾人团体谋福祉方面所取得的成就和表现出来的奉献精神。残奥会名人堂是世界上首个并且是目前唯一旨在表彰那些展示出非凡运动实力、公平竞争精神和团体服务意识的残奥运动员和教练员的项目。

VISA 对残奥会名人堂的赞助是基于其让全世界更理解、更包容残障人士的愿景。作为残奥会第一家全球赞助商和国际奥委会的全球合作伙伴,VISA 为推进人们对残障人士的理解和包容做出了很多努力,包括让残疾人与健全人以平等的机会获得同样的产品与服务,以及积极开展活动推进社会对残疾运动员的理解。

**4. 举办主题赛事或促销活动**

VISA 还利用各种活动最大限度地将受众与体育紧密联系起来,如举办"海外刷 VISA 卡,亲临北京奥运会"以及"VISA 动感光影大赛""VISA 北京最佳奥运商户评选活动""胜利中国,刷新梦想""加油中国,VISA 之队"等活动。这些活动在为北京奥运会带来许多亮色的同时,也把 VISA 卡的营销理念,潜移默化地注入奥运血脉中。

## VISA 体育营销的解析

奥运营销(Olympic Marketing),是借助奥运赛事为载体来推广企业的产品和品牌的市场营销活动,是将产品与体育结合,把体育文化与品牌文化相融合以形成特有企业文化的一种战略。企业围绕奥运赛事除了投入赞助费外,采取一系列相关营销活动,从公益、文化、热点等各个角度,运用广告、促销、活动等多种手段,力争在一定的时间和空间内形成一个品牌的沟通高潮,产生轰动效应。

(一)VISA 奥运品牌定位战略

企业实施品牌战略,首先要建立品牌认知,其目的就是将产品转化为品牌,以利于潜在顾客的正确认识。成功的品牌都有一个特征,就是以一种始终如一的形式将品牌的功能与消费者的心理需要连接起来,通过这种方式将品牌定位信息准确传达给消费者。品牌认知度是品牌资产的重要组成部分,它是衡量消费者对品牌内涵及价值的认识和理解度的标准。也是公司竞争力的一种体现,有时甚至会成为一种核心竞争力,特别是在大众消费品市场,如果各家竞争对手提供的产品和服务的品质差别不大,这时消费者就会倾向于根据品牌的熟悉程度来决定购买行为。这就是品牌认知的力量和优势所在。

然而,建立品牌认知的前提在于企业精准的品牌定位。品牌定位是指企业在市场定位和产品定位的基础上,对特定的品牌在文化取向及个性差异上的商业性决策,它是建立一个与目标市场有关的品牌形象的过程和结果。VISA 在品牌建立之初的发展目标是"把刀锋钉在对手的肋骨上",即超越对手成为行业第一。在 1986 年成为奥林匹克全球合作伙伴之前,VISA 卡虽然在发放数量上占据了一定的市场份额,却无法打进高消费的商务和国际旅行市场。那时 VISA 最强有力的竞争对手是在高端市场和国际市场占有相当地位的美国运通公司的运通卡。

巴塞罗那奥运会时,国际奥委会主席萨马兰奇开始实施著名的 TOP10 计划。VISA 在当时仅仅是一个由 2 万多家会员银行组成的松散组织,但是它牢牢地抓住这个机会,在考虑了加入奥运 TOP 计划的投入与产出比后,开始在高端商务旅游和娱乐市场强化品牌形象,建立一个国际性整合营销计划。

在 VISA 正式加入 TOP 计划后,它就利用 1988 年奥运会发起广告攻势,直接挑战运通,广告代理商推出的第一句广告语听起来就火药味十足"带上你的 VISA 卡,因为奥运会不接受美国运通卡。"两大信用卡之间的广告战争自此全面爆发。

奥运营销给 VISA 带来了巨大回报,在它开始赞助奥运会的前 3 年内,VISA 的全球发卡量上升 18%,几年之后,VISA 卡就取代美国运通卡成为国际旅行用信用卡。运通董事长罗宾逊在退休之后承认,失去与奥运合作的机会,是他担任运通董事长期间所犯的最大错误。

如果说 1986 年 VISA 在奥运会上使用的策略只不过是简单的广告战术,那么在这之后,VISA 开始意识到利用奥运会是一个很好的品牌战略方向。也正是从那时起,VISA 把奥运营销提升到了品牌战略层面,成为商业模式的一部分。VISA 认为奥运营销与开设工厂一样,本质上都是一个商业投资项目,应该完全按照标准流程运作。因此,它针对奥运的特点建立一套系统的管理体系和操作流程,在市场调查、广告和公关领域都有专人负责,并通过第三方专业的数据调查公司来对广告、公关、线下活动的效果持续进行评估。"1988 年之后,我们除了广告和品牌之外,更多地把奥运会结合到与用卡有关的促销、公司形象的推广以及内部员工的激励等方面,把奥运概念贯穿到我们整个营销过程的每一个细节当中",VISA 国际组织的执行副总裁汤姆·夏柏(Thomas B. Shepard)如是说。

今天的 VISA 会同时进行三届奥运会的营销工作:即将举行的这一届,进入筹备阶段的下一届,还有仍在申办中的那一届。奥运赞助是顶级企业的昂贵游戏,而且这种投入在短时间是不一定会有回报的。这就需要企业有雄厚的经济实力和长远的发展规划。而企业在交纳了高昂的赞助费用以后,更大的投入是跟进的宣传和营销费用。VISA 通过对奥运会的支持达到世人瞩目的效果;通过与举办城市的旅游管理机构结成战略联盟,并运用各种整合营销手段影响 VISA 持卡人和潜在客户,刺激他们在奥运举办城市旅游和消费的欲望,从而达到品牌和消费额的直线增长。VISA 实施着一个不断打开新市场,发展新项目的长期品牌战略。

(二)奥运品牌本土化传播

VISA 在品牌传播方面,制定了一整套的传播方式。它通过成为奥运会 TOP 赞助商的身份赞助奥运,使用奥运商标,并对运动员及运动队进行赞助,增加品牌曝光率。VISA 还通过各类广告进行品牌传播。此外,不同的主办国有不同的国情和文化背景,除了积极提升产品和服务质量,怎样才能让这个国际化的品牌更好地融入当地市场,寻找最佳切入点,也是 VISA 一直探索的目标和方向。以北京奥运会为例,2008 年北京奥运会期间 VISA 与宏盟集团 Omnicom Group 旗下的 BBDO 广告公司合作,以提升 VISA 品牌在中国的认知度为目标,旨在改变中国受众的支付习惯,采取四步跟进的解决方案进行广告宣传。

所采用的四步跟进解决方案为:品牌启蒙、奥运联想、奥运序曲和奥运 ING。

1.品牌启蒙

VISA 第一个广告讲的是一对年轻男女到国外旅行,打开行李箱,里面什么都没有,结果一张 VISA 卡照样让他们的旅途非常愉快、满载而归。其宣传效果显而易见。VISA 进入中国市场时面对巨大的压力:占有绝对优势的竞争者和对 VISA 认知度很低的消费者。面对竞争者，VISA必须走出一条新路才能逐渐形成自己的品牌形象，"旅游"就成为VISA的切入点。

2. 奥运联想

都灵冬奥会就是VISA奥运联想的那张牌。很多人对奥运会的概念都仅限于夏季奥运会，很少关注冬季奥运会，广告的竞争也自然没有夏季奥运会激烈，这为VISA提供了很好的机会。通过广告，把人们对VISA的品牌认知与奥运会联系到一起，使得人们更加了解VISA与奥运的渊源。这样做的结果就是人们如今对VISA不再陌生。

3. 奥运序曲

VISA广告刘翔篇首先直接传达了北京奥运的信息，全中国亿万人翘首以盼的就是看到刘翔在北京奥运会的赛场上续写辉煌。一个发生在澳大利亚的故事，一个海外消费的例子，继续贯彻了VISA卡全球支付和旅游的特征。VISA广告成龙篇则讲述了成龙想要参与奥运的有趣故事，乒乓球、足球、体操等比赛项目的出现，使奥运的气息较之刘翔篇更加浓厚。成龙作为华人世界的巨星，他所表现出的奥运热情也真实而自然地表达了全中国人对奥运的期待，而广告最后也传达出最清晰的信息：参与奥运其实很简单——手中的VISA卡就是通行证。

4. 奥运ING

以奥运ING为主题的广告以刘翔与姚明两个中国奥运明星为代言人，通过不同场景的转换，传递出"胜利中国，刷新梦想"的广告。

四步跟进的品牌传播广告策略使VISA品牌在中国的认知度在一个月内从24%跃升至33%，VISA卡中国的持卡量从1000万增加到3000万。

广告策略把奥运和VISA联系在一起，让人们因为爱屋及乌而提高了VISA品牌的知名度和美誉度。

第一，VISA请来华人圈里的明星成龙、姚明，对广告主角的选择就充满了中国式定位。成龙是中国功夫巨星，也代表了华人影星的较高成就。而姚明，是体育界篮球方面的领军人物，也可以说是体育界较大成就的获得者。这两个人物是在中国人心目中屹立于世界舞台的中国成功者的形象，他们在一定程度上代表着中华民族的成功。甚至在世界人心目中也同样具有感召力、影响力和良好的口碑形象。选择他们作为广告主角，也就选择了亿万世界人民的关注与敬仰。

第二，VISA广告里处处都是中国风情，处处充斥着中国元素。蜿蜒的长城；悠扬的中国民间乐器；国球乒乓；强项体操；还有在中国，人人恨铁不成钢的足球；到处高高挂起的大红灯笼；中国特有的元素——功夫。这些现今国际流行的中国元素无时无刻不提醒着收看的观众"北京2008奥运会是你、我还有整个中华民族的盛会"。这不仅符合中国人民的情感倾向，能够调动起我们的爱国热忱，使我们的自豪感油然而生；同时也提醒着我们，要像运动员一样为自己的国家和民族的兴盛而拼搏。至此，爱国热情同被广告中成龙身体力行地参与奥运活动点燃。

第三，广告频繁出现"join the Olympics"字样，随后成龙以身体力行、热情洋溢地参与奥运的画面传达给人们这样一个信息，"无论你是明星还是普通人，无论你是专业还是业余，无论你做得很好还是一塌糊涂，只要你充满热情愿意参与，并马上动起来，奥运就在你身边，奥运永远在你身边。"成龙天生富于表现力的表情及动作，加上幽默生动的配乐，使广告本身充满趣味性和记忆点。观众愿意观赏广告，甚至期待广告播出。在观看的同时忍俊不禁，也就印象深刻。尤其是广告结尾，成龙与姚明的体型形成鲜明对比，成龙为观看奥运推掉姚明腋下加持的篮球，并伸头与姚明对视一笑，而后与亿万观众共同鼓掌的场面彻底点燃了人们的奥运激情。到此时人们参与奥运的热情高涨。

第四，VISA信用卡标志形象适时、醒目地出现于广告画面之上，穿插在让人兴趣盎然的动作画面里，既削减了受众对广告形成的习惯性的厌倦情感，又有利于促进观众积极选择式接受广告传递的信息，从而达到最好的品牌推广效果，得到消费者的认知。当然，这样的效果主要还是靠广告情节和品牌标志的巧妙结合才能够达成。

第五，VISA选择恰当的时机，在广告中显示"使用VISA卡会使您参加奥运会的旅程更加轻松"，并在广告结尾体现其奥运会唯一官方指定用卡身份，并配合"刷新梦想"这句脍炙人口又极具煽动性的广告语，将收看广告的受众引领至由VISA卡打造的奥运天堂。到此时VISA彻底完成了借由爱国主义激情点燃奥运热情与VISA品牌及其信用卡功能认知的完美组合。

除了大力度的广告宣传之外，VISA还大力开展奥运赞助，支持中国的体育运动队和运动员，如中国女子曲棍球队、中国国家水上运动中心的四支水上队（帆船帆板队、中国国家赛艇队、中国皮划艇队和中国皮划艇激流回旋队）等。另外，VISA发起了在全世界少年儿童中推广传播奥林匹克精神的"VISA奥运畅想少儿绘画大赛"社区参与活动，以及对全球残奥事业和中国残疾人事业的支持等。

VISA是首个开展与奥运会主办城市紧密相连的有针对性营销活动的奥运会全球合作伙伴，同时也是最早发明了"奥运旅游目的地"市场营销概念的TOP赞助商。VISA成功进行奥运营销的关键是把重点放在奥运会主办城市和国家，通过与主办城市和国家进行有效的合作从而达到共赢。

通过以上营销手段不难发现，VISA一系列体育营销战略都具体落实到了中国的国情上来，都是以中国人为标的，这确实也是明智之选。在以上赞助活动中随处可见的VISA电视广告或者宣讲语，都在不断强调北京2008年奥运会与VISA的密不可分。在中国，持卡人全是中国人，而对奥运的热情其实很大程度上来源于爱国主义激情，因此VISA在中国的推广历程跟在其他国家完全不同。VISA在中国的每一步推广其阶段性目的都很强，但均是围绕构建VISA与中国及中国人民的奥运热情来进行的。从爱国主义激情到对奥运的热情，从对奥运的热情到VISA品牌认识，从品牌认识到信用卡的作用认知，再到将爱国热情、奥运、VISA品牌、信用卡的作用这四者的认知联系起来，四者环环相扣形成一个完整的循环，每一次循环都把VISA在中国的推广推上一个新台阶。

## 参考文献

[1] VISA 简介[EB/OL]. https://wapbaike.baidu.com/item/VISA/60281.
[2] VISA 的合纵连横[J]. 商务周刊, 2007(8).

# 案例三 阿迪达斯体育营销:个性化体育营销

## 一、企业简介

阿迪达斯(Adidas)(见图 3-1)是德国运动用品制造商,Adidas-Salomon AG 公司旗下品牌。它以其创始人之一的阿道夫·达斯勒(Adolf Dassler)的昵称阿迪(Adi)与姓氏达斯勒命名,在 1920 年于德国巴伐利亚州的黑措根奥拉赫开始生产鞋类产品,并于 1949 年 8 月 18 日以 Adidas AG 名字注册成立公司。

阿道夫·达斯勒在产品研发工作中一直秉持着三条指导原则:一是生产最好的运动鞋以满足体育运动的需要;二是保护运动员不受到伤害;三是使产品经久耐用。正是在这三条原则的驱动下,阿道夫·达斯勒将他多年的制鞋经验融入产品开发与设计中,利用鞋侧三条线使运动鞋更契合运动员脚型,于是 Adidas 品牌第一双有三条线造型的运动鞋便在 1949 年呈现在世人面前。从此,人们便不断在运动场上见到"胜利的三条线(Three Tripes)"所创下的胜利画面。

从一开始,阿迪达斯就以产品创新为发展动力。作为许多技术突破的创始人,阿迪达斯共获得超过

图 3-1　Adidas

700 项的专利技术,生产出了世界上第一双冰鞋,第一双多钉扣鞋,第一双胶铸足球鞋。时至今日,阿迪达斯的产品线早已不局限于运动鞋,而向全世界运动员、裁判员及运动爱好者提供包括运动鞋、运动服、运动用球及其他运动配件。同时,其产品几乎囊括所有热门体育项目,如足球、篮球、田径、网球、高尔夫球、橄榄球、曲棍球、体操、滑雪、极限运动等等,阿迪达斯现已成为欧洲第一、世界第二大的体育用品生产商。

## 二、阿迪达斯的体育营销之路

作为一家体育用品公司,阿迪达斯被认为是体育营销的开山鼻祖。多年来,阿迪达斯一直十分看重体育营销,特别是通过大型体育赛事进行品牌推广。其参与赞助过众多的体育赛事,与国际奥委会、国际足联、NBA 等重大体育组织都有合作。

### (一)阿迪达斯与奥运会

阿迪达斯 1928 年便开始赞助奥运会,奥运营销的历史长达 80 多年。杰西·欧文斯、埃米尔·扎托沛克、威尔玛·鲁道夫·纳迪亚·科马内奇、皮拉斯·迪马斯这些体坛的风云人物都曾帮助阿迪达斯品牌在奥运营销传播史上创造佳绩。奥运会一直是阿迪达斯最

重要的舞台。从1928年达斯勒兄弟设计的首双运动鞋达斯勒钉鞋（D. R. P., Deutsches Reichspatent）出现在阿姆斯特丹奥运会的赛场上开始，阿迪达斯就与奥运会结下了不解之缘，并逐步从单纯的运动员赞助商发展成奥运国家队赞助商、奥运代表团赞助商以及奥运会官方供应商。阿迪达斯为奥运会的发展做出了巨大贡献，奥运会又反过来给阿迪达斯带来巨大回报，两者实现了双赢。表3-1所示为阿迪达斯主要的体育营销事件。

表3-1　阿迪达斯主要的体育营销事件

| 时间、地点 | 营销事件 |
| --- | --- |
| 1928年<br>阿姆斯特丹 | 阿迪·达斯勒的运动鞋首次出现在奥运会的赛场上 |
| 1932年<br>洛杉矶 | 阿瑟·乔纳什（Arthur Jonath）在100米跑中夺得铜牌，成为第一位穿着阿迪·达斯勒制造的运动鞋赢取奖牌的运动员 |
| 1936年<br>柏林 | 柏林奥运会上最成功的选手杰西·欧文斯（Jesse Owens）足蹬由阿迪·达斯勒为他特制的运动鞋夺得四枚奥运金牌 |
| 1948年<br>伦敦 | 阿迪·达斯勒制作了第一双室内跑鞋。同年，拥有47名员工的"Adidas"公司成立并注册商标 |
| 1952年<br>赫尔辛基 | 阿迪达斯是赫尔辛基奥运会上最受追捧的运动鞋品牌。可移动鞋钉的田径鞋首次出现在奥运会上。扎托沛克穿着阿迪达斯运动鞋一周内夺得三项田径桂冠，这项伟大成就至今无人重写 |
| 1956年<br>墨尔本 | 在这届奥运会上获得了奖牌的选手中大部分是穿着阿迪达斯运动鞋的 |
| 1960年<br>罗马 | 罗马奥运会上，75%的田径运动员穿着阿迪达斯运动鞋参赛 |
| 1964年<br>东京 | 阿迪达斯发布了有史以来最轻的田径鞋。这届奥运会上，80%的运动员穿着阿迪达斯运动鞋参赛 |
| 1968年<br>墨西哥城 | 阿迪达斯同样主宰了墨西哥城奥运会，85%的选手穿着阿迪达斯运动鞋参加了田径比赛。迪克·福斯贝里（Dick Fosbury）用全新的背越式跳高技术越过2.24米，获得金牌。阿迪达斯成为世界上首家生产聚亚安酯注塑、多嵌钉鞋底的公司 |
| 1972年<br>慕尼黑 | 慕尼黑奥运会是阿迪达斯历史上又一个值得纪念的里程碑。阿迪达斯首次成为奥运会官方供应商，在所有夺取奖牌的奥运选手中，有78%穿着阿迪达斯运动鞋 |
| 1976年<br>蒙特利尔 | 蒙特利尔奥运会上83%的选手选择阿迪达斯装备。纳迪亚·科马内奇（Nadia Comaneci）获得体操史上的第一个满分10分 |
| 1980年<br>莫斯科 | 莫斯科奥运会上，超过80%的参赛选手穿着阿迪达斯装备 |

续表

| 时间、地点 | 营 销 事 件 |
|---|---|
| 1984年<br>洛杉矶 | 在参加这届奥运会的140个代表团中有124个选择了阿迪达斯的产品。穿着阿迪达斯产品的运动员共夺得了259枚奖牌:81枚金牌、82枚银牌和96枚铜牌 |
| 1988年<br>汉城(现首尔) | 在汉城奥运会上,有120个参赛代表团选用了阿迪达斯装备,所有运动员中有76%的人使用Adidas产品。他们共夺得了365块奖牌,其中包括124块金牌、114块银牌和127块铜牌 |
| 1996年<br>亚特兰大 | 33个奥运代表团、超过6000名运动员选择阿迪达斯产品。阿迪达斯为全部26个奥运项目中的21项提供运动装备 |
| 2000年<br>悉尼 | 阿迪达斯再次以奥运品牌形象出现。在"能量维护"的概念基础上,阿迪达斯针对游泳、田径、自行车、击剑、举重和摔跤六个项目开发了一系列革命性产品<br>其中最令人难以忘怀的是阿迪达斯的连体泳衣,澳大利亚17岁的天才少年伊恩·索普(Ian Thorpe)穿着这套泳衣赢得三枚金牌,创造了四项世界纪录,从而成为悉尼奥运的明星人物 |
| 2004年<br>雅典 | 作为雅典2004年奥运会的官方供应商,阿迪达斯为包括奥委会、志愿者、官员在内的所有奥运会工作组人员提供超过140万件装备<br>阿迪达斯为22个国家奥委会提供装备,总计有超过4000名的运动员穿着阿迪达斯装备参加比赛<br>阿迪达斯还为总共28个奥运项目中的26项提供比赛装备<br>穿着阿迪达斯产品的奥运选手共摘得147枚金牌、28枚银牌和148枚铜牌 |
| 2008年<br>北京 | 作为北京2008年奥运会、北京2008年残疾人奥运会、中国奥委会和2008年奥运会中国体育代表团的合作伙伴,阿迪达斯为北京2008年奥运会、残疾人奥运会的所有工作人员和技术官员提供装备<br>阿迪达斯同时成为中国奥委会体育服装合作伙伴,参加北京2008年奥运会的中国体育代表团都身着阿迪达斯装备 |

## (二)阿迪达斯与世界杯

在世界足坛上,Adidas所受的支持度是没有任何一家运动用品厂商可以比拟的。自从发明了第一双钉鞋,Adidas受到全世界顶尖足球运动员的支持与喜爱,1974年于西德所举办的世界杯足球赛中,80%以上的出场球员都选用了Adidas的足球鞋,可见当时Adidas在世界足坛的威力。而在1998年的法国世界杯足球赛中,东道主法国队更是凭借Adidas足球鞋优越的性能,发挥了最大的实力,击败群雄勇夺冠军。

自1970年世界杯开始,阿迪达斯成了国际足联官方用球指定赞助商,并为其后每一届世界杯提供比赛用球。同时,阿迪达斯还赞助了许多运动队伍,由阿迪达斯设计球衣的国家足球队包括中国、尼日利亚、阿根廷、法国、西班牙、俄罗斯、日本等。

体育营销案例分析

### (三)阿迪达斯与NBA

2006年4月11日,阿迪达斯集团与美国男子职业篮球联盟(NBA)共同签署了一份长达11年有效期的商业合作合同,从2006—2007赛季开始,阿迪达斯品牌(Adidas)成为美国男子职业篮球联盟(NBA)、女子职业篮球联盟(WNBA)以及职业篮球发展联盟(NBDL)的官方运动服装服饰供应商。涉足篮球领域的50余年来,阿迪达斯在致力于年轻球员培养挖掘的同时,也始终为世界上优秀的篮球运动员们提供创新性的运动装备。他们中有如杰里·韦斯特(Jerry West)、奥斯卡·罗伯逊(Oscar Robertson)、卡里姆·阿布杜勒·贾巴尔(Kareem Abdul-Jabbar)等NBA传奇人物,也有活跃在NBA赛场上的天皇巨星们,如德怀特·霍华德(Dwight Howard)、德里克·罗斯(Derrick Rose)、坎迪斯·帕克(Candace Parker)、蒂姆·邓肯(Tim Duncan)和昌西·比卢普斯(Chauncey Billups)。

阿迪达斯从2002年开始成为NBA市场合作伙伴,2006年1月通过并购并取代此前作为NBA运动服装和服饰的独家供应商的锐步(Reebok),进一步强化了与NBA的合作,NBA通过授权和营销自己旗下带有联盟商标并兼具球员标志的产品来吸引全球的球迷和消费者。目前全球有超过200名许可证持有人在制造、经营、推销这类NBA品牌的商品。这些商品在全球范围内被宣传并在六大洲100个国家超过10万家的零售点内进行销售,其中包括了电子游戏、服装、鞋类、体育用品和交易卡等,而与NBA的联姻无疑进一步加强了阿迪达斯在世界篮球迷中的影响力。

## 三、阿迪达斯的中国市场体育营销战略

阿迪达斯于1980年开始关注中国体育用品市场,并在我国设立品牌推广机构。在数十年的市场推进中,阿迪达斯却表现得相当克制,不像咄咄逼人的耐克。它依托不断更新的叛逆化产品主题及牛仔式品牌形象,深入影响与感动中国年轻的消费者,快速赢得市场主动权,实现市场占有率的迅速提高及利润的高额增长。

作为与耐克在同一时期进入中国市场的阿迪达斯,其市场占有率不仅远远不如耐克,同时,其终端网络以特级城市及一级城市为主。在特级市场及一级市场,阿迪达斯的产品销售空间十分有限。这除了和还无法买得起或认为没有必要购买这种产品的消费认知有关外,还与城市人口消费能力和不以市场占有率来提升品牌的错误战略不无关系。

进入21世纪以来,中国已成为众多国际品牌市场增长速度最快的市场区域,随着中国全民运动的兴起,中国体育产业经济环境将得到极大改变,阿迪达斯将这作为对耐克进行战略反攻的时机,实施了一系列卓有成效的营销措施。

### (一)资源整合

北京2008年奥运会的举办成了体育用品品牌最佳的推广时机,它所带来的不仅仅是在中国区域内的品牌拉动与品牌影响,更是全球市场推广的急速扩张。对此,阿迪达斯早在2003年便在原有市场基础上正式成立新公司,统一管理整个华语地区市场工作。当时,阿迪达斯将中国大陆、香港及台湾地区三大分支机构合并为大中华区推广机构,充分利用亚太地区的发展机遇,促进华语地区市场的优势互补,加速这一全球性品牌在亚太区的推广与发展。此外,阿迪达斯将中国区纳入全球战略的重要核心,改变以往过于保守的

做法,从战略防守转向战略主攻。阿迪达斯统一华语区管理是其制定市场强攻的战略转折,也是其向老对手耐克在中国市场进行营销反击的开始。

(二)品牌纵深细分与渠道扩张

作为全球较大的体育产品企业之一,阿迪达斯主要的目标消费人群为:14~25岁,对流行较敏感,追随时尚的年轻人;以及25~35岁,有一定的经济收入,对休闲生活有概念的人士。阿迪达斯多年来的品牌传播策略都是围绕着其目标消费人群展开的。以此为理念,阿迪达斯近年来在品牌构建方面进行了一次颠覆——将阿迪达斯品牌分成三大系列,包括阿迪达斯运动表现系列(以前的"运动无止境"系列)、运动传统系列(以前的经典系列)和运动时尚系列(以前的时装系列)。这一划分从根本上改变传统的体育用品公司按服装和鞋类划分的方法。阿迪达斯给予每个系列以自己的标志,分别定位不同人群,均以独立品牌形式分别展示于卖场的不同区域,从而实现终端覆盖。

通过市场印证不同系列产品均代表不同运动风格,阿迪达斯的产品深刻地迎合了现今运动爱好者的消费心理,为阿迪达斯品牌崇拜者提供了更广阔的选购空间。

更值得一提的是,从2004年开始,阿迪达斯在三大系列产品构建基础上,同时进行了销售网络的扩张运动。阿迪达斯尝试以发展关键客户的模式来积极进行销售网络的扩张,这个模式类似于召集合作伙伴加盟连锁。只是他们的关键词在于"合作"而并非仅仅指向"加盟"。据阿迪达斯公司资料显示,目前他们在中国的一些关键客户基本上都已经拥有了平均50~300多间的零售店铺。这些合作伙伴拥有自主的管理、资源和财务,并且在阿迪达斯的支持下,利用阿迪达斯的品牌来创建零售商自己的品牌。

阿迪达斯乐于支持这些关键客户打造自有品牌,并且坚信双方可以实现有效的品牌相互拉动。目前阿迪达斯与其中国零售商们以每月新开40间店面的速度进行扩张——而这些都是建立在目前阿迪达斯53%产品都是在中国生产的基础上。截至2004年年底,阿迪达斯在中国250个城市已经拥有1300多个专卖店,销量与2003年相比,增长了100%,销售额达到了14亿元人民币。

(三)赞助本土球队

按照阿迪达斯的经营战略,如果说整合相同语种地区的分支机构是其强攻战略的标志内容,那么巨资赞助中国足球则是阿迪达斯中华区成立后的第一颗炸弹。阿迪达斯1999年与中国足协所签订的5年合同于2004年到期,为了让其中华区市场发展能够拥有坚实的本土传播推广资源,阿迪达斯在中华区机构成立之前便与中国足协接触。虽然,耐克品牌此时也积极参与其中,且开出高价吸引中国足协的关注,但阿迪达斯在对中国足球市场未来几年的发展趋势进行全面分析和预测后,最终开出5亿元人民币的价码将长达6年的赞助合同揽于囊中。同时,阿迪达斯所能获得的回报也比以前有很大增加,包括在中国队比赛的场地广告、球衣版权等。

更令人惊喜的是,事隔不到一年时间,阿迪达斯又进行了一次创纪录投入,即以2亿元人民币的资金和实物赞助中国国家排球队,时达5年之久。这个数值是国家排球队以往接受赞助的数十倍。这也是阿迪达斯有史以来对排球项目赞助最大规模的一笔。虽然阿迪达斯也曾赞助过古巴女排,但这次对中国排球队的赞助规模,一举超过了对古巴队的赞助。

阿迪达斯之所以会重金赞助中国排球,与中国女排长期以来取得的佳绩有重大关系。中国女排的成绩在中国大型球类项目中一向是较好的,形象也非常好,但"身价"一直不高,长期是"凤凰卖了个鸡价"。随着中国女排在2003年世界锦标赛上重新夺得世界冠军,2004年又重新夺回奥运会冠军,中国排球的身价水涨船高,直线上升。阿迪达斯愿意扔出数亿资金赞助中国运动组织,在其中华区发展史上还属于一个奇迹般的推广运动。

(四)赞助北京奥运

阿迪达斯与奥运会的联系历史悠久,最早在1928年的奥运会上就出现过阿迪达斯的运动鞋。与可口可乐、VISA卡等其他赞助商不同的是,阿迪达斯的运动产品为竞赛起到了锦上添花的作用,其新产品、新技术可以帮助一些优秀的运动员获取优异成绩,成为赛场上一道风景。因此,其优势显而易见。

不过,阿迪达斯之前赞助奥运会及其他重要体育赛事的推广活动一直以来均体现在中国市场以外的其他区域,对中国市场推进只能起到辅助效果。同时中国也未能取得一些像奥运会、世界杯这样的国际重点赛事的主办权,阿迪达斯没有能力对此进行合理嫁接。随着北京获得2008年奥运会主办权的机会来临,阿迪达斯才真正感受到借此次奥运会,阿迪达斯在中国的品牌推进将出现历史性跨越。

2005年1月24日,在北京奥林匹克中心,北京奥委会执行副主席王伟和阿迪达斯大中华地区总裁桑德琳分别在合作协议书上签字。阿迪达斯(苏州)有限公司和阿迪达斯所罗门集团成为北京2008年奥运会第七个合作伙伴。这意味着北京2008年奥运会和北京残奥会的所有工作人员、志愿者、技术官员以及参加冬奥会和2008奥运会的中国奥运代表团成员届时将穿着印有"ADIDAS"标志的体育服饰参与盛会。阿迪达斯赞助总价值达13亿元人民币。其中的一个戏剧性细节是:此次北京奥运会赞助活动的竞争是在阿迪达斯和中国本土品牌李宁之间展开,李宁开始投入10亿元希望取得赞助权,但还是由阿迪达斯取得最终的胜利。

(五)电视和平面广告营销

2003年初,阿迪达斯以"没有不可能(nothing is impossible)"为主题,完成了18个版本、分别为60秒和30秒的广告片,主角除了已与阿迪达斯签约的英格兰足球巨星贝克汉姆(David Beckham)、NBA全明星选手阿里纳斯(Gilbert Arenas)等世界巨星外,还特意选择了两名中国体育健将,以及一支没有名气却拥有梦想的英国儿童足球队,以此更贴近中国消费者以及基数最为庞大的普通大众。从3月份开始,中国消费者通过电视、网络、平面媒体等媒介分享到这些"没有不可能"的故事,体会到阿迪达斯别具匠心的品牌阐释。

在3月份阿迪达斯全面推出的品牌推广活动中,中国观众在电视里看到了他们熟悉的脸孔——入围劳伦斯最佳新人奖的中国女足选手马晓旭和网球新人彭帅。她们用笔,亲手绘制出图画与文字,讲述各自在成长历程中如何战胜"不可能"的人生故事,激励普通人为自己的梦想而奋斗。其中,彭帅的故事非常有吸引力:画面上,一个卡通小姑娘,正在用网球拍掂着一颗红心,神情痛苦迷惘。原来,彭帅的心脏有问题,但她热爱网球,如何在健康和事业之间取舍?紧接着一连串的画面,是她经过彷徨、坚定信念、获得成功的过程,最后定格在一行醒目的红色字体上:"相信自己,跟着你的心走。"

在这一系列活动中,全球有 30 多位知名运动员讲述了自己的故事,包括贝克汉姆和阿里纳斯,每个故事都以平实的视角阐释着"没有不可能"的主题。观众在品味这些故事的同时,也悄然接受了阿迪达斯的品牌内涵。

除了饱含真情实感的"故事"广告片,消费者还可以通过近 3000 个阿迪达斯专卖店,分享、体验阿迪达斯为奥运特制的产品,这些产品均印有奥运会标志和阿迪达斯 LOGO。

### (六)户外广告营销

随着户外媒体资源的丰富与多元化,广告主对于体育营销传播中户外媒体的运用手法已经越来越娴熟。阿迪达斯的核心目标消费群体以 17 岁左右的年轻人为主,这部分消费者的媒介接触特性不确定,具有很大的流动性。他们可能接触网络,他们会在周末的时候逛街,会在上学的路上接触户外,会在课间的时候接触户外,也会在家里看电视,他们的媒介接触点是很多元化的,因此阿迪达斯根据受众的特点调整了媒体配比。但是,总体来说,由于互联网的不断普及以及越来越多的年轻人开始走向户外,年轻人在将来对于互联网和户外媒体的接触有不断上升的趋势。因此,阿迪达斯将会增加户外和网络媒体的投放比例,而减少电视媒体的比例。

户外媒体是阿迪达斯不可缺少的媒介组合部分,其运用过的户外广告形式有很多种(如户外大牌、地铁广告等)。任何媒体在传播的时候都是有各自的作用的,只有结合了目标消费群,结合了媒体传播的目标,配合了相应的媒体或者是相应的媒体形式,才会达到最好效果。阿迪达斯作为一个以年轻消费者为核心用户的体育品牌,很注重媒介的互动性和趣味性。因此,阿迪达斯颇为青睐运用一些互动性很强的户外媒体来进行广告创意,吸引媒体和消费者的注意力,达到品牌传播的目的。

阿迪达斯的一些大型的户外营销创意令人过目不忘:

2006 年世界杯比赛用球发布之前,阿迪达斯选择了一些城市,空降了一些没有品牌标识的巨型盒子,引起了媒体和消费者的好奇,到了 12 月 10 号比赛用球发布的时候,阿迪达斯把盒子打开,一个巨型的足球出现在街道上面。特别是位于上海徐家汇的美罗城商场大门口的球形建筑,在当时被阿迪达斯包上一层足球造型,使其摇身变成一个巨大的"足球"。这个事件引起了很多媒体的关注,产生了比广告投放本身更强的喷泉式的品牌传播效果。

2006 年世界杯期间,阿迪达斯用穿着阿迪达斯服装的世界杯足球知名守门员卡恩(Oliver Kahn)跃起扑球的姿势把慕尼黑机场的过街天桥包装成为一个巨大的户外广告,引起了全球很多观众和媒体的关注。虽然是发生在德国,但是中国却有几十家媒体报道了这个事件,这则户外广告起到了一个全球广泛推广的效果。

当阿迪达斯成为 2008 北京奥运赞助商之后,阿迪达斯在中国许多街道布置了很多领奖台,成为一道街景。因为所有获奖的中国运动员在上台领奖时都身着阿迪达斯运动服,所以阿迪达斯也希望普通人能借由这一户外活动体会一下自己站在领奖台上的感觉。

## 阿迪达斯体育营销的解析

阿迪达斯推崇"品质至上""功能第一"的公司主旋律,"给予运动员们最好的"是公司的口号。个性化的体育营销战略形成了今天阿迪达斯在世界范围内空前的影响力。

第一,主要围绕体育运动展开,阿迪达斯被誉为最具体育关联的"运动人才"。作为体育用品公司,阿迪达斯与体育的结缘可谓天作之合,阿迪达斯挑战极限的品牌个性与体育精神有着内在的契合。所以,自1928年它便开始赞助奥运会等各类体育活动。除了赛事赞助,阿迪达斯在大多户外宣传中同样以体育项目和体育精神为主要传播主题。"体育,拥有改变世界的力量。"对此,阿迪达斯深信不疑。

第二,以"创意和互动"实现品牌年轻化。户外媒体是阿迪达斯不可缺少的媒介组合部分。"阿迪达斯作为一个以年轻消费群为核心用户的体育品牌,很注重媒介的互动性和趣味性,阿迪达斯颇为青睐运用一些互动性很强的户外媒体来进行广告创意,吸引媒体和消费者的注意力,从而达到品牌传播的目的。"很显然,阿迪达斯需要年轻人真正理解和相信它的理念。否则,品牌的年轻化将遥遥无期。

第三,借助原创实现品牌差异化突围。原创性是阿迪达斯在光荣而悠久的运动产品生产史中最宝贵的特征,同样在阿迪达斯塑造品牌个性化的过程中原创性同样弥足珍贵。户外作为拥有更广阔创意空间的场地,将原创与户外结合,它可以充分地在材质和表现技巧上做文章,将创意推向极点。

第四,借助大手笔实现传播效益最大化,不做常规平庸的户外广告,撇弃小规模的公关套路,更不做低层次的促销活动,实现公关、广告和促销等营销手段的高水平对接和整合效应。

## 参考文献

[1]阿迪达斯简介[EB/OL].https://uapbaike.baidu.com/item/adidas/180396.
[2]阿迪达斯:奥运会是"品牌形象的长线投资"[J].新营销,2007(7)

# 案例四 百事可乐的全方位体育营销

## 一、企业简介

百事公司的前身百事可乐公司建立于1898年。百事可乐公司于1965年与世界休闲食品最大的制造与销售商菲多利公司合并,组成了百事公司。百事公司是一家全球食品和饮料公司,生产、策划和销售谷类休闲快餐、碳酸和非碳酸饮料及食品。公司成立之初,在当时众多同类公司中,这家小公司毫不起眼。但百年之后,由百事可乐发展而来的百事公司却成为当今世界上屈指可数的跨国公司。如图4-1所示为百事可乐LOGO。

百事公司如今已是世界上较成功的消费品公司,在全球200多个国家和地区拥有14万员工,2004年销售收入293亿美元,为全球第四大食品和饮料公司。在2004年公布的《财富》杂志全球500强排名中,百事公司位列第166位,并于连续两年被评为《财富》"全球最受赞赏的饮料公司"第1名。在2004年《福布斯》杂志"全美最有价值公司品牌"中,百事公司位列前10名。2003年8月《商业周刊》评选的"全球最有价值品牌"的排名中,百事公司旗下的百事可乐品牌排名第23位。

图4-1 百事可乐

为了更好地发挥产品结构优势,将市场经营重点放在核心品牌方面,百事公司曾于1997年10月做出重大战略调整:将拥有必胜客(Pizza Hut)、肯德基(KFC)和Taco Bell的餐厅从公司分离出去,使之成为一家独立的上市公司,即百胜全球公司(Tricon Global,现公司名为YUM)。这有利于集中精力进行品牌建设和品牌营销。

在将非战略性业务剥离的同时,百事公司也陆续收购或并购了多项核心业务。1998年,百事公司与世界鲜榨果汁行业排名第一的纯品康纳公司(Tropicana Products Inc.)合并。2000年,百事公司将以制造水果混合型饮料、能量饮料、乳品饮料、茶饮料和含有植物成分的SoBe饮料业务纳入公司业务范围,并开拓一系列新型饮料产品。2001年,百事公司获得美国联邦贸易委员会无条件批准,以134亿美元成功收购世界著名的桂格(Quaker Oats Company)公司,从此一跃成为全球非碳酸饮料行业的冠军。合并后的百事公司重点发展需求强劲的休闲食品和饮料业务。负责美国和加拿大以外近200个市场业务的百事国际集团(PepsiCo International Group),领导百事旗下食品和饮料业务在北美以外市场的开发。该企业在《巴伦周刊》公布的2006年度"全球100家大公司受尊重度"排行榜中名列第6。

百事公司还通过与一些全球知名品牌建立合作伙伴关系,不断扩大自己的业务能力。

1992年，百事公司与Thomas J. Lipton结成战略伙伴关系，在北美市场生产即饮茶饮料品牌——立顿（Lipton）茶，并于2003年将这一北美市场最大最成功的即饮茶合作关系推向全球。此外，百事公司同星巴克咖啡公司合作推出的包装咖啡饮料也深受广大消费者的欢迎。

历经一个多世纪激烈的市场竞争，百事公司经历了从扩张到收缩，从专业化到多元化，再到专业化，以及多次业务重组的发展过程，由小而大，从优秀走向卓越。如今，公司在碳酸饮料、非碳酸饮料、休闲食品及健康食品等领域发展均衡，呈现出长期可持续发展的潜力。2005年12月初，百事公司股价攀升，市值达到创纪录的984亿美元，历史上首次超过主要竞争对手市值，表现出了强劲的增长势头。

## 二、百事可乐的体育营销方略

### （一）体育营销从草根做起

**1. 体育营销从草根做起**

随着超级女声等一系列平民海选活动的展开，群众性选拔运动的影响力越来越突出。百事可乐看到了群众性选拔运动的巨大商机，将更大的营销注意力转向"草根阶级"。

百事已持续5到6年赞助草根足球活动。几乎每年百事可乐都会推出一些自己设计的赛事，来鼓励青少年参与，并让从草根比赛中选拔出来的孩子们到世界顶级的球队观摩学习，近距离接触自己心目中的偶像。

由此，百事可乐和大部分企业一样，虽然并非世界杯以及奥运会等顶级赛事的赞助企业，但其依旧能大打体育牌，完成自身品牌形象的推广。

2005年起，百事可乐的一项新的比赛吸引了众多中国观众的目光。在"世界杯"内围，虽然不能用FIFA世界杯的官方LOGO，不能在场地内部悬挂广告，不能邀请著名世界杯参赛球队来当广告主角，此外还有种种法律的限制，但在"世界杯"外围，百事可乐早已组织了一场世界范围的"百事"足球挑战赛，这场比赛历时长达一个月，有来自全世界各地的年龄在16—20岁的年轻足球少年报名参赛。其中不乏来自巴西、英国、阿根廷、意大利等世界足球强国的选手，同样也有巴林、泰国这些足球水平相对较弱的国家的选手。最后的获胜队将得到15万美元的奖励。在这一个月中，来自中国的两位少年和来自全世界其他国家的孩子的一举一动，以及到最后和贝克汉姆见面的环节，都通过电视台、手机、3G门户网站等方式，传递给了观众或潜在消费者。

这是百事可乐一项革新性的活动，它将草根活动、电视节目以及网站的攻略相结合，给了年轻人极大的鼓励。可以说，百事可乐在此想营造的是一场新的媒体盛宴，一种新的体育比赛——专门给那些不是大明星的人开展的比赛。年轻消费者在用不同介质看比赛的同时，也潜移默化地记住了百事可乐这一品牌。而这些人将很可能成为未来百事可乐的忠实客户。

**2. 全民可参与的活动**

从2007年开始，百事可乐便以一个非同凡响的由纯蓝到非纯蓝包装的大变身，让人耳目一新。新包装彻底摒弃以往消费者所熟悉的百事巨星，普通消费者酷酷的形态则成了主角，他们充分展示着时尚生活方式，让后现代的炫酷充分自我释放。这款包装一度受到众多"摄客"们的追捧。

随后,为支持中国体育事业,百事可乐在全国范围内启动了"百事我创、我要上罐"的大型消费者互动活动,所有关注中国队、愿为中国队加油喝彩的普通人都有可能成为新款百事"相片罐"上的主角明星,这些普通人的形象将出现在超过一亿个百事可乐瓶罐上,与中国队的英雄们肩并肩共同加油。

百事可乐通过整合线上线下活动,足迹遍及全国,包括台湾、香港、澳门在内所有的地区。为方便消费者参与,全国赛区划分为四大赛区,不论男女老少,凡是希望为中国队加油、要为中国体育倾注一分力量和心愿的消费者,都可以把最能展现自己为中国队加油意愿的炫酷照片上传到活动的官方网站。消费者以及其他网民可以通过网络、博客等不同的便捷方式为这些照片投票。

百事公司的"草根英雄"计划也因为奥运再次拉开序幕。消费者可以用天马行空、无限制的创意做出各种为中国队做出加油的手势、表情。只要这种加油方式能引起大众的共鸣、获得大家的认可,就将成为数亿百事新包装的主角。

可以说,这次百事的互动营销活动完美地实现了品牌特性与受众行为习惯的结合,同时也把人传人的"病毒性"营销发挥到极致。即便是大撒银子,换来的结果也是长远的,关注度也是持续的。如此妙哉的创意,使得这个活动得到延续下去的可能,甚至可以每年举办。

### (二)足球营销战略

百事一直专注于两件事:足球和音乐。和音乐巨型广告一样,百事也网罗了不少国际顶尖的球星来代言。百事全明星阵容中,包括了贝克汉姆、罗纳尔·迪尼奥、卡洛斯、亨利、劳尔、齐达内、梅西等当今国际足坛颇具影响力的人物。这些足球巨星的身影不仅出现在独具创意、制作精美的百事广告中,甚至还被印上百事的产品包装和海报,成为全球年轻人收藏的爱物。

围绕2006年的世界杯,百事可乐不仅推出足球巨星代言的广告活动进行造势,还举办了一场全球范围的"百事"足球挑战赛,历时长达一个月。在世界杯开赛前,百事从全球11个国家各选出2位16~20岁的选手代表自己国家参赛,其中包括了巴西、西班牙、英国和意大利等国家。这些选手能够与罗纳尔·迪尼奥或贝克汉姆这样的大明星零距离接触,或在世界闻名的球场上比试球技,为世界杯预热。

此外,百事充分利用其强大的足球明星和音乐明星资源,在世界杯期间推出主题活动——DADA大狂欢,促销包装产品同时全面上市。消费者通过收集印有"国家名"和"大赛名次"的瓶盖,若搭配结果与德国世界杯现实赛结果相同,即有机会赢得礼品,甚至获得参与"百事巨星神秘约会"的大奖机会。

百事专门针对中国的足球营销也是不遗余力的。1998年,百事可乐开始成为中国甲A联赛的冠名赞助商。2002年世界杯期间,当中国队出线的消息传来,百事可乐反应迅速,第一时间打出"终于解渴了"的宣传主题,并邀请多位世界级的球星加盟广告。2005年7月,在百事公司的安排下,"百事之队"中较成功的两家欧洲足球俱乐部——西甲球队皇马和英超曼联,先后来华为中国球迷带来一场专属的足球盛宴,以"引领全新足球体验"为己任的百事公司也得以将自己的品牌美誉度又提升了一层。

### (三)全球与本土营销战略相结合

百事可乐的体育营销是层次化的,包括全球统一的营销战略,也有深入到区域的具体营销行为。

在全球层面上,长期以来,百事始终致力于建立以"百事可乐基金"为切入点的良好公共关系体系,热心赞助体育事业。1980年,在莫斯科举行的第22届奥运会上,虽然可口可乐赢得了赞助权,但百事可乐仍然不轻易放弃体育牌。百事可乐在奥运会开幕前两个月便在各个比赛场地竖起大面积广告宣传牌,并在多处设点推销,在运动会期间向各国运动员和大会工作人员散发赠饮券,给获奖运动员赠送纪念品,又多次举行酒会招待各国运动员及名流贵宾。百事可乐从此深入人心,名声大振。在那次竞争中,百事可乐的盈利超过可口可乐三分之一。

1998年,百事可乐开始邀请体育明星担任品牌代言人,并赤字赞助英国曼联和意大利尤文图斯等世界顶级足球队。这两支球队战绩惊人,球迷众多,在欧洲足坛乃至世界足坛都有非常大的影响力,它们将百事的年轻形象带到了全世界。百事可乐还利用了NBA和美国棒球联盟寻找与可口可乐广告的平衡点。2003年,百事可乐分别于英国足球协会和加拿大曲棍球协会签署为期4年的赞助协议。

在推行全球化营销的同时,百事可乐亦非常重视和支持各区域本土体育事业。在中国,百事可乐同样掀起体育狂潮:举办"百事球王争霸"5人制的足球赛,参赛队伍已经扩大到了6000多支;与英国曼联队联合举办足球训练营;举办"七喜3人篮球争霸赛",该赛事有1035支球队、5000多人报名;赞助冠名中国足球甲A联赛;在上海、广州等地赞助举办"极限运动"巡回赛;举办少儿趣味运动大赛和校园足球赛等。

1997年,百事可乐不惜斥巨资赞助中国"八运会",取得了八运会指定饮料产品的专卖权,并向主会场赠送价值300万元人民币的设备,以支持中国全民体育事业的发展。这种举动造成了一个虽在总体上不及但在特定时期和特定环境中气势大大超过可口可乐的局面。与此同时,百事可乐与其他9家知名跨国公司一起捐资建设"体育爱心廊"。从2001年开始,百事可乐成为甲A的赞助商。

除此之外,在1998年世界杯前,百事可乐还邀请了中国国家足球队的队员范志毅、祁宏、张恩华、李明、马明宇、谢晖、李玮峰7名国脚,拍摄了10强赛期间的广告。小组赛分组抽签中占据的有利形势给渴望走向世界的中国足球和关心中国足球的球迷再一次点燃了希望的火花,因此百事可乐广告的主题就是中国足球的圆梦。这部广告片将队员们对于胜利的憧憬淋漓尽致地表现在亿万中国人面前,也使中国的消费者对百事可乐留下了难以磨灭的印象。

(四)明星广告战略

百事选择足球和音乐作为品牌基础和企业文化载体,在广告和社会公益活动中借助迈克尔·杰克逊、张国荣、"小甜甜"布兰妮、王菲、周杰伦、蔡依林、郭富城、陈慧琳、郑秀文、贝克汉姆、里瓦尔多、卡洛斯、范志毅、李玮峰、祁宏等一大批明星品牌代言人,极力倡导企业文化精神,使百事的"新一代的选择"和推崇"快乐自由"的风格广泛地被人们尤其是青年人理解和接受。这样,很多人就明白了为什么"百事"的产品从简单的包装到向运动系列、功能系列拓展都刻意体现出一种动感和欢快的格调,这使许多青年人成为"百事"忠实和热心的消费者。百事文化不仅是企业的,也是社会的,它通过产品的推销深刻地影响着一大批人,反过来又推动企业按照这种文化定位不断创新,使其历经了100多年还保持着旺盛的朝气。

在明星广告推广策略上,百事可乐主要有以下策略。

**1. 媒介策略:与 Yahoo 携手**

2000年4月,百事可乐公司首先宣布与Yahoo进行全面网络推广合作。其加大了在音乐站点,如MTV.com的投放力度,同时还涉足体育类网站,如NBA.com、美国棒球联盟等。网络广告投放活动成为百事的长期行为,从2000年1月起从未间断。每年3—4月随着气温的升高,伴随饮料小黑高峰期的来临,百事对网络广告投放高峰期便来临了,通常会延续至当年11月。

**2. 创意策略:推崇激情**

较之可口可乐的传统广告,百事可乐的网络广告更显活泼,无论是画面构图,还是动画运用,都传达着一种"酷"的感觉。自2001年中国申奥成功以来,百事可乐的网络广告独具匠心:气势非凡的画面采用了有动感的水珠,传达出了百事可乐品牌的充沛活力;醒目的文字表达出百事可乐对北京申奥的支持;也将中国人对奥运的期盼巧妙地与百事可乐产品联系到一起,并与其他宣传高度一致。

**3. 竞争策略:针锋相对,体育角逐**

可口可乐借助冬奥会指定饮料的授权,扩大体育市场的份额。而百事可乐则利用NBA和美国棒球联盟全面建立竞争优势,比如百事在中文网站设有百事足球世界、精彩足球栏目,包括2001年百事可乐足球联赛、百事全能挑战足球赛、百事预祝十强赛、中国足球超越梦想等等。

### (五)体育公关战略

**1. 覆盖全中国的"我要上罐"**

2007年,百事在全国推出史无前例的"百事我创、我要上罐"活动。一直以来,只有百事巨星才有机会出现在百事包装上,并成为收藏家及粉丝们每年最期待的珍贵系列。在这次活动中,终于人人都有机会成为百事罐上明星,在超过一亿个百事可乐包装上出现。而且这个历史性的消费者肖像包装有另一重要目的——为中国队加油。大家各自上传为中国队加油的表情和动作的照片,通过全民投票而成为即将推出之"中国队百事可乐纪念罐"。

这次活动旨在使普通消费者成为活动的绝对主角,通过自己创作与参与实现独特的完美体验,并有望创造史上最强的为"中国队"加油的声浪!消费者可以运用天马行空、无限制的创意,各种为2008中国队加油的手势、表情。含蓄也好,夸张也罢,幽默高效,或激情四射……只要这种加油方式能引起大众的共鸣,获得大家的认可,就将成为数亿百事新包装的主角。

据介绍,2007年"百事我创、我要上罐"参赛作品全国征集,整合线上线下活动,足迹遍及全国,包括台湾、香港、澳门在内所有的地区。为方便消费者的参与,全国赛区划分为四大赛区,不论男女老少,凡是希望为中国队加油、要为中国体育倾注一分力量和心愿的消费者都可以把最能展现自己为中国队加油意愿的炫酷照片,上传到活动的官方网站,或通过手机彩信的方式发送。消费者以及其他网民可以通过网络、博客、相册及手机等不同的便捷方式对这些照片投票,如能引起消费者的共鸣,即可成为他们心目中最具代表性的为中国队加油的照片而登上百事新罐的包装。

各赛区胜出的 20 名草根英雄的照片将分别出现在各个区域包装上,而全国 20 强作为最终的赢家将代表所有参与比赛、关注比赛的国人与中国队的世界冠军一起,将自己的照片印制在数量高达数亿罐百事可乐新包装上,成为为中国队加油的最别具一格的形式。

各大媒体也积极跟踪报道了这一赛事,例如贵州日报就在报纸中描述了一些参赛者的基本信息和内心感言,诸如"就读于贵州大学小关校区的刘宣是一个热爱篮球喜欢 K 歌的阳光男孩,1 米 8 的高个儿,腼腆的笑容,干净的运动衣是他留给记者的第一印象。刘宣平时最喜欢的事情就是挑战自我,提到此次来参加'上罐'活动,刘宣表示,这是一个能展现自己才华的平台,他一定会努力将自己最灿烂的一面 show 给大家看。"这样的描述激发了更多人参与进来的欲望。

**2. "中国队百事纪念罐"**

备受各界关注的百事"中国队百事纪念罐"以迅雷不及掩耳之势隆重登场,对于百事来说是一次在百事全球策略下为中国特别"奉献"的炫变行动。小小一个可乐罐,引起了非同凡"响",它满载百事和中国 13 亿消费者的激情,共同支持中国,表达为中国加油的决心。在全球,蓝色代表百事,但这次,百事历史性地作此突破,变身红装,是因为作为中国大地上的一分子,所有人都有必要去突破一切界线,万众一心为中国队呐喊加油,向全世界宣告:敢为中国红!

口味和配方百年来保持不变,产品却始终没有走到生命周期的末端,世界上这样的产品并不多见,而百事可乐和可口可乐又是少数中的佼佼者,炫目的蓝色和动感的红色各自代表一方并深入人心。"红蓝争霸"在中国市场上一直针锋相对、战况激烈,形成分庭抗礼之势。而由于可口可乐是最早一批进入中国的美国企业,具有百事可乐不可比拟的先入优势,百事可乐在中国处于挑战者的位置。但许多迹象表明:谁赢得青年一代,谁就会取得成功。百事可乐敏锐地发现了这一变化,因而一进入中国,它就明显地把广告战略的重点放在朝气蓬勃的年轻一代身上。百事可乐的公关技巧主要是抓住青年消费者,赢得青年一代对百事可乐的好感。在激烈的竞争中,百事可乐聘请了著名的 BDO 广告公司作为它的代理人,成功的广告策划影响了一代人。

百事可乐进入中国 26 年来,一直以年轻人作为消费目标,关注中国的发展和中国年轻人的变化。因此,对于中国市场最有潜力的这一批正处于断乳期的青少年,百事深刻地洞察出其内心的感情需求缺口,将红色演绎出更为丰富的内涵,填补目标人群内心的渴望,这应该是百事换红装的主要目的。

塑造产品新形象的关键在于着眼产品自身,挖掘产品自带的独特性能和功效来制造一个卖点,形成一个诉求,提供一个购买理由,以此实现销售。因此,面对"不爱蓝妆,爱红妆"这样的大手术,百事中国最高统帅时大鲩坦言:"百事中国以至于百事国际而言,'百事可乐'变装红色绝不是一个轻易的决定,有着其并不简单的考虑。"

很明显,这一个不简单的考虑具有鲜明的指向性——2008 年奥运会。相对于老对手可口可乐在奥运营销上玩的风生水起,非奥运合作伙伴的百事可乐相形见绌,自然也要贴合地域特色做点文章。在传播高度上稍逊一筹的情况下,就应该在传播深度上盖过对手。

中国越来越强大,2008 年是中国儿女向全世界展示力量和团结的重要时刻。百事作为一个对中国极具影响力的品牌,也致力于贡献一份中国力,凝聚亿万颗中国心,为中国加油。

2008年奥运会在中国举行,中国人尤其关注和激动,国人都很关注中国运动员在家门口的表现。"为中国队加油"这一爱国主题刺激了更多的消费者关注并参与"敢为中国红"的活动,虽然在官方网站中已经说明口号中的中国队指参加多哈亚运会的中国队,在当时奥运会即将临近这样一个大好环境下,大多数消费者心中已经将中国队指代为即将参加奥运会的中国队。百事可乐作为国人眼中的一个外资品牌,此活动跟"爱国"这一主题联系起来激发了大家的爱国热情,赢得了更多消费者的青睐,对于那些原来只喝国产品牌可乐的消费者来说,也是一个改良品牌形象的良机,百事可乐的附加值也得到了积累和提升。可见正面积极的活动主题非常有利于品牌传播,正是这个目前在中国天时地利的主题吸引了众多目标消费者,在广大消费者中凝聚了一种民族精神、一种向上的力量,这种力量同时也赋予了百事可乐这一外资品牌更多积极的色彩。

## 百事可乐体育营销的解析

### 1. 2008奥运年战略剖析

2008年对很多企业来说都是至关重要的一年,因为奥运会为它们带来了巨大的商机。在国际奥委会推出了TOP计划后,可口可乐就不惜血本投入巨资连续成为TOP赞助商,同时也为自己赚取了丰厚的利润。

1996年亚特兰大奥运会,可口可乐公司当年第三季度的盈利增加了21%,达9.67亿美元;而同期百事可乐的利润却下降了77%,只有1.44亿美元。因此,对于像可口可乐这样再次获得奥运赞助商资格的企业来说,它们无疑已在这场营销大战中抢得了先机,而作为非赞助商的百事可乐也决不甘心让发生在亚特兰大的那一幕再次在北京上演。由此,奥运年的营销大战悄然上演,百事也精心布局并实施了自己的营销战略。

百事的目标人群是年轻人,而年轻人非常热爱运动和音乐。因此体育营销和音乐营销一直以来都是百事可乐营销战略中的两大支柱。但让百事深感无奈的是奥运会这一全球体育盛事的TOP赞助资格却长期被对手可口可乐占据。

此次北京奥运会,可口可乐的奥运攻势依然凶猛。它不仅再次获得了奥运赞助商的资格,而且其组建的奥运明星阵容也空前强大。尽管百事也邀请了林丹、李小鹏、杨扬、李永波等体育明星前来助阵,但依然无法匹敌由姚明和刘翔这两位体育明星所领衔的可口可乐奥运军团(姚明与刘翔分别占据了2008年福布斯中国名人榜的前两位)。

在这种困境下,百事不得不考虑开创性地采用一套以"草根"对抗"明星"的营销策略来扭转局面。采用该策略不仅能够弥补百事在这场体育营销的资源PK赛中处于劣势,而且还能在巧妙避开官方对非奥运赞助商诸多限制的同时,通过广大"草根"的力量从侧面切入奥运主题。毕竟,奥运会从某种意义上来说更应该被看作一场全民参与的体育盛会。

2007年5月底,百事所推出的"百事我创,我要上罐"网络选秀活动拉开了此次百事奥运年营销战略的序幕。该活动呈现出两大特点:一是"草根"明星化。在这个活动当中,百事大胆突破传统的明星营销模式,通过选秀活动从全国海选出21个草根明星,让他们充当百事的代言人,他们的头像将出现在百事的包装上。"超级女声""我型我Show"等草根选秀活动的成功,证明了选秀这一活动类型在中国具备了强大的号召力。百事显然也看到了这一点,它希望通过这一活动的前期预热,能为其后续活动的开展打下一个非常好的基础;二是选秀活动的网络化。网络是广大草根一族的聚集地,根据CNNIC 2008年1月统计资料显示,中国网民数量已达到了2.1亿人,位居世界第二。其中,年轻的未婚网民占到55.1%。月收入在1000元以上的中国网民比例达54.7%,这是一个数目庞大且极具消费潜力的人群,选择网络营销就有希望抓住这2亿潜在的消费群体。

而百事的核心消费群体与潜力最大的消费群体集中在15~30岁的年轻用户,与互联网用户是吻合的。另据之前一份来自艾瑞网的资料显示,虽然百事可乐与可口可乐在市场占有率上不相上下,但在网络广告的投放量上百事可乐却不如可口可乐,百事在这个方面尚有潜力可以挖掘。

借2008年奥运会之势加强在网络营销上的投入,对于百事可乐来说也是势在必行之举。在此次活动中,百事选择了与国内三大门户网站之一的网易合作。据网易的数据显示,该活动参加人数超过了200万,并最终征集到了40万张图片。

紧接着,百事奥运年营销战略的第二步计划在2007年9月初启动,百事在北京国际金融中心举办了一个名为"13亿激情,敢为中国红"的发布会,破天荒地推出了一款红色包装——"中国队百事纪念罐",罐子上遍布着中国体育明星和从前期活动中选拔出来的21位草根明星的头像。百事的这一举动再次引起了业界极大的关注和争议。

百事希望此次换红装活动在奥运年的营销战略中起到什么样的效果呢?首先,通过将草根明星们的头像印在这款为2008奥运年特别设计的红色包装上,将前期选秀活动中所聚集起来的注意力和人气进行有效引导。其次,百事通过这次活动也相当于向所有人发表了"百事即便不是奥运赞助商,但依然支持奥运"的宣言,而这一颠覆性的"怪招"既能让人们对此番宣言印象深刻,同时也吸引了更多媒体的兴趣,为百事的后续活动在人气上继续添砖加瓦。

但与此同时,百事在"红色营销"上也显得小心谨慎,唯恐一不小心就为他人做了嫁衣。因为红色终究不属于百事,而换红策略也只是百事在奥运这一历史时段的应对之策,它终将会换回属于自己的蓝色包装。如果对红色价值进行过度提炼可能一不小心就帮了老对手可口可乐的忙。

2. 中国红与全民上罐

应该说,中国市场上超女、郭德纲、芙蓉姐姐等草根的迅速蹿红,使企业都普遍认识到,中国已经进入一个张扬自我的反偶像时代了。这样的一场轰轰烈烈的草根运动,海面下隐藏的中坚力量和推动者,自然是自我意识开始觉醒的年轻人。百事显然看到了选秀这一活动类型和成名效应在中国的巨大号召力,在打响百事换红装运动的同时,又推出"百事我创,我要上罐"活动。借助网络的力量在民间寻找代言形象,针对的同样也是年轻人。此次活动,让普通的消费者也有表现的机会。让最普通的消费者也可以亲自参与到这个品牌的革新当中,帮助他们梦想成真,成为最炫酷的草根明星。该活动让消费者觉得自己和品牌是融合在一起的,使该品牌显得更加有活力、充满亲切感,拉近了品牌与中国消费者之间的距离。作为百事非奥运营销战略的一部分,这样的组合活动至少能达到三个目的:

第一,这一部分年轻人既是百事的目标人群,又是奥运会的热衷者,以关注消费者内心的需求为纽带,可以巧妙连接"百事"和奥运。

第二,充分张扬年轻人的个性追求,实现他们对于名望的渴求,从而深刻区隔"可口红"与"百事红"的价值取向的高下,增加品牌好感度。

第三,百事可以在可口可乐万千宠爱集一身的情况下,以这一系列"怪招"扰乱对手计划,分流媒体注意力,为自己制造出新闻点从而引发舆论热潮,在公关聚焦度上与对手缩小差距。

一个公司必须在其潜在客户的心智中创造一个位置,对此位置所要考虑的,不只是自己公司的强点与弱点,对于竞争者的强弱点也要一并考虑,这是艾里斯对品牌的定义。

此次百事可乐"不爱蓝妆,换红妆",只会在中国市场推广,是"百事敢为中国红"等一系列支持中国队活动中的一项。对于此次在中国市场的全面换装,百事中国区首席市场官许智伟解释,近几年中国的影响力越来越大,明年注定是中国年,而红色是中国的代表色,因此百事选择在中国市场换用红色的新包装,以此支持中国。

不过,由于在消费者心中,百事可乐和可口可乐有着明显的区别,其中最大的区别就是它们两者外包装的颜色,"红蓝对决"一直是可口可乐与百事可乐之间竞争的代称。此次百事可乐也穿"红妆",是否太冒险?对此,百事中国区市场总监蔡德舜表示:"此次百事可乐推出的特别版包装可以用个'敢'字来形容,虽然有一定风险,但百事会去面对不同的风险。而且我们之前已做了大量研究,发现了现在的年轻人十分有自信,我们公司的经营也要紧跟潮流;另外,明年将属于中国,中国队也将是大家关注的焦点,这些因素促使我们的新包装顺利诞生。"

而且,本次新的定位策略除了新包装启用了红色外,包装画面也做了大胆的创新,放弃此前百事众多明星的形象,而启用了多位来自民间的草根英雄的肖像。据悉,百事公司在2007年5月举办了一个"我要上罐"活动,到7月活动结束时,就收到了1.3亿人次的投票。经过众人的投票,顺利选出了百事可乐新包装上的平民明星,这改变了百事在中国十年的经营策略。之前,百事可乐的产品外包装上都是巨星,而现在罐上的面孔是来自消费者自行选出的"平民明星",等于是将以前百事的明星路线作了一个360度的转变,进入"后明星"时代。

百事可乐借助2008年北京奥运的东风,如今"不爱蓝妆,爱红妆",反其道而行其之,与可口可乐在包装竞争上刺刀见"红",也许只是百事给后者在中国制造的一个小麻烦。

因此,百事可乐这刚换上的一身红与可口可乐的红,自然也应该有所不同。可口可乐一直采用的就是红色包装,初入中国市场时,这一贴近中国传统文化观念的色彩很是讨巧,可口可乐也借此大打传统喜庆牌,春节时采用福娃包装,刘翔夺冠时又是一片祝福红,在迎合消费者消费心理和文化的本土化方面,可口可乐堪称典范。但是,可口可乐对于红的运用,一直流于表面。碳酸性饮料的主流消费人群主要集中在25岁以下的年轻人,这个群体属于反传统的一代,"福气、团圆"之类的红色诉求,并不能深刻地击中他们的内心。红色既是中国人公认的喜庆颜色,也是中国人不分地域、不分民族的共同喜好。百事启用红色作为纪念罐装既是投其所好之举;更重要的是,作为可口可乐传统的主色系,竟然被百事抢先一步定义为中国红,其中可见百事的智慧和勇气。

综上所述,百事可乐作为挑战者,并没有模仿可口可乐的广告策略,而是勇于创新,小小一个可乐罐,通过广告树立了一个"后来居上"的形象,并把品牌蕴含的那种积极向上、时尚进取、机智幽默和不懈追求表现得淋漓尽致,以向全世界宣告,敢为中国红!

## 参考文献

[1] 可口可乐简介[EB/OL]. https://wapbaike.baidu.com/item/182363fr=aladdin.
[2] 杨延. 可口可乐全攻略[M]. 深圳:海天出版社,2006.
[3] 朱小明. TOPTEN 世界顶级企业体育营销[M]. 北京:人民体育出版社,2007.

# 案例五 红牛体育营销功能饮料定位战略

## 一、企业简介

1966年泰国商人许书标(原籍中国海南)在泰国曼谷创立饮料品牌"红牛"。如图5-1为红牛LOGO。由于它的产品是以补充能量为主,红牛在全球率先开创了功能饮料这个品类,并迅速在全球受到广泛欢迎。经过近半个世纪的发展壮大,红牛功能饮料在奥地利、泰国、中国、越南等地生产,在全球140多个国家和地区销售。红牛一直很看重对于品牌的推广,它通过赞助极限运动、汽车运动和飞行运动等建立了品牌声誉扩大了品牌影响,并创造了非凡的业绩,其功能饮料销售规模位居世界前列,2007年在全球销量超过40亿罐。

1995年12月,"红牛"凭着对中国市场发展的信心和全球战略眼光来到中国,成立了红牛维他命饮料有限公司,并以"为在改革开放中自强不息、蒸蒸日上的中国人民添力加劲"为企业宗旨,开拓中国市场。

图 5-1 红牛

中国红牛公司在全国各地建立了30多个分公司、代表处和80多个办事处。秉承国际化的经营理念和管理模式,重在培养消费观念,以"功能饮料市场先入者"的地位和优势,快速进入市场,中国红牛公司逐步发展成为一个积极进取、诚信开拓的饮料集团公司。

在竞争激烈的中国市场上,中国红牛公司成功地建立和传播了红牛品牌,开创了功能饮料品类,培育了功能饮料市场,取得了辉煌的销售业绩,奠定了持续经营的基础,缔造了中国饮料业的"红牛奇迹"。红牛如今是中国销售渠道最广、销量最大、品牌知名度最高的功能饮料。它同时还是国家核准的具有抗疲劳优秀功效的保健食品,及NBA中国官方唯一指定运动能量饮料。

经过在中国市场上的长期推广,红牛的品牌价值不断增加。根据著名品牌评估机构的研究成果,截至2007年,红牛在中国大陆地区的品牌资产价值已达到50亿元人民币。尤其是在中央电视台黄金时间播放长期广告以及成为NBA在中国的第一个市场合作伙伴之后,红牛的知名度、认同度与美誉度都达到了新的高度。目前,红牛已经发展成为国内饮料领域的顶尖品牌,与高贵、神奇、强壮、活跃和健康等形象相结合,其影响已经超过快速消费品与食品饮料领域。

## 二、红牛的体育营销战略

红牛"动感""活力"的品牌内涵与体育精神不谋而合,因此,体育营销是展现红牛品牌最适合的手段。

### (一)定位于大学生的TBBA街头篮球争霸

大学生人群是每一个企业尤其是像红牛这样一个功能性饮料企业十分看重的潜在消费人群。这个人群有其非常特殊、个性化的消费习惯和消费理念。而他们获得产品信息的途径也是比较特别的,他们不一定会经常看报纸,看电视也非常不便,但他有足够的时间和便利去进行娱乐和体育活动。也正因为如此,红牛才会选择在大学校园中非常具有群众参与基础的TBBA作为自己体育营销的载体,红牛是这个项目的第一个冠名赞助商,并且与这个项目结成了战略合作联盟,共同来发展和树立TBBA的品牌。

红牛希望在人们的心目当中达到说到TBBA就会想到红牛,说到红牛也就可以想到TBBA的效果。在红牛长期的支持下,参与TBBA的人群也会越来越多,而红牛也因此得到这个项目本身带来的积极效应。

TBBA(THREE BOYS BASKRYBALL ASSOCIATION 三个男孩篮球联盟)是由教育部中国大学生体育协会主办、中国学生三人篮球管理中心负责推广运营的一项校园群众体育赛事活动。TBBA这个与众不同、活力四射的新兴体育赛事,给红牛公司提供了一个面对青年人群,以大学生为营销突破口,打造全新的运动营销模式的崭新平台。在这个平台上,红牛开始通过精耕细作的"播种"方式,对潜在消费人群进行品牌渗透式培养。

目前,全国16座大中城市、120多所重点高校,超过10万学生直接参加了TBBA比赛,间接参与并对该比赛高度关注的人群达9000万以上。整个赛事的时间跨度长达9个月。TBBA的众多的参赛人数引起了全国媒体的高度关注,新华社发布通稿,称TBBA联赛为"篮球史上规模最大的赛事"。

在对TBBA赞助过程中,红牛的赞助已不再表现为传统形式如对比赛运动的简单赞助,也不只是在赛场周围立一些广告牌,而是充分利用体验营销实现产品推广。在TBBA的每个赛场中,"红牛能量加油站"随处可见,一方面,参赛学生能够自然、直接地感受到红牛饮料迅速补充体能的功能妙用;另一方面与红牛品牌冠名相关的活动在身边如火如荼地进行,无论是参赛队员,还是场外观众,均能自然地体会到这种运动和商业的巧妙结合,并乐在其中。

在保持以三人篮球为基本元素的前提下,根据红牛需要表现的商业思想,TBBA联赛融入了更多青春、活力、前卫的表现内容,如街舞大赛、远投大赛、街头斗牛、至酷队名评比等活动。正是因为这些丰富多彩的活动,许多高校把TBBA的校内联赛阶段命名为"校园篮球文化节""校园篮球狂欢节""校园篮球欢乐周"等。事实上,红牛致力于把TBBA联赛精心设计成为一个为红牛品牌量身度造的,能承载红牛品牌核心价值的商业营销平台。

红牛借助TBBA,旨在将"红牛"品牌与TBBA联赛结合,产生联动效应,最终目标在于在大学生市场上建立红牛的知名度。据零点调查的一项调查结果显示,TBBA赛事前后大学生对红牛好感度上升了30%左右。TBBA作为一个企业和年轻群体沟通的载体,它的举办不仅增加了大学生和品牌的联系度,也使品牌形象在大学生印象中更加趋于丰满。通过TBBA的宣传,红牛被赋予了积极、年轻、时尚、自由等品牌意义。很明显,红牛因此得到这个项目本身带来的品牌效应。

（二）赞助各项体育赛事与运动队

红牛的体育营销涉足的体育项目非常丰富，几乎囊括了年轻人热衷的所有热门运动，如赛车、飞行、滑雪、极限运动、篮球、足球等等。

**1. 赛车**

红牛投入巨资建立了覆盖从卡丁车到最高端的F1等各项赛事，包括F1雷诺、F3、DTM、NASCAR、WRC、达咔拉力赛等，当前红牛所拥有的车队包括F1红牛车队、红牛之队、美国NASCAR红牛车队，出资赞助的著名车队包括德国DTM奥迪车队、大众途锐车队、WRC红牛斯柯达车队等。

2004年世界一级方程式大奖赛中国发展论坛在上海隆重召开，作为全球较早诞生和较成功的能量饮料品牌之一，红牛多年来坚持运动营销策略，积极参与赛车运动，善于借助振奋人心的赛车运动所具有的加速、超越、挑战极限、永远争先等特点，传播和提升红牛的品牌价值。

在过去的15年里，红牛倾情赞助F1，与索伯车队建立了密切关系并持有该车队的股份。红牛至今仍然是索伯车队的主要赞助商，2004年又成为另一支车队美洲虎的赞助商，同时他们还是车王舒马赫的赞助商之一。近年来，红牛在欧洲建立了红牛少年队，以培养未来的F1车手，它还在在美国发起了车手征集计划，培养美国本土的F1车手。红牛不仅参与最为吸引人的F1，还在全球范围内积极赞助车队和车手，广泛投资各类汽车赛事，传播红牛品牌。2004年，红牛公司"畅饮红牛，赢F1套票"的主题促销活动在国内各大城市展开，红牛公司特地从欧洲进口了一批索伯车队的仿真车模，同时购买了一批F1中国大奖赛的入场券，作为给车迷消费者的回报。该活动引发了消费者的极大热情，活动推出后，红牛在中国市场的销量飙升了60%，全公司提前4个月就完成了全年销售指标，"F1营销"的效果可见一斑。

**2. 飞行**

赞助"红牛特技飞行大赛"飞牛队和飞机博物馆。RedBull Air Race是一项特技飞行领域的世界顶级赛事。红牛赞助的无动力飞行曾成功跨越英吉利海峡，极限跳伞则征服了马来西亚双子座大楼、巴西宙斯神像、大岩洞等。

**3. 冰雪运动**

在欧美多项冰雪项目中，红牛都有涉猎。其范围包括赛事赞助和运动员以及运动队的赞助。如红牛Crashed Ice比赛，即融合了冰球和高山滑雪两项运动，成为一项持续性的赛事。

**4. 极限运动**

红牛的极限投资，是品牌与自我超越、突破极限、创造奇迹的运动相结合。红牛Xfighters创造性地在斗牛场里举行摩托车的极限赛，悬崖跳水——全球只有20多名好手的运动项目，也是红牛的一项传播平台。红牛Downhill自行车下山赛、红牛BC1街舞世界杯等都是享誉世界的极限赛事。

**5. 篮球**

篮球是红牛中国体育营销的重中之重。中国红牛十年如一日地支持中国青少年篮球运动，并与NBA建立战略合作，共同传播篮球文化，带领中国球迷到美国NBA全明星赛场观赛。NBA全明星票选、弗朗西斯训练营、NBA球迷千人欢呼排队和在中国十个城市举行的NBA大篷车项目,都是中国红牛借鉴NBA模式传达企业文化的重大举措。

此外,红牛还在足球、台球、高尔夫和户外运动等项目上进行体育营销。

（三）NBA全明星活动

2003年12月,为了与广大中国篮球迷和年轻顾客建立并加强情感联系,增进品牌的运动与时尚感,提升品牌的价值与影响力,扩大支持人群,红牛以"投入红牛能量,分享NBA激情与梦想"为口号联合NBA共同推出"NBA全明星阵容票选中国区系列活动",以"我的全明星,我的主张"为号召,邀请球迷们积极参加投票和交流,感受篮球的运动魅力。该活动目前已经成功举办两届,直接参与人数近20万人。该活动影响广泛,有效地帮助红牛提升其在运动人群中的品牌形象,并与NBA品牌和篮球运动建立了强有力的关联,加强了与篮球迷的情感交流。"红牛NBA全明星活动"案例荣获2004年度体育营销经典案例"最佳创新奖"。

作为一个国际能量饮料品牌,红牛在中国发展十年来,长期致力于赞助和支持中国青少年篮球运动,所赞助的项目包括全国大学生三对三篮球联赛、各省市地区性篮球赛事,以及NBA在中国的推广活动等。红牛公司是NBA中国战略合作伙伴,红牛饮料也是NBA中国唯一运动能量饮料。

（四）奥运"今日之星"联姻央视

2008年,奥运的到来为红牛带来了新的机遇。在奥运盛宴的大背景下,红牛一举拿下了央视"今日之星"的独家冠名。"今日之星"是奥运期间央视推出的唯一一个大型观众互动型栏目,具有宣传力度大、互动性极强、全频道覆盖等特点,观众可以通过短信和网络参与投票,表达自己对奥运明星的支持,票选出自己心目中的"今日之星"。

经过数十次的沟通与探讨,红牛"今日之星"项目在原有基础上产生了更加广泛和巨大的传播力、影响力,且为红牛带来了更为丰富的回报资源,从而巩固了传播效果。在执行过程中,由于前期有着充分的沟通和协调,项目的宣传力度得到了保证:在奥运开始前的宣传期内,红牛"今日之星"宣传片的形式由"宣传片+5秒标版+15秒广告"调整为"25秒宣传片+10秒红牛标版+15秒广告",有效规避了奥运元素与红牛形象同在的隐形营销嫌疑,更延长了红牛标版的时长,形成了一个长达25秒的"红牛时间"。

随着奥运会的开始,评选活动正式拉开帷幕,"今日之星"榜单也在不断进化,融入了更多企业信息,并加入了旁白,信息传递更加清晰明确。此外,榜单在CCTV-1、2、5、7四大转播频道的全天赛事中高频次滚动播出,激发了观众的空前热情,通过手机短信和网站投票的日均人数达到近30万人次。

2008年北京奥运会期间,陈燮霞、郭晶晶、杨威、李小鹏、张怡宁等15颗红牛"今日之星"伴随着北京奥运各项赛事的激烈争夺脱颖而出,闪耀在整个中华大地上,他们不仅是赛场中的英雄,更代表了拼搏向上的体育精神,代表了红牛"就为那辉煌一刻"背后的付出与努力。

通过此项目的执行,红牛与央视携手、与奥运同行,代表着激情与活力的品牌形象更加深入人心,携手央视大型奥运项目进一步稳固了红牛的行业地位,使其对体育营销理念的运用得以升华。

## 红牛体育营销的解析

纵观红牛的体育营销,主要具有两个维度上的目的:一个是战略目的,一个是营销目的。

战略目的更多的是关乎品牌。一方面是进行产品品牌内涵的宣传,另一方面是对体育项目本身品牌的树立及占有。如果一个产品品牌长时间地支持某个体育项目,或者是最早地渗透到这个项目中,这个产品品牌就能拥有这个体育项目本身所带来的品牌效应。

从营销目的来讲,红牛致力于了解消费人群的需求特点,包括消费习惯、消费心理等,比如他们喜欢哪些媒体,他们喜欢企业用什么样的方式推荐产品,他们喜欢企业对自身运用怎样的一些销售策略等等。红牛看重的不仅是消费人群的现实消费价值,更多的是培养他们对红牛的感情,培养他们对周围人群的消费影响,如他们对家庭、同事、朋友的影响等。此外,红牛将产品目标消费群体定位于高素质、在社会上具有号召力的人群,他们的消费行为在很大程度上能体现红牛的品牌品质、个性和文化。红牛的另一个营销目的就是尽可能多地获得现场效果,包括现场的促销活动、让消费者得到产品体验等,而活动本身必然会吸引媒体的注意,从而吸引其他消费者的注意力。与战略目的不同,红牛在这时关注的是一些更具有现实价值、现实意义的因素,比如媒体的参与度、宣传力度、促销的有效实施与促销效果等,这些因素都可以直接促进产品的销售。

为达到战略目标和营销目标,红牛借助于体育营销,将品牌定位于大学生人群以及成功人士,积极进行产品推广,长期坚持运动营销,锁定年轻顾客长期进行培养,并广泛开展终端推广。现在红牛深刻地参与到各国年轻人所喜爱的运动之中,流行于大学校园、繁华酒吧、运动场合,成为时尚的符号之一。在亚洲,红牛位居软饮料类第一大品牌;在欧洲,红牛将饮料的消费带进功能饮料时代,风靡各国;在美国,经过短短6年的开拓,红牛不仅成为排名第1的能量饮料品牌,带动了100多个竞争品牌,并位居全美十大饮料公司之一,在2003年美国饮料业年会上荣获"年度最佳饮料公司"称号。

### (一)红牛的不足之处

尽管红牛在营销战略的指导下取得了巨大成功,但仍不难看出在中国市场十几年的摸爬滚打中红牛的不足之处。

#### 1. 对中国市场的特殊国情认知不够

作为国际化大品牌,红牛的营销模式自然是先进的,但再先进的营销模式都必须和当地的市场实际相结合才能够结出美丽的果实。红牛水土不服最明显的一个例子是在2003年"非典"爆发的时候,作为中国功能饮料启蒙者的红牛虽然销量也增加了很多,但其并没有抢到什么先机。相反,2004年出尽风头的功能饮料是那些趁火打劫的脉动饮料们:脉动投放了大约1.2亿的广告费,取得7亿左右的销售额,成为饮料行业十强企业利税总额和实现利润增幅之冠。财大气粗的激活砸了1.5亿的广告费,取得3亿左右的营业额;"他+她"投放了0.5个亿,也取得了3个亿的惊人业绩。这对红牛来说,无疑很具有讽刺意义。从这一点不难看出红牛作为国际大品牌对中国消费者察言观色的能力还不强。

另外红牛在全球同步赞助极限运动,但在中国极限运动还是一项相对比较奢侈的运动,从事这项运动的人群还是极少数,这自然就限制了其消费人群,使得红牛在中国市场领域收效甚微。

### 2. 一条腿走路

实际上,红牛不仅能够"补充体力",还能够为脑力劳动者提供"提神醒脑"的功能。但红牛在中国却采取和国外一样的体育营销策略,它积极参与了诸多体育赛事,为红牛品牌打下了强烈的运动饮料印记,而忽略了对"提神醒脑"功能的诉求。红牛参与的赛事越多,影响力越大,消费者对红牛是运动饮料的认知就愈发深刻。如此一来,红牛定位于能量饮料的战略,就产生了根本性的动摇。红牛与运动饮料的对决,其实也并非那么强势。从红牛的成分来看,其含有牛磺酸、维生素B族、赖氨酸、肌醇、咖啡因等多种成分。这些成分基本有两个功能:一个是营养,一个是提神。而牛磺酸强化型的功能更是加强了提神的功效。

真正的运动饮料是专门为运动人群所设计的,它含有的成分如钾、钠、钙等电解质,在体力消耗之后,能迅速恢复体力和活力。如国内的健力宝、体饮及百事可乐魔下的佳得乐等。

红牛一方面要与真正的运动饮料展开竞争,另一方面,也与另一些同样是运动饮料如脉动、激活、尖叫等短兵相接。正是因为红牛偏向于体育营销,而把需要"提神醒脑"的庞大的脑力工作者有意无意地给忽略了。丧失了"另一条腿"的支撑,这不能不说是一种战略上的失误。

### 3. 对功能饮料发展阶段认知不清

红牛虽然在中国的功能饮料市场辛勤耕耘了15年,但中国消费者对功能饮料的认知依然模糊,换而言之,中国的功能饮料市场还不成熟。

2004年功能饮料的迅速蹿红,并非表明是功能饮料的临界点已经到来,而是大家在"非典"危及生命时,在医院等机构"维生素片"几乎脱销的情况下,大家对具有免疫功能的功能饮料做出的一种求生性质的反应,是在非常强烈的现实需求的基础上,造成了功能饮料的一场虚火。"非典"过去后,大家很快就把功能饮料给忘记了,此后的两年,功能饮料的市场非常沉寂。这也告诉我们,中国的功能饮料市场尚未成熟,现在仍处在一个发展时期,市场的培育工作任重道远。

但红牛却没有清醒地认识到这一点,从2003年4月份开始,红牛将自己的品牌内涵定位为"动感、国际、活力",新的广告语"我的能量,我的梦想!"这一定位也一直延续下来,现在的广告仍是"梦想"的延展——"有能量,无限量"。从"困了,累了,喝红牛"到"我的能量,我的梦想",我们可以看到,红牛走的是一条从务"实"到务"虚"的路线。

按红牛的解释,之所以做出这样的改变,主要是为了吸引游离的消费者,而这部分消费者认为红牛的产品功能性太强,在消费者心目中,功能性太强的产品一定具有某种程度的负面影响。为此,红牛首先要将阻碍消费者购买心理的障碍去除掉;其次,要赋予红牛一些特定的品牌含义,激发消费者的消费欲望;最后,使消费者从拥有消费欲望转变为购买冲动。这样,那些游离的机会消费者就会成为忠诚消费者。

其实,红牛从务"实"到务"虚",也就是说,红牛从此走上的是一条从强调功能的窄众市场到忽略功能的大众化的路线,而这样的改变,只能是红牛的"梦想"而已。

红牛认为中国的功能饮料市场在多年的教育下已经成熟,现在要做的是通过对功能的模糊化处理,重形象而轻功能,来吸引那些游离的消费者,以此来扩大红牛的饮用人群。

但实际上,大家之所以不去喝功能饮料,不是因为怕喝出问题来,是因为大家对功能饮料的认知依然模糊,是不知道为什么去喝。在这种背景下,红牛实际上需要做的是进一步强化产品的功能,告诉消费者在什么样的情形下需要补充功能饮料,而不是去模糊掉功能饮料的功能。

而且,红牛将品牌内涵重新定位为"动感、国际、活力",其本身就值得商榷。因这其中的每一项红牛都不占据其独有性,它们早已被饮料巨头所拥有。相比于可口可乐和百事可乐,后两者给人的品牌联想更具动感更具国际也更具活力。而国内的饮料脉动、激活,则在活力与时尚方面演绎得更为出色,仅从它们的名字也能体现出来。

(二)红牛的战略改进

基于以上不足之处,红牛应该在品牌价值、产品延伸和渠道上做一些战略改进。

1. 品牌核心价值的坚持

现在市场上的功能饮料的诉求点几乎是清一色的单一功能,但红牛的双价值宣传坚持了八年之久,在消费者的心目中早根深蒂固,"提神醒脑又补充体力=红牛"的概念已经形成。这两大功能的归结点就是"活力",如果要实现品牌提升,就要宣传红牛能够给人以"活力",红牛就是"活力饮料"。

2. 脑体结合,品牌宣传两条线

为凸显品牌的核心价值,红牛应该改变过去单纯的运动路线。诚然,运动路线的宣传受众具有很高的号召力和购买力,但人群毕竟有限,中国人的生活水平和文化享受水平与发达国家毕竟有较大差距,欧美方式到了中国不见得行得通。所以,品牌宣传要贴近老百姓生活。"我的能量,我的梦想"是不错的理念,既能充分体现品牌的核心价值,作为品牌宣传主题和聚焦点也非常有号召力。为体现这一点,以后的品牌宣传除运动宣传外,需要再加上脑力开拓的宣传,如智力开发竞赛、对高考进行公益性赞助的关系营销等,会增加非常多的受众,也能为产品扩大消费群,使品牌影响力扩大。

3. 低下产品策略"高贵"的头颅

高价位、高档的包装策略使生产厂商的目标越来越聚焦到少数的高档消费者,这和扩大市场需求,增加产品的销售量是背道而驰的。研究一下现在的功能饮料市场,产品包装大多采用PET包装,产品价位基本在3.0元左右,产品规格在500~600mL,这些产品走的路线基本上是果汁饮料的销售路线,所以即使投放市场的时间很短,业绩表现确实不菲。红牛的中低档消费人群正被逐步侵吞,所以红牛想脱困,就要采取相关的策略。继续坚持高端路线有可能会导致消费者的大量流失,这是不明智的。最明智的策略莫过于巩固高端,竞争中低端。竞争中低端就是开发新的产品群类,采用新的包装技术,采用适合中低端市场操作的价格进行消费者的争夺和继续消费者教育。这样,高端产品有强有力的拉动,中低端产品又起到阻击竞争对手的作用,方能力保老大位置。

4. 产品功能扩大,增加产品卖点

开发低档产品,红牛也许会担心品牌形象受损,其实不然。红牛经过这么多年的告知,其功能和概念已在消费者心目形成稳定的影响,以前的产品还非常单一,产品的档次降低不是完全将产品改换个包装这么简单,要想不影响产品的整体形象,不妨从产品的使用功能上进行细分。原先是困了、累了以后喝,现在可以引导消费者在需要积聚能量前如考试、参加竞赛等剧烈活动前喝。以前是红牛饮料牛磺酸型、多种B维生素型等,对此不妨给产品一个新的概念,如益智××饮料、多维××饮料等,这样红牛饮料的功能指向性更加明确,和原来的产品也进行了明显的区隔,品牌形象只能是通过更多消费者的认知,让更多的消费者知道红牛,这对营销网络的下移也大有裨益而不会损害其品牌形象。

5. 根据消费者细分,营销渠道更有针对性

为了进一步地扩大市场占有量,作为龙头的企业更加应该负起扩大消费市场的责任。如果红牛对产品功能进行细化和明确,包装进行改变,也开发上述所建议的产品,同时为避免对品牌受到伤害,红牛不妨将营销渠道也进行有针对性的细分,将产品销售的侧重点进行区分。原产品系列继续走高档路线,新开发产品则主要分布于新流通渠道和学校之类的特殊卖点区域。配合产品区分和细化,并使之达到目的,营销体系的管理也要发生变化,红牛应该根据品项分别拟订对经销商、零售客户和自己业务人员的各项激励措施。

## 参考文献

[1] 红牛简介[EB/OL]. https://wapbaike.baidu.com/item/28795.

[2] 新浪财经网. 红牛荣获2004年体育营销经典案例奖[EB/OL]. http://finance.sina.com.cn/chanjing/b/20050718/2313210881.shtml.

[3] 新浪网. 红牛集团品牌策划管理部部长朱小明畅谈体育行销实录[EB/OL]. http://news.gd.sina.com.cn/local/2003-07-24/99712.html.

# 案例六 吉列体育营销：优质明星代言

## 一、企业简介

吉列（Gillette）（见图6-1）公司成立于1901年，总部设于美国波士顿，目前有员工3万人，主要生产剃须产品、电池和口腔清洁卫生产品。提到"吉列"，人们就会想到世界上最好的剃具。"掌握全世界男人的胡子"的吉列剃刀产品，在美国市场占有率高达90%，全球市场的份额吉列达到70%以上。据估计，如今在北美每3个男性中就有1个使用吉列锋速Ⅲ剃须刀。吉列在2005年《商业周刊》评出的世界品牌100强中位列第15位，品牌价值175.3亿美元。

吉列公司的创始人坎普·吉列（King C. Gillette）原是巴尔的摩瓶盖公司的一名推销员。1895年，吉列萌生了开发一种新刮胡刀的设想。经过几年的研究，吉列发明了用后丢弃的剃须刀片，并很快投入生产。第一个剃刀（附有20片新刀片）于

图6-1 吉列

1903年投入广告，该年一共售出51副。直到1913年，吉列仅卖出168片刀片和51把刀架。一战给吉列刀片带来了机会，战争使吉列刀片成了军需品，使那些从未听说过自己动手、天天剃胡须的美国士兵，接受了吉列刀片。战后，士兵又带着它回到了各自的家乡。1917年，吉列刀片创造出1.2亿片销量的市场，市场占有率80%，有44家海外分公司。到1920年，大约有2000万人都在使用吉列的剃刀和刀片。第二次世界大战期间，吉列公司仍以"劳军"的名义，把数量巨大的剃须刀作为军用品供应给美军，吸引了世界上上千万男人进入了这一市场。

两次大战之后，吉列公司获得了巨大发展。1939年，吉列获得世界职业棒球大赛独家广播赞助权，并一直保持到1950年。后来，吉列的名字频频在赛马、拳击、橄榄球等体育比赛中出现。在其100多年的历史中，吉列还开创了许许多多的行业第一，如：剃须刀架（1946年）、双刀剃须刀（1971年）、旋转头剃须刀（1977年）、弹簧剃须刀（1990年）以及"锋速Ⅲ"剃须刀。2004年12月，吉列公布其最新的剃刀——女用Venus Vibrance剃刀。

1962年，公司连续四次破纪录，销售额达到2.76亿美元，净利润为4500万美元，利润率达16.4%。在《幸福》杂志美国500家最大工业公司的利润率中，吉列公司排在第四位，投资回收率高居首位，达40%。1968年，吉列剃须刀创下了销售1110亿枚"天文数字"的历史纪录。2005年1月，美国宝洁公司宣布并购吉列公司，整个交易金额高达570亿美元，两家公司合并后组成了世界最大日用消费品生产企业。

## 二、吉列体育营销之路

吉列从 1939 年便开始将产品的推广与体育紧密结合在一起,它充分利用体育赛事与著名体育男明星相结合,这大大提高了品牌知名度。吉列一向认为运动是男人的独特语言。就像音乐一样,运动是一种国际语言,男性体育明星所散发的强烈的"荷尔蒙气息"让吉列这两个梦想的实现成为可能。吉列的刀片不仅削掉了男人"面子问题"的麻烦,更削出了体育营销的典范。

1939 年,吉列获得了世界职业棒球大赛独家广播赞助权。从此以后,吉列的名字频繁地出现在赛马、拳击、橄榄球等各种体育比赛中。从 1970 年墨西哥世界杯足球赛起,吉列就一直是世界杯足球赛的合作伙伴。它是与世界杯足球赛合作时间最长的企业,人们对吉列的感情与对世界杯足球赛的感情相同,世界杯足球赛也成为吉列与全球千万消费者联系的载体。另外,吉列制作全球体育电视节目"吉列国际体育"已有 20 年之久,其在中国的播出也有六七年了,影响范围覆盖了大半个中国。如表 6-1 所示为吉列体育大事记。

表 6-1 吉列的体育大事记

| 时间 | 事件 |
| --- | --- |
| 1939 年 | 吉列获得世界职业棒球大赛独家广播赞助权,并一直保持到 1950 年。在以后的年代,吉列的名字频频在赛马、拳击、橄榄球等体育比赛中出现 |
| 1970 年 | 从墨西哥世界杯赛起,吉列公司就已经成为世界杯的合作伙伴 |
| 2001 年 | 在北京获得中国"最时尚运动员"称号的著名足球运动员杨晨出任吉列公司旗下品牌吉列、金霸王的形象代言人,并任职吉列 2002 世界杯足球赛形象大使 |
| 2005 年 | 吉列正式宣布与英格兰国家足球队队长、皇马超级巨星贝克汉姆签订了一份为期 3 年的广告合同 |
| 2007 年 | 网球天王罗杰·费德勒、法国足球明星蒂埃里·亨利、高尔夫明星泰格·伍兹三位重量级冠军同时加盟吉列 |
| 2007 年 | 加冕世界足球先生后,集"成功、年轻、英俊、认真、优雅"于一身的巴西足球明星卡卡被吉列看中,作为其在拉美地区的形象代言人 |
| 2008 年 | 随德国足球队征战欧洲杯的 25 岁门将诺伊尔,现在不仅仅是球迷的宠儿,而且也是吉列在德国开展市场推广活动的代言人 |
| 2009 年末 | 世界羽毛球第一人林丹成为吉列中国地区最新代言人 |

## 三、吉列体育营销战略

### (一)世界杯营销

吉列很早就将自己的视线投向了足球。足球是一个绝对的世界性运动,它不但拥有绝对多数的男性球迷,而且培养了数量客观的女性观众,这从贝克汉姆在世界范围内有多少女性球迷中可见。四年一度的世界杯足球赛的规模和影响是除了奥运会之外的其他比赛所无法比拟的。在这样的比赛中,赞助对吉列公司是一个简捷快速而有效地让目标客户群体了解吉列,迅速提升知名度的大好时机。从1970年墨西哥世界杯赛起,吉列公司就一直是世界杯的合作伙伴,并从1982年西班牙世界杯赛后成为指定赞助商,是世界杯足球赛迄今为止最长期的合作者。

吉列首次参与世界杯足球赛是1970年在墨西哥举行的那一届,吉列花费100万美元取得了正式的赞助商资格。随着摄像机镜头对吉列LOGO的扫描,成千上万的观众都看到了巨大的广告牌,也知道了这个生产剃须刀的品牌。此次赞助中,吉列从巴西队挑选了一名年轻的球星作为吉列的代言人,而巴西闯入决赛无疑是为吉列的营销锦上添花。销售量的节节攀升证明了和体育联姻是一个十分奏效的选择,从此,场边的广告牌上的吉列商标很快成了著名的足球赛事的景观之一,从智利到瑞典的亿万观众都对此非常熟悉。

到1994年的世界杯赛时,吉列已经是足球赛的老资格赞助商了。在此次世界杯的四年准备期内,吉列投入了近2200万美元,其中包括1200万美元获得正式赞助资格(1994年世界杯足球赛共有11家公司取得了正式赞助商资格)。此次赞助与以往不同的是,不再像在墨西哥那样,除了吉列仅有一家世界性的大公司参与足球赛的赞助,其他的赞助商都来自墨西哥国内。随着经济全球化的发展,很多国际性的大公司都看到了世界杯的巨大商机,赞助商的实力都是重量级的品牌,其中包括了可口可乐、通用汽车、菲利普这样世界知名的大公司,从取得赞助商资格的费用比较上就可以看出这里的竞争究竟有多激烈。但吉列还是不惜巨额营销支出,在世界杯的赛场上竖立起自己的广告宣传牌。那到底这样的支出是不是值得呢?吉列国际部的广告事务主管蒂姆·谢勒姆算了这样的一笔账:在这个赛季的所有52场比赛中,大约每场都有8分8秒的广告展示吉列的品牌,其中争夺玫瑰杯的那一场冠亚军决赛,更是有将近10万球迷都来到了帕萨迪纳的球场观看比赛。巴西队大获全胜,而吉列的广告在电视屏幕上的时间也达到了10分56秒。这样算起来,52场比赛的收看人次总计达到了20亿,几乎完全覆盖了整个吉列的全球所有的市场。如果吉列想要制作能够达到相似效果的特别广告,其投入的宣传费用远远超过赞助世界杯赛的费用,据估计要达到4600万美元。

(二)体育明星代言

2005年5月28日,吉列正式宣布与英格兰国家足球队队长、皇马超级巨星贝克汉姆签订了一份为期3年的广告合同。按照合同要求,当时29岁的贝克汉姆将出任吉列新产品M3power的形象代言人。吉列发言人说:"贝克汉姆是男人中的极品,他不仅是优秀男人的典范,更是体育场上的传奇人物。"此后,贝克汉姆代言的吉列广告频繁地在电视、报纸、杂志、户外媒体上亮相,广泛宣传了吉列"完美男人、完美体验"的销售主张。贝克汉姆所在的19 Management经纪公司发言人朱利安·亨利说:"能够与吉列达成广告合作协议对贝克汉姆非常重要,因为全球有近10亿男性每天都在使用吉列的产品。"

选定贝克汉姆代言与宝洁和吉列的并购事件有很大关系。2005年,宝洁以570亿美元并购吉列,这也是宝洁并购史上最大的手笔。当时,宝洁拥有16个销售额在10亿美元以上的品牌,吉列则拥有5个销售额在10亿美元以上的品牌(除了锋速、威锋主要供应中国市场外,吉列旗下还拥有超蓝、Oral-B牙刷、RightGuard化妆品、Duracell电池和博朗电动剃须刀)。此次并购,宝洁中国公司对外事务部负责人说:"一方面,宝洁希望借吉列进军男性护理产品领域;另一方面,吉列则希望加快在中国、俄罗斯、墨西哥、土耳其等发展中市场的占有率。"而在男性时尚界,贝克汉姆一向都是偶像级人物。在"都市玉男"贝克汉姆的带动下,吉列的营销渐入佳境。

在与贝克汉姆终止合同后,吉列在品牌代言人上的投入有增无减。2007年,网球天王罗杰·费德勒、法国足球明星蒂埃里·亨利、高尔夫明星泰格·伍兹三位重量级冠军同时加盟吉列,形成新一代品牌全球形象代言人——吉列冠军阵营,为此宝洁斥资3650万英镑。虽然三位冠军来自于不同的赛场,但他们身上共同体现出来的体育精神正是吉列希望传递给全球每一位男士的,那就是"每天保持自信、不断超越自我"。吉列是"成为最好"的代名词,费德勒、亨利、伍兹不仅仅在赛场上取得了巨大成功,他们还代表了"真正的体育价值",他们是赛场之外的楷模。世界冠军也许代表了顶级,但坚定和无所畏惧的信念让吉列传递出了另一种新好男人的形象。

2007年荣获世界足球先生后,集"成功、年轻、英俊、认真、优雅"于一身的巴西足球明星卡卡被吉列看中,作为其在拉美地区的形象代言人。尽管当时距离2010年南非世界杯还有3年时间,吉列仍然迫不及待地与卡卡签约,让卡卡为其新推出的Mach3 Power剃须刀代言。"卡卡给人一种超级果断的健康男人形象,他从不畏惧挑战,并且时刻准备发挥出自己的最佳状态。"时任吉列市场部主任的若泽·希里罗评价道。

2008年随德国足球队征战欧洲杯的25岁门将诺伊尔在当时不仅是球迷的宠儿,也是吉列在德国开展市场推广活动的代言人。由于诺伊尔朝气蓬勃、敢闯敢冲,吉列非常看好这位潜力无限的年轻人。吉列从不放过那些极具人格魅力,能够带动消费风潮本领的男人,对吉列而言,这样的男人是一笔无形财富。

## 吉列体育营销的解析

自公司建立100多年以来,吉列已经在全球市场上获得了领先优势,而这种优势仍在不断地加强,吉列公司超过70%的销售收入和利润来自美国之外的市场。吉列不仅在研发和产品上真正做到了国际和全球化,在营销上更是先于产品走在了全球化的前端。从波士顿到纽约,从约翰内斯堡到柏林,吉列的产品系列占领了广阔的市场。吉列公司有十余项产品种类在全球都处于领先地位。

在全球市场变化莫测的背景下,保持领先优势地位除了在保证基础方面有优势外,更重要的是核心业务上有知识积累和创新,使产品科技含量不断提高,并保持生产数以百万计的无缺陷产品。低成本、高利用率、可靠、高效,吉列公司的体育营销也是其在世界上较早使用的颇具特色并且让全世界认识吉列的重要载体。

吉列公司运作初期,其产品在性别上有完全的排他性,这决定了吉列在营销中瞄准的市场具有一个强烈的特征,就是男性化,而体育在某种程度上正是和吉列这一定位有着共同的特征。吉列公司在美国就借助"体育系列"节目成功地打动了美国男人,顺利地打开了美国的市场。

同时,吉列公司非常重视使用体育明星代言,通过"明星效应"提升了自己的知名度,如2001年11月在北京获得中国"最时尚运动员"称号的著名足球运动员杨晨出任吉列公司旗下品牌金霸王的形象代言人,并任职吉列2002世界杯足球赛形象大使。同时出任吉列形象大使的还有世界著名球星贝克汉姆。正是这一系列的体育联姻,使得吉列不断地提升自己的品牌价值,最终成为世界上顶尖的品牌,也成为各项体育赛事的老牌赞助商。

所谓明星效应,即以明星代言的方式传达品牌独特、鲜明的个性主张,使产品得以与目标消费群建立某种联系,从而顺利进入消费者的视野和生活,达到与之心灵的深层沟通,并在其心中树立某种印象和地位,使品牌变成一个有意义的带有附加价值的符码。

利用明星的知名度可以迅速提高新产品在受众中的认知率。使用明星代言,借其名气提高产品认知率,促进产品迅速销售,成为企业在竞争中站稳脚跟的有效手段之一。明星代言不仅可以提升新品牌名气,而且会把明星在受众中的印象嫁接给产品,把良好的形象延续到产品中去。消费者由于明星的介入,对明星的爱慕转移到产品中去,进而购买,并对产品和企业产生好感。

费德勒连续在法网、温网夺冠,使得瑞士人费德勒以手握15座大满贯冠军奖杯的成就成为有伟大的网球选手。重新夺回世界第一的宝座,也让他的2009赛季更加完美。网球场外,幸福的婚姻、可爱的女儿、健朗的父母……瑞士人完美地诠释了吉列所倡导的"真正的价值观"这一阳光正面的形象。

但是明星形象危机也不易控制。在众多的形象代言人中,企业更多青睐明星。但作为明星,他们的是非也多,各种引起公众关注的是非曲直新闻层出不穷,让企业防不胜防。此外,明星的发展不可预测性。因绯闻影响或名气下降,明星所代言的企业产品销售会受到影响。

一直以来,作为非体育用品公司的吉列选择代言人的标准都极为苛刻。从当年的贝克汉姆到如今的伍兹、亨利、费德勒,他们在各自领域的绝对统治力,以及所代表的正面健康的形象都是吉列每年支付数千万美金选择他们的原因。但是2009年发生的一起车祸将吉列的代言人高尔夫球选手"老虎"伍兹卷入了绯闻漩涡,与此同时,一同代言吉列的法国足球明星亨利也因其在世界杯预选赛附加赛上的"上帝之手"形象大打折扣,让其遭受到各方的指责。《industry magazine》将"2008年度最差广告"头衔授予了他们参与的吉列广告。

任何产品都有其相对固定的消费群体,选择的广告代言人必须要选择可信度较高的明星,要最能体现品牌内涵和传达的企业品牌精神,让消费者在看到颇具知名度的代言人时能联想到该产品的优质与卓越。对于受众来说,产品出自于不同的传播者,人们对它的接受程度也是不一样的,明星的美誉度越高其可信度越高。选择明星代言某一品牌,凭借明星效应,企业便可将明星魅力转移到产品上,进而转化为产品的内涵以赋予产品新的活力和亲切的联想。

## 参考文献

[1] 吉列简介[EB/OL]. http://baike.baidu.com/view/27801.htm?fr=ala0_1.
[2] 中国化妆品网. 吉列的荷尔蒙营销史[EB/OL]. http://mf08.com/y/e/e12/200902/160254.html.
[3] 市场营销学教学网站. 吉列的体育情缘[EB/OL]. http://course.shufe.edu.cn/course/marketing/allanli/jilie.htm.
[4] 新浪财经. 吉列的荷尔蒙营销史[EB/OL]. http://finance.sina.com.cn/leadership/myxcl/20080828/14545247623.shtml.

# 案例七 健力宝艰难的体育营销复兴之路

## 一、企业简介

如图 7-1 所示为健力宝 LOGO,健力宝诞生于 1984 年,含有"健康、活力"的意义。1984 年洛杉矶奥运会后,健力宝一炮走红,被誉为"中国魔水"。作为中国第一个添加碱性电解质的饮料,健力宝率先为国人引入运动饮料的概念。

广东健力宝集团有限公司是一个以饮料为主导,集制罐、塑料、包装、药业、酒业、食品、体育、房地产等为一体的大型现代化企业集团。饮料是健力宝集团的核心业务,健力宝运动型饮料是中国首创的含碱性电解质运动型饮料。健力宝集团曾连续八年被评为"全国工业企业 500 强",2003 年入选"中国企业 500 强"。健力宝公司总部设在广东三水,拥有现代化厂房 26 万多平方米,是国内较大的饮料生产基地之一。公司在全国拥有 5 个装瓶厂,年产量可达 160 万吨。旗下拥有健力宝、第五季、元动力等知名系列品牌。2008 年,健力宝营养素饮料——"元动力"的问世也有力地扩充了其运动饮料阵容。

图 7-1 健力宝

诞生于 1984 年的健力宝喜逢第 23 届洛杉矶奥运会这一体育盛事,在深圳百事可乐公司代工下,第一批易拉罐装健力宝面世。凭借精良的包装、无可挑剔的口感及功能,健力宝披荆斩棘成为中国奥运代表团首选饮料,伴随中国体育代表团参加第 23 届美国洛杉矶奥运会。在这届奥运会上,中国奥运代表团凭借许海峰的射击实现了金牌"零的突破",并最终夺得 15 枚金牌,金牌数仅次于美国、罗马尼亚、联邦德国,位居第四。这一年,健力宝在奥林匹克科学大会上获得国际认可,国际举联主席公开建议全世界运动员不要使用兴奋剂,只饮用健力宝。

洛杉矶奥运会后,健力宝一炮走红,被誉为蕴含神奇力量、可迅速恢复体力的"中国魔水"。健力宝在此后稳居"民族饮料第一品牌"宝座,并且还被指定为人民大会堂国宴饮料,并曾连续十年被评为"最受消费者欢迎的饮料"。

20 多年来,健力宝赞助体育赛事,向成为多元化专业运动饮料制造商大幅迈进。2008 年年底,健力宝成为广州 2010 年亚运会指定运动饮料,健力宝及时把握市场脉搏,借亚运会将展开一系列体育营销,全面打造运动饮料知名品牌。

## 二、健力宝体育营销之路

作为一种运动饮料,健力宝主打运动牌。将体育精神和民族荣耀感紧密联结在一起的健力宝始终倾心中国体育。问世多年来,健力宝先后支持和赞助了各种体育赛事。从1984年第23届奥运会开始,健力宝先后赞助中国体育代表团参加了四届奥运会,同时还赞助三届亚运会、四届中华人民共和国运动会等大型体育赛事活动。如表7-1所示为健力宝体育大事记。在这些赛场上,健力宝浇灌出一朵朵的体育奇葩。此外,健力宝还积极参与、冠名各项活动,向社会福利及公益事业捐赠资金近4亿元。

表7-1 健力宝体育大事记

| 年份 | 事件 |
| --- | --- |
| 1984年 | 健力宝诞生,随中国体育代表团首次出征奥运会,一鸣惊人,被誉为"中国魔水" |
| 1985年 | 荣获全国最佳运动饮料,并成为人民大会堂国宴饮料 |
| 1990年 | 北京亚运会中国队专用饮料 |
| 1984—1996年 | 连续四届成为奥运会中国体育代表团首选饮料 |
| 1994年 | 亚运会中国队首选饮料 |
| 1993—1997年 | 组建健力宝少年队赴巴西留学,成就中国足球"白金一代" |
| 2002年 | 世界杯赛事独家特约播出 |
| 2003年 | 冠名中国健力宝龙队 |
| 2008年 | 拿下2010年广州亚运会赞助权,成为指定运动饮料 |
| 2009年 | 健力宝亚运啦啦队全国选拔赛启动 |

健力宝在某个时间段有一些衰退,但自从2005年统一集团入主健力宝,负责健力宝的研发、生产、销售,健力宝产品延续了统一集团的"三好一公道"的特色,使企业重整旗鼓,逐渐收回属于他们的市场,致使健力宝每年的销售额都有30%以上增长。

### (一)赞助洛杉矶奥运会

1984年,中国首度派出规模庞大的代表团出征洛杉矶。也就在那一年,健力宝为奥运做出了第一次无明确目的的赞助行为。

当年随中国奥运代表团到洛杉矶的,连同健力宝在内共五种饮料。仅就质量而言,很难说孰优孰劣。到了洛杉矶,健力宝却风景这边独好,主要是因为它是中国唯一的易拉罐饮料。中国运动员喜欢健力宝,不仅因为它是运动饮料、口感好,还因为它是易拉罐、方便,所以他们带进场的几乎全是健力宝。

而让健力宝红透半边天的,是中国女排。那一年,中国女排首战轻取日本,决赛3比0大胜美国。当时号称亚洲体坛第一强国的日本,成绩不太理想,金牌数大大落后于中国,随团的日本记者可能是因为职业习惯,同时也想为本国挽回一些面子,他们开始寻找中国女排无往不利的"秘密武器"。

他们看到中国队无论比赛、还是休息,都在喝一种中国产的饮料。于是,日本一家媒体刊登出了记者写的一条充满神秘的"中国魔水"新闻。日本记者的无心演绎,成就了健力宝。伴随着中国代表团当届奥运会的捷报频传,有媒体评价说,健力宝在这次奥运会上夺得了"第16块金牌"。

洛杉矶奥运会带给健力宝"中国魔水"的称号,同时还有5万元利润。此后,健力宝生产量达到1000吨,供不应求。"中国魔水"的称号自此享誉全球。

(二)赞助国家队

1985冬天,健力宝再次赞助国家队25万元。1985年刚过三个月,25万元巨资的初步效应已昭然。这三个月,伴随着女排、乒乓球、举重等12支国家队的南征北战,健力宝名声大振,国内外购货合同源源不绝,盈利远远超过25万。不久,中央电视台极为郑重地昭告天下:健力宝被列为人民大会堂的国宴饮料。这一年,健力宝产值达到5000万元。这被健力宝人看作是其发展史上的第一个里程碑。或许是受前两次成功经验的鼓舞,面对即将在广州召开的第六届全运会,健力宝以250万买下全运会的专用饮料权。

1987年初冬,规模空前的六运会召开。整个全运会会场似乎成了健力宝的海洋:一个个高大的充气健力宝易拉罐,醒目地点缀着天河体育中心外围;开幕式上,6万盒赠送的健力宝随6万名观众拥进会场;全场工作人员、新闻记者,全都穿着健力宝服、戴健力宝帽;会场最显眼处的广告牌,是健力宝的地盘;身披健力宝运动服的广东田径队,一举夺得9块金牌。眼耳所及之处,皆是健力宝。

赞助全运会的轰动效应,甚至超出了健力宝原先的期望。全运会后,时任全国人大常委会委员长的彭真特意到三水视察健力宝,并题词"赶超世界同类产品,为国争光"。这一年,健力宝年产值首次超亿元,达到了一亿三千余万元。

不过短短三年,通过赞助体育积攒起来的名气,使健力宝一跃成为中国饮料业的巨人,这是健力宝的第二块里程碑。

(三)健力宝的鼎盛

1990年,健力宝再以1600万买下第11届亚运会的专用饮料权,并以300万元购得亚运会火炬接力传递权。这一年,健力宝成为中国第一家大规模赞助亚运会的企业,1600万元的赞助巨款甚至超过了中国经济中心上海市赞助亚运会的总额。

奥运会之后,赞助国内重大体育赛事好像成了健力宝的一种习惯。如1991年赞助巴塞罗那第25届奥运会中国体育代表团60万;1992年为第25届奥运会获得金牌的16名中国选手颁发"健力宝金罐";1996年美国亚特兰大26届奥运会赞助中国体育代表团2000多万元。

洛杉矶奥运会后,健力宝一直处于高速发展状态,是当时中国运动饮料市场当之无愧的领头羊。直到20世纪90年代,可口可乐和百事可乐进军中国。健力宝也于1993年7月,以500万美元将美国纽约曼哈顿帝国大厦26层整层买下,成立健力宝集团北美总部。健力宝被看作是当时中国唯一有能力与"两乐"抗衡的饮料品牌。

(四)健力宝的没落

1984年到1997年是健力宝事业最巅峰的时候,最高创年销售量纪录接近60亿元。

但从1998年开始,健力宝逐步走向没落。有个很重要的原因是,健力宝最初的定位是运动饮料,走体育营销的路,到1998年以后,面临巨大的市场竞争压力;同时看到了碳酸饮料、汽水、可乐的大好形势,因此其开始转型,这也标志着这个品牌的迷失。

随着20世纪90年代初期我国经济进入高速发展的快车道,我国的软饮料消费市场也渐渐发展扩大,庞大的消费市场吸引了国际巨头"两乐"(百事可乐、可口可乐)的前来。可是面对"两乐"的入侵,健力宝的高层竟未做出任何具有针对性的市场竞争战略。据不完全统计,在健力宝辉煌时期,赞助中国体育事业发展的资金超过3.5亿元。自成立之初起,健力宝就热衷于赞助体育事业,无论是出征奥运会的中国体育代表团还是冠名足球联赛以及地方性的群众体育活动。可是在"两乐"入侵后,健力宝在体育方面的势头也遭到了"两乐"的打压,1999年,一直由健力宝冠名的中国足球甲级联赛被百事买断,健力宝退而求其次欲赞助老牌强队辽宁队,但也被财大气粗的百事拒之门外。

2002年1月15日,浙江国投信托有限公司收购健力宝签字仪式在健力宝山庄举行,自此,健力宝集团由国有转为民营。健力宝、柠蜜宝、天浪、乐臣、超得能,是李经纬时代主打的五大品牌,但真正成功的只有健力宝。被业界称为"资本猎手"的张海以浙江国投副董事长的身份入主健力宝后所推出的第五季、爆果汽和A8,在品牌炒作上却较为成功,尤其是第五季和爆果汽,更是在市场树立了较高的品牌知名度,"今日流行第五季""让你一次爆个够"等品牌广告语也成为一时的流行语。但这并未扭转健力宝在市场上的颓势。张海的多品牌运作失败体现在两个方面:一是没有对健力宝这个主品牌进行彻底的年轻化改造;二是在实际推广过程中,各品牌缺乏清晰的定位,令人搞不懂谁是主角,最终品牌之间相互竞争激烈。健力宝热衷走多元化之路,却忽略了对主品牌的打造,使得健力宝的资产结构成了一个典型的怪胎,其非主营业务资产超过了50%,但是这些业务的盈利能力却很低。过早的国际化,过分的多元化使得健力宝的战略软肋凸显。

2004年8月,张海入主健力宝后并未扭转健力宝的颓势,张海却频频以健力宝品牌展开资本运作。两年间,主业经营频频失策,而资本运作亦劳而无功,健力宝日渐衰微。健力宝的股权争夺愈演愈烈,健力宝也由此处于其诞生21年以来最尴尬时期——在表面上,它仍是一个不断生产健力宝牌汽水的工厂。但事实上,它已无法像一个普通企业那样运作,当时的它既无董事会,亦无股东会,企业竟被掌在地方政府成立的恢复生产工作小组之手。至此,健力宝处于极度危险状态。

2005年,台湾统一集团接手健力宝。2008年,新掌门人李文杰进入健力宝,李文杰认为亚运会的举办给了健力宝巨大的机会,也是健力宝二次创业的一个很好的平台。它主张健力宝要把娱乐体育和体育营销充分发挥出来,并吸取赞助奥运会后劲不足的缺陷,通过在校园中选拔拉拉队员的持续活动,将亚运会平台的作用发挥到极致,让健力宝回归到运动型饮料上来。

(五)借力亚运再战江湖

2008年9月16日,健力宝与亚组委正式签署赞助协议,成为广州2010年亚运会指定运动饮料赞助商。2009年3月17日,"健力宝亚运啦啦队全国选拔赛"正式拉开序幕。健力宝成为2010广州亚运会赞助企业中开展全国性大型亚运宣传的第一人。萌生于体育的健力宝已经把回馈体育当作一种常态,体育营销也已确定为公司的宣传主轴。

亚运会前各大品牌提前点燃了战火,与亚运会渊源颇深、又坐拥"东道"之利的健力宝更是提前启动"亚运营销计划",试图再次占据赛事营销的制高点,围绕爱运动和健力宝品牌回归的一系列市场推广计划陆续展开。借力奥运,健力宝期望重拾昔日辉煌。

### 三、健力宝新体育营销战略

#### (一)健力宝1984,横空出世

健力宝身上流淌着中国体育元素,体育是健力宝天生的基因,北京2008年奥运会是中华民族的盛事,这个盛事健力宝当然不会错过,健力宝1984"横空出世"。

"健力宝1984"源于1984年洛杉矶奥运会。那一年,健力宝诞生,随中国体育代表团出征1984年洛杉矶奥运会,一鸣惊人,被誉为"中国魔水"。"健力宝1984"产品在于唤起消费者对健力宝美好的记忆,引起人们的民族自豪感和优越感,利用奥运契机,通过"盛事有我,国饮健力宝"传播主轴及健力宝大事记等相关概念传播,引起消费者的经典回味及品牌联想。

"健力宝1984"是在1984年健力宝经典配方基础上进行反复试验,加入了更多的蜂蜜,这也是中国市场上唯一含有天然蜂蜜的含气饮料,其带有浓郁的蜂蜜香味,滋润清爽解渴,其他配方也更符合大众的健康需求。它企图打造"国饮"概念,传播"盛事有我,国饮健力宝"的品牌内涵。

健力宝把"健力宝1984"列为当年最重要的推广产品,在批发、量贩店、超市、便利店、网吧、校园、旅游景点、传统零售店等全众渠道进行全面推广,在电视、公车、候车亭、报纸等多种媒体的选择上更有针对性和强调落地,在新产品铺货率较高的地方着重投入,配合大量的地面推广宣传,加速"健力宝1984"的流行。此外,"健力宝1984"在包装上具有独特性,完全贴近现代年轻人的消费心理,包装上的大事记说明能引起消费者对健力宝美好的回忆,引起年轻消费者的共鸣,满足消费者追求时尚健康的需求。

#### (二)亚运新装,争金夺银全国促销活动

健力宝亚运金银装强力上市,配合五千万个中奖机会的"亚运新装,争金夺银"全国促销活动开展。利用金银包装的健力宝,让消费者一同感受赛场上的金银奖牌争夺。

健力宝亚运金罐是原来1984罐升级,是银罐的加强版,增加了更多蜂蜜,健力宝在活动期间规定,购买健力宝金银促销装的顾客,可以登录健力宝网站输入罐底或盖底的13位字符即有机会兑换丰富礼品。礼品分别有实物礼品(包含亚运运动金罐、亚运运动银罐、亚运运动水壶、QQ布绒公仔)、QQ礼品和虚拟礼品(包含活力墙纸、超酷表情图标、精美屏保)。

金银罐并行销售以满足不同消费者的需求。健力宝借助亚运平台,推出金银新包装,凸显了亚运运动饮料特征、价值感,并给品牌建立起年轻时尚的形象。

#### (三)亚运啦啦队全国选拔赛

2009年3月17日,"健力宝亚运啦啦队全国选拔赛"在北京拉开序幕。这次大赛经广州亚组委授权,由广东健力宝集团有限公司联合中央电视台体育节目中心、中国大学生体育协会主办,中视体育推广有限公司、佛山三水健力宝贸易有限公司、中国大学生健美操艺术体操协会承办,旨在为2010广州亚运会选拔至少30支啦啦队、约450名优秀的啦啦队表演队员。本次大赛在全国30个省会、300余个大中型城市、1000多所高校陆续启

动,从海选、城市赛、大区赛到南北对抗赛、总决赛,历时18个月。获胜者会以专业志愿者的身份亮相亚运会赛场,用其热情奔放的表演向全亚洲、全世界展示活力的中国、激情的盛会。

自3月17日"健力宝亚运啦啦队全国选拔赛"在京启动以来,其挟带"健力宝"民族品牌锐意回归运动营销及主流市场之势,吸引了包括CCTV5、光线传媒等全国各大主流媒体的热切关注,媒体报道不断升温。随着4月在北京、广州、西安、成都等全国30个省会级城市及300余个二三级城市的推广,加上全国超过2000所高校的联动宣传,已形成一股校园啦啦队旋风,吸引了近千支啦啦队伍参与报名,报名总人数达到数万人。海选赛火热贯穿整个5月,在全国24个城市的50所重点大学内全面铺开,吸引了十多万人现场观看并参与互动,让广大群众可以亲身体验啦啦队文化的独特魅力与激情。

2010年6月,健力宝亚运啦啦队全国选拔赛总决赛也为健力宝品牌增色不少。借助"健力宝亚运啦啦队全国选拔赛",健力宝试图重新出发,再次走上复兴之路。

(四)推出新饮料"爱运动"

继成功取得"2010年广州亚运会指定运动饮料"赞助权之后,2010年4月,健力宝召开发布会,向社会正式推出一款与国家体育总局体育科学研究所共同研制的运动饮料——爱运动。

爱运动是健力宝集团与国家体育科学研究所共同研制的。与风靡国际的第一代健力宝似曾相识的是,爱运动饮料无论在配方还是饮用分级上,都具有颠覆性的创新,可以名副其实称为"新一代中国魔水"。据国家体育科学研究所研究员表示,爱运动在配方上与传统的运动饮料不同的是,它将水、营养和能量的补充有机统一,运动后能够迅速补充水分和流失的钾、钠离子,延缓运动性疲劳的发生。其中含有VB3、VB6、VB12和肌醇,三大B族维生素和类维生素可以为身体补充运动中的营养,而独有的左旋肉碱可以让身体脂肪代谢,燃烧脂肪转化为运动能量。

爱运动是根据运动时生理消耗的特点而配制的,它可以有针对性地补充人体运动时丢失的营养,起到保持、提高运动能力,加速消除运动后疲劳的作用。此外,借助国家体育科学研究所在体育运动科学领域的研究,健力宝爱运动不仅适合专业运动员的能量补给,在产品配方方面更贴近中国大众的身体条件,即根据运动者的即时状态,划分出轻运动和重运动,倡导一种更科学的运动补给理念。

"新一代中国魔水"正是以其科学的配方和高品质,通过了亚运会层层严苛标准的考验,成为亚运会唯一指定的运动饮料。值得期待的是,20多年前与亚运的结缘成就了健力宝风靡世界的辉煌,而爱运动借助亚运,能否成为改变中国运动饮料市场格局的核心力量呢?我们拭目以待。

## 健力宝体育营销的解析

健力宝期望借助广州亚运会,重振雄风,实际上,复兴之路异常艰辛。

首先,健力宝重新进入消费者的视线时,并没有明确告诉消费者它的核心价值是什么。健力宝公司目前将健力宝定位为运动饮料,但是目前市场上运动饮料产品名目繁多,竞争也日益激烈,如脉动、红牛、佳得乐、维体、激活等,更何况还有可口可乐和百事可乐两大巨头的夹击,健力宝要想在如此激烈的市场竞争中脱颖而出,重振昔日雄风,它必须要有自己独特的、明确的品牌核心价值。然而,从健力宝现在的品牌传播来看,消费者体会不到健力宝的品牌核心价值,厂商本身也没有提供必须购买健力宝的充分理由。

其次,健力宝没有与消费者产生深度沟通的品牌主张。健力宝公司取得广州亚运会赞助权之后,在品牌传播中只强调健力宝"广州2010年亚运会指定运动饮料"的身份,另外一个传播策略就是采取活动营销,承办"亚运会啦啦队全国选拔赛",但是在这轰轰烈烈的体育营销传播中,健力宝并没有提出明确的品牌主张去打动消费者,并没有和消费者产生共鸣。对比可口可乐在2008年奥运会传播中的口号"畅爽开始",它与之前传播中的"要爽由自己"一脉相承,而且一个"爽"字体现了可口可乐的好口感,给消费者带来的快乐体验,与可口可乐一直倡导的欢乐、激情的品牌价值相一致。健力宝在这方面相形见绌。

再次,健力宝没有采取其他的沟通策略来打动消费者的心灵。

最后,健力宝的品牌传播在空中呐喊,但其在终端市场却销路不畅。据说,健力宝以8000万元取得2010年亚运会指定运动饮料赞助权,并在全国范围内开展亚运攻势和活动营销传播。但是,根据调查发现,在广州的一些超市依然难觅健力宝产品,即使有些超市里有健力宝产品上架,但产品的陈列存在严重问题,不能够引起消费者的注意,且终端促销没有与体育赞助营销有效结合起来,没有最大化利用亚运会给健力宝带来的品牌效应。

健力宝成为"广州2010年亚运会指定运动饮料",可以为其带来较高的知名度和关注度,对于健力宝的重新崛起是一个非常好的契机。但是,较高的关注度和知名度并不一定能够让市场和消费者最终为其买单,也不一定能够培养品牌的美誉度和认同度,更不一定能够让消费者对其产生品牌忠诚。因为,如今的市场环境和健力宝1984年赞助洛杉矶奥运会时完全不一样,1984年是健力宝辉煌的历史,当时的消费者相对单纯,市场环境也相对单纯,竞争不太激烈,而如今的消费者越来越挑剔,有个性,且可供选择的品牌很多,消费者的忠诚度也越来越低。健力宝要重新崛起,可谓任重道远。

## 参考文献

[1]健力宝官方网站.健力宝简介[EB/OL]. http://www.jianlibao.com.cn/.

[2]中国日报.健力宝携"爱运动"归来 亚运会指定运动饮料正式上市[EB/OL]. http://www.chinadaily.com.cn/hqcj/zxqxb/2010-04-21/content_194246.html.

[3]奥一网.健力宝洛杉矶开创营销新兵法[EB/OL]. http://www.oeeee.com/a/20100513/884475.html.

# 案例八 金六福的品牌推广和体育营销

## 一、企业简介

如图8-1所示为金六福LOGO,金六福是马来西亚新华联集团和五粮液集团强强联合的产物。在打造金六福品牌以前,新华联集团旗下的全资子公司代理了五粮液集团的"川酒王"近一年,在这一年里,该产品就做到了湖南第一,营销实力非常强。但由于商标未能取得注册资格,公司决定树立自己的品牌。于是,公司结合自身的长处,通过与五粮液集团进行OEM合作,开始了打造"金六福"的品牌营销之路。

1998年年底,金六福酒上市,并依靠独到的营销策略迅速在市场走红。1999年,金六福酒被中国食品工业协会授予"跨世纪中国著名白酒品牌"称号。2003年,金六福销量达到18亿元。2004年,金六福被国家工商总局认定为"中国驰名商标"。到2008年年底年营业额超过60亿元,单以销售额看,2008年金六福的销售收入仅低于贵州茅台的82亿元和五粮液79亿元,稳坐白酒行业的第三把交椅。据世界品牌大会公布的"中国500最具价值品牌排行榜"显示:2009年金六福品牌价值达到60.37亿元,比2008年的49.58亿元人民币增长了21.8%,位于总排行榜的136位,食品、饮料行业第17位。

图8-1 金六福

2006年,在整合金六福酒业各相关企业的基础上,华泽集团有限公司成立了。原始股东新华联集团有限公司与四川汉龙集团达成股权转让协议,将金六福酒业过半数的股权转让给汉龙集团,自身仅保留了少数股权。2009年10月22日,华泽集团董事长吴向东以1.25亿元的价格,从另外股东手中获得华泽集团25%权益,吴向东持股比例由35%增至60%,成为华泽集团绝对控制人。

截至2009年10月,金六福企业拥有金六福、福酒、福星、六福人家、香格里拉、大藏秘、天籁、恒美、湘窖、开口笑、邵阳、临水、今缘春、雁峰、屋里厢、湘山、玉泉、李渡、榆树钱、太白、无比古方等20多个自有品牌。

## 二、金六福的体育营销之路

1997年成立的金六福的"福"文化似乎天生就和体育有关。特别是21世纪初的中国,体育界一直都是大事、好事不断,从2001年7月开始便捷报频传:申奥成功,世界杯出线……这些百年不遇的盛事一齐挤到了2001年中国的面前,"2001年,中国年"的说法在媒体上不胫而走。恰逢在2001年,金六福经过三年发展后遇到瓶颈,急需一个高度概括的品牌定位,来引领金六福继续前行。

在媒体狂热和全国一片沸腾的时候,金六福通过巧妙运作让自身与申奥和世界杯联系在一起,从而为"中国人的福酒"的定位找到平台。申奥成功、2002世界杯等体育盛事正好为金六福体育营销策略提供了充足的前提,借助体育营销,金六福成功塑造了"中国人的福酒"这一品牌形象。如表8-1所示为金六福与体育项目的合作。

表8-1 金六福与体育项目的合作

| 序号 | 合 作 项 目 |
| --- | --- |
| 1 | 2001—2004年中国奥委会合作伙伴 |
| 2 | 中国足球队进入2002年世界杯出线唯一庆功酒 |
| 3 | 第22届世界大学生运动会中国体育代表团最高级别赞助企业 |
| 4 | 第28届雅典奥运会中国体育代表团合作伙伴 |
| 5 | 第28届雅典奥运会中国代表团庆功白酒 |
| 6 | 第24届大学生运动会中国代表团唯一庆功白酒 |
| 7 | 第14届亚运会中国代表团唯一庆功白酒 |
| 8 | 第19届冬季奥运会中国代表团唯一庆功白酒 |

### 三、金六福的体育营销方案

#### (一)世界杯营销

世界杯的潜在商业价值相信几乎每一个企业家都能意识到,但是,如何把世界杯与自己的企业、产品、品牌联系起来并在市场上转化为利润,同时也要找出品牌与特定的运动赛事之间独特的商业联系,并不是每一位企业家都能意识到。金六福的世界杯营销正是基于这样的考量从三条线全方位展开。

**1. 签下米卢作为金六福的形象代言人**

既然金六福是"中国人的福酒""幸福的源泉",而福星酒有"运气就是这么好",那么在当时人们意识中运气最好的当然是"福星"米卢。2001年,屡战屡败、屡败屡战的中国男子国家足球队首次顺利闯进了日韩世界杯,中国队终于圆了一回世界杯梦。来自南斯拉夫的主教练米卢几乎被国人捧上天,米卢差不多成了拯救中国足球的英雄,人人皆说米卢是中国足球的大福星,也有人将这归结为运气好。金六福看到了这一巧妙联系,随即以40万美金的代价签下米卢作为金六福的形象代言人,并为其量身制作了相关广告,旨在以米卢的潜在价值提升金六福的"福文化"。

40万美元的投入为企业换回了丰厚的回报。事后的数据表明,仅在米卢广告片播出一个月内,金六福销量就达到了一个多亿,市场反应强烈。广告片虽是匆匆出台,但效果却出奇的好。这主要是因为那时米卢正热,广告效应最为明显,找米卢做形象的厂家早就排起了队,而金六福拿了个第一,自然具有很高的新闻价值。更重要的是,40万美元不仅仅是买下了米卢的一张脸与一身唐装,最为关键的是,金六福第一个买下了中国队世界杯出线在国人心中的着陆点,而这也就成功转化为国人在某种程度上为了宣泄这种对出线的兴奋的消费点。

**2. 世界杯公关促销**

随着世界杯的临近,"买金六福酒,看韩日世界杯,1000张球票等着你"的活动口号在各个金六福售点也开始高声叫卖,一个以世界杯为主题的长达半年的促销活动在全国范围轰轰烈烈展开。这些活动不仅巩固了消费者与品牌之间的关系,巩固了金六福与世界杯的关联度,更产生实际的利益。据金六福的说法,到2002年六月份之前,金六福因为这1000张球票而多出几个亿的销售进账。

**3. 世界杯特许产品营销**

随着中国足球队世界杯出线,金六福因曾赞助国家足协,被授予"国足出线唯一庆功酒"称号。"44年的期盼、三代人的追求、13亿人的梦想,我们终于出线了!金六福,国足出线唯一庆功酒。"这是金六福专门为国足出线制作的广告片。借此契机,金六福公司推出了新产品:国足世界杯出线庆功珍藏纪念酒。由中国足协授权生产的国足世界杯出线庆功珍藏酒,9999樽限量发售,该酒由灌装五粮液酒厂50年绝佳陈酿,国宝级调酒大师泛国琼女士亲手调制,24K纯金镀造瓶体手工制作,造型由专业设计师特别设计。由于此樽珍藏酒具有重大的纪念意义,尽管市场售价高达两万元,社会名流和酒界收藏家仍然争相购买。

在这次历史性的体育事件中,金六福几乎抢先把所有与世界杯相关的因素都用上了:中国国足、米卢、世界杯球票。而且用得快、用得巧,虽然没有在世界杯期间大打出手,但由于其有利位置和先行策略,活动持续效果仍是非常好。通过此次体育事件营销,金六福取得了出乎意料的效果,金六福的"福文化"也被广泛传播开来。根据某调查公司显示,2002年金六福牢牢占据了喜庆市场白酒第一的位置。

**(二)雅典奥运营销**

金六福绝对不仅仅是运用一次世界杯来做体育营销的。早在2000年,中国申奥活动急需资金支持,当竞争品牌还处于观战犹豫之际,金六福一掷千金,力助中国奥申委。金六福通过大手笔的体育赞助行为,最终得以和少数如通用汽车这样的国际知名企业一起,成为"2001—2004年中国奥委会合作伙伴"。

2004年,中国企业在体育营销领域频频掀起高潮,雅典奥运营销更成为焦点中的焦点,雅典奥运成为企业高效提升品牌传播的难得时机。这其中"金六福奥运添福奥运全接触营销"表现最为突出。

金六福跨越了通过"体育营销"提升知名度的阶段,独辟蹊径,创造出金六福品牌核心价值与奥运精神的联结点,从品牌建设的高度出发,紧紧围绕品牌核心价值"福文化",基于自己的视角对奥运精神进行创新定义与升华,丰富并提升了金六福的品牌核心价值。

奥运会起源于人们对和平的追求,现代奥运会更发展成为全世界关注的和平、团结、进取的盛会。金六福将奥运精神延展出的很多价值观与中国传统"福文化"进行了互通和融合,用自己品牌的视角对奥运精神进行了新定义,巧妙创意出"奥运福与金六福"的诉求联结点,为其所用。

金六福对奥运精神进行了新的诠释,通过六种奥运福,成功地将奥运精神融入自身品牌的核心价值中,借势提升了品牌形象及核心内涵。如表8-2所示为金六福的奥运精神。

"奥运福 金六福——奥运全接触营销"让金六福品牌动了起来，通过整合营销传播使"福文化"与奥运精神双向互动，并在互动的作用下，使"福文化"获得更加广阔的外延空间。

表8-2 金六福的奥运精神

| 金六福 | 奥运精神 |
| --- | --- |
| 欢聚是福 | 奥运会让全世界不同肤色、不同名族的人们为了同一个目标走到了一起，欢聚一堂，切磋交流，增进友谊 |
| 参与是福 | 参加奥运会最重要的目的是参与而并非赢得冠军，就像生活最重要的是奋斗，而不是成功 |
| 和平是福 | 战争、仇恨，千百年来一直是人类挥之不去的精神枷锁，奥运为和平而诞生，人们始终憧憬未来的美好，人们始终向往世界的和平 |
| 进取是福 | 进取精神是人类得以延续和发展的原动力，同时也是奥运精神的体现，不断地进取，就会创造奇迹 |
| 友谊是福 | 赛场上你是我的对手，但不是敌人，因为你的竞争会给予我力量，你的意志会带给我勇气，你的精神会使我崇高，比赛结果并不重要，友谊始终最珍贵 |
| 分享是福 | 胜利的喜悦和荣耀，需要让所有关心和祝福自己的人们一同分享，分享是福 |

此外，金六福在奥运营销中，还采取了全方位的奥运接触策略，通过整合公关、广告传播策略，有效使目标受众在不同的品牌接触点体验金六福的"福文化"。

电视广告"福篇"中，"共享奥运福、尽享金六福"，力图唤起人们对奥运年的"福"有更新、更深刻的理解。

平面广告"福篇"中，淡化商业色彩，重在表现"金六福"对奥运会的参与意识和对公益事业的社会责任感，以期增强消费者对"金六福"品牌的忠诚和偏好。

促销活动中，金六福展开"奥运刮卡现场兑奖活动"，在最大的范围内，实现了消费者与奥运福·金六福的直接互动，强化了金六福与奥运福的品牌关联。而且竞猜卡回收后，还可以参加抽奖，吸引消费者的奖品是纯金的奥运纪念金牌。由于金六福是中国奥委会酒类品牌唯一合作伙伴，这个奥运纪念金牌只能由金六福推出。"喝金六福，赢24K金牌"对消费者的巨大吸引力，直接拉动了销售。

公关活动中，金六福展开了"国人送祝福、健儿喜出征"——"奥运福·金六福"签名活动。金六福在全国主要大城市的人群聚集点，邀请群众在"奥运福"旗帜上签名以及写下送给中国奥运健儿的祝福语，同时派发奥运竞猜卡和奥运知识手册，进行"奥运福·金六福"的概念传播。同时，它向新闻媒体发布有关"金六福成为28届雅典奥运会中国体育代表团唯一庆功酒"的喜讯和金六福送给中国体育代表团饱含国人祝福的"奥运福旗帜"。当这些"福旗"在全国各地四处飘动时，金六福能够带来福气好彩头的信息传递，无疑更能增加金六福品牌的亲和力。

从上面可以看出，金六福没有把奥运营销仅限于赞助，而是采取全方位传播策略，无疑使金六福的品牌接触点得以更大范围地扩展。直到金六福摆上了人民大会堂奥运庆功国宴，一幕幕喜庆、幸福的画面，使金六福"福文化"的品牌内涵传播达到了高潮。"奥运福·金六福"这一品牌内涵与奥运精神自然流畅的联结，使得国人觉得见证、庆功这样规模盛大,鼓舞人心的庆功国宴的机会落到了金六福的头上,也自然是实至名归。

(三)金六福北京奥运会营销

曾在雅典奥运期间赞助中国健儿,高唱"奥运福,金六福""金六福,国家福、民族福"的金六福,在北京奥运期间,面对送上门来的奥运商机,却没有延续福字招牌,更没有做铺天盖地的公关宣传。这一次,相对冷静的金六福推出了一支产品广告,即五星金六福"传承国粹精神,成就中国味道"的广告。

在一座富丽堂皇的、具有天坛典型元素的中式宫殿建筑前,绣有国画牡丹的舞台背景金光灿灿,大红的布幔临空飞舞、气势恢宏。高大挺拔的五星金六福稳稳立于舞台中央,徐徐揭开中国国粹演绎的华章序幕。铿锵有力的锣鼓声下,京剧、太极、舞龙、舞狮、空竹、团圆、结婚等中国元素,一一展现的中国国粹文化共同走上舞台,与中国白酒——五星金六福一起向世界展现了中国精神。

这是一支将天时地利人和借助得很好的广告。北京奥运开幕式通过全球转播,再一次将灿烂的中国文化传至四面八方。张艺谋以"历史"和"艺术"的名义让中国元素在世界大放光芒。这支广告恰在奥运会期间反复播出于各路媒体,向世界展示着中国国粹,将中国元素纳入一个白酒产品中,将观众的目光带向了五星金六福。

这显然是一个很好地吸纳奥运资源为己所用的借力做法。时移势变,上次雅典奥运吸引的是国人关注中国健儿在奥运赛场的表现,此次北京奥运,金六福却是吸引了全世界的目光来了解和关注中国。金六福抢先"中国味道",很准地把握了这一大势,"传承国粹精神,成就中国味道"既体现中国人的自豪与激情,又让金六福以代表白酒、代表中国的身份与世界亲密接触,可以说是一箭双雕。

7月29日,距离奥运会开幕仅有10天。金六福冠名了迎奥运倒计时10天晚会。在央视播出的"百年圆梦"迎2008北京奥运会文艺晚会上,金六福全新广告片首次亮相,以"5秒独家特约播映标版+15秒广告片"的形式拉开了晚会的序幕,也强势打出了金六福奥运营销的第一张牌,营造了华丽的开场。

奥运期间,金六福实现了密集式的投放,从A段、赛事套装到全景奥运,处处可见金六福的身影。首先,金六福投放了8月的"黄金A段"和7月29日的晚会冠名实现紧密衔接,更是突破了以前从未在央视黄金招标段投放的历史,这极大地提升了金六福的品牌高度、彰显了其品牌实力。其次,金六福有针对性地投放了15秒赛事套装,在央视一和二套的上下午及晚间,全天滚动播出广告片,实现对其目标消费群体的"集中轰炸"。更值得一提的是,同路传播建议金六福在央视一套22点半左右的《全景奥运》中进行了精准投放,加大对其重点消费群体的宣传效果。奥运结束后,同路传播建议金六福将套售资源延后使用,以营造余韵悠远的后续效应。

除了这支匠心独具的广告,金六福的品牌宣传策略在奥运会期间还有一大创新之举:通过把金六福与福娃的捆绑,让金六福与五福娃一起构成"六福"。同时通过把五福娃与金六福呈现在同一个平台上,使人们在一定程度上把金六福与福娃关联起来。

事实证明,金六福的奥运传播给人耳目一新的感觉,并引起巨大反响,实现产品推广和品牌形象提升的完美融合。

## 金六福体育营销的解析

(一)我国白酒行业品牌营销的问题

目前,中国白酒行业已经形成了一些有影响力的品牌,但总的来说中国白酒业基本还处于由广告战向品牌战的过渡时期,大多数企业仍主要靠商业广告推出新产品,而不是通过品牌营销塑造整体形象进而推出产品。经过多年的发展,我国白酒行业品牌营销的问题主要有以下几个方面。

1. 白酒品牌附加价值低,竞争力不强

目前市场上大多数中低档的白酒品牌并没有较高的附加值,面对激烈的竞争,许多企业自顾不暇,一直疲于应付一波又一波的市场轰炸,没有更多时间对产品进行更深入的定位。因此在众多产品口感差不多的情况下并不能给消费者带来更多心灵的享受,从而导致产品的竞争力不足。

2. 品牌营销整合意识不强,营销手段单一

我国的品牌营销起步较晚,很多企业并没有树立正确的品牌整合营销观念。在白酒行业竞争激烈的情况下,各个品牌为了占有更多的市场份额而疲于促销战、价格战、广告战等,很多企业只是单一使用营销手段,因此效果总是不好。

3. 品牌缺乏个性

在白酒产品日趋同质化的今天,更需要个性产品的诞生。我国的白酒品牌很大一部分缺乏个性,主要体现在两个方面:品牌定位雷同、品牌设计缺乏个性。

4. 品牌运作缺乏长期的战略规划

在白酒的品牌营销中,利润的驱使和白酒行业的特点使进入该行业的壁垒较低,尤其对地方性的小企业来说,地域性决定了这些小作坊似的生产商可以成长。各个新进入的企业为了尽快获得利润纷纷效仿其他品牌,并没有对自己的产品进行长期的战略规划,使得一些企业在获得短期利润后就退出了市场,这对于树立品牌非常不利。

(二)"金六福"的品牌营销成功之处

在详细分析营销环境基础之上,金六福公司走出了一条与众不同的营销之道,从而成就了中国白酒业的品牌成长标准。营销,"变"就是寻求品牌传播思维和方式的"创新",不管是基于"面"上的"突破性创新",还是基于"点"上的"破坏性创新",对促进产品销售和提升品牌影响力,都将起到积极的促进作用。"金六福"的品牌营销成功之处就在于他的创新和成功、客观的体育营销策略。

1. 品牌文化的创新

金六福把眼光投向了"福文化"。中国人把一切美好的东西统统归结为福:健康是福,平安是福,长寿是福,多子是福,甚至吃亏也是福。"福"已经融入中国人的血液里,积淀在中国人的骨髓里了。而当时还没有以"福文化"为主体的市场,因此金六福的定位非常准确,十分符合人们对美好事物的追求。

"金六福"三个字的完美结合可谓是至善至美,迎合了人们盼福和喜好吉利的传统习俗和心理需求。在人们庆功、贺喜、祝寿、助兴、交友相互祝福的同时,又引导人们追求"寿、富、康、德、和、孝"的美好生活境界。

金六福的品牌定位非常成功。围绕一个"福"字,把握不同的时机,不断变换角度、手

法和载体,诠释"福文化",使品牌形象不断得到提升,品牌文化定位不断得到巩固和强化。

### 2. 特许产品营销的典范

企业产品成为体育活动的指定产品,是企业进行体育营销的途径之一。金六福无疑是国内企业特许产品营销的成功典范。

体育营销区别于其他营销方式的一个特点是享有企业排他性权利。指定产品是指在某种活动中同类产品中具有唯一性(排他性)的独家赞助商的产品。在这种体育营销方式中,由于同类产品中只有一种产品能够获此殊荣,排斥了同行业的介入,保护了企业的利益,使消费者容易区分,避免了认知上的殊清。这种称号是对企业和产品品质的肯定。在产品同质化的背景下,这种产品直接与体育活动单一联系,也正在转化为品牌与活动相联系,以品牌的力量感动消费者。

作为奥运会等众多国际赛事中国代表团的唯一庆功酒,金六福走过了一条成功的体育特许产品营销之路。在2004年为庆祝中国奥运代表团凯旋而举行的盛大庆功宴上,作为奥运会中国体育代表团唯一庆功专用白酒,金六福摆上了人民大会堂奥运庆功国宴,祝贺中国体育健儿在雅典奥运会上取得骄人成绩。一幕幕喜庆、幸福的画面,使金六福"福文化"的品牌内涵传播达到了高潮:这一刻,中国人对金六福"福文化"的感受、理解和认同,事实上是把对整个中国"福运长久"的憧憬嫁接到一起。这种金六福品牌内涵的传播、沟通与延伸自然会达到高潮。另一方面,金六福成为奥运会中国体育代表团唯一庆功专用白酒摆上国宴,也保持了体育营销的强大辐射影响力,为品牌长期传播和延伸作了良好铺垫。

### 3. 体育营销提升品牌价值

中国大部分企业将大型的体育赛事纳入营销战略,并不会把品牌建设的有机部分提前几年开始热身布局,大多关心的仍是一时的知名度和销量目标,往往匆忙上马,孤注一掷。而金六福在2002年世界杯体育营销之后则跨越了通过体育营销提升知名度的阶段,进一步紧紧围绕其品牌核心价值"福文化",基于自己的视角对奥运精神进行重新定义与升华,从而更巧妙自然地借势奥运,丰富并提升了金六福的品牌核心价值。

体育营销的目的就是要提升品牌价值,塑造强势的品牌地位,从而依靠品牌开拓市场、扩大销售,形成品牌忠诚。通过体育营销和顾客形成强有力的情感共鸣,这些既是实现品牌战略自身所要求的,也是品牌战略对体育营销所提出的要求。因此,体育营销要以品牌战略做指导,体育营销要服务于品牌战略。品牌战略要求企业的所有价值活动特别是营销传播活动都要围绕企业核心价值展开。而奥运营销最大的价值在于它铸造品牌的知名度和美誉度具有巨大的助力作用。纵观全球的品牌发展史,奥运营销更成为市场、传媒和交流策略的核心,是撬动其自身品牌价值提升最有力的一根杠杆。

金六福正是借鉴如可口可乐、三星这些国际品牌体育营销的经验,抓奥运商机、更抓品牌提升。金六福的成功之处是使品牌文化和奥运精神实现对接,而金六福对"福文化"的诠释就是为它的体育营销策略量身定做的。"奥运福·金六福"营销过程中,金六福始终把公众的关注点、事件的核心点、品牌的诉求点重合在一起,形成三点一线,贯穿一致。为此,金六福精确把握住了奥运营销的落点:"奥运福·金六福"。奥运本身巨大的眼球效应再加上成功的媒体运作,金六福的体育营销,卓见成效。

金六福在2002年韩日世界杯和2004年雅典奥运会期间一系列炫目的体育营销,对品牌知名度推广和品牌价值的提升都起到了巨大的作用。但最近几年,金六福在体育营销领域却鲜有大动作。体育营销最重要的一点就是其长期性。所谓长期性,亦称长远发展的观点。就是要处理好企业的目前利益和长远利益之间的关系,并着眼于企业的长远发展。毋庸置疑,对于一家企业来说,单通过支持一次大规模的体育运动是无法进行完全的核心价值传递的,必须在与自己产品相对应的运动领域内找到该项运动与产品的内在结合点,长期持续地投放下去,才有可能形成效果。否则,单凭一次或几次的炒作,只是普通的"事件营销",获得的只是短期效果,很难接触到最广泛的目标消费群,并使其对融入了体育精神与价值的品牌产生正面积极的情绪、态度和好感。所以体育营销应该是一个系统工程,是一个持之以恒的过程。任何体育营销都应该是品牌整合战略的一个部分。

体育营销由于其投入的巨大,存在无数的未知风险,所以企业进行体育营销也是柄双刃剑,用好了企业会享受"光环效应",用不好会空耗钱财,累及名声。国内企业在中国队世界杯决赛时失利问题上的被动和尴尬,也说明我国企业对体育赞助特有风险认识不足。金六福公司的赞助成功,不赞助失败的体育赞助策略值得研究和借鉴。尽管不断有声音指责体育运动商业化过重,但体育与商业的结合在国际上已成为无法逆转的趋势。如何使二者达到有机结合,起到相互促进的效果,还需企业界、体育界及社会各界的共同努力。但至少企业不能头脑发热,以赌博的心态盲目投入,这样会成为急功近利追逐短期商业利益的牺牲品。企业一定要清醒、冷静、审时度势,充分研究体育运动的规律,根据企业的实际情况做出决策,否则将严重损害企业的商业利益和品牌价值,最终也将影响对体育运动的投入和支持。

体育营销巨额回报的光环效应近年来仍吸引着无数企业。然而对于缺乏国际化营销经验的广大中国企业来说,体育营销作为一种新兴的营销手段,显然还没有被充分认识和理解其巨大的营销优势和由此可能产生的风险。金六福对待体育营销的冷静和清醒态度值得中国广大企业学习。

**参考文献**

[1]网易.金六福:"福文化"与世界杯结合创造的奇迹[EB/OL].http://biz.163.com/06/0822/09/2P4D2GK700020QDS.html.

[2]地方品牌网.金六福用情境卖酒_金六福[EB/OL].http://www.xiusecai.com/Brand_Categories/FoodTobacco/0P51 20020071200.shtml.

[3]世纪易网.赞助成功不赞助失利——再析金六福体育营销策略[EB/OL].http://blog.sina.com.cn/s/blog_4de8434701009keb.html.

[4]谢海峰.借势奥运,金六福演绎"中国味道"[J].销售与管理,2008(10).

# 案例九 可口可乐如何创造品牌核心价值

## 一、企业简介

如图 9-1 所示为可口可乐 LOGO，可口可乐公司（Coca-Cola Company）成立于 1892 年，总部设在美国乔亚州亚特兰大，是目前全球最大的饮料公司，拥有全球 48％的市场占有率以及全球前三大饮料的两项（可口可乐排名第一，百事可乐第二，低热量可口可乐第三）。可口可乐在 200 个国家拥有 160 种饮料品牌，包括汽水、运动饮料、乳类饮品、果汁、茶和咖啡，亦是全球最大的果汁饮料经销商（包括 Minute Maid 品牌）。在美国排名第一的可口可乐为其取得超过 40％的市场占有率，而雪碧（Sprite）则是成长最快的饮料，其他品牌包括伯克（Barq）的 root beer（沙士），水果国度（Fruitopia）以及大浪（Surge）。

可口可乐的配方，至今除了持有人家族之外无人知晓，可口可乐公司也会严密防止自己的员工偷窃配方。至今，可口可乐虽然有了不少竞争对手（如百事可乐），但依然是世界上最畅销的碳酸饮料。目前可口可乐在世界各地市场皆处领导地位，远远超越其主要竞争对手百事可乐。其中在香港更是几乎垄断碳酸饮料市场，而在台湾则具有 60％以上的市场占有量。

可口可乐的成功在于它把主要精力放在了起关键作用的价值创造部分上：一是质量管理和对糖浆生产工艺进行持续有效的管理；二是强有力的品牌意识，保持其在国际市场上长盛不衰。尽

图 9-1　可口可乐

管很多可口可乐的装瓶商都具有相当程度的局域性和独立性，但是大多数可口可乐的消费者根本就不知道或不关心他们消费的饮品是如何通过可口可乐庞大的销售网络送到他们的手中的，他们关心最多的依然是可口可乐品牌的本身。

可口可乐不断用创新的手段加强同年轻消费者的沟通，并致力于带给他们最热门的潮流和文化。

## 二、可口可乐体育营销之路

如表 9-1 所示为可口可乐与体育项目的合作。

表 9-1　可口可乐与体育项目的合作

| 年份 | 合作项目 |
|---|---|
| 1987 年 | 可口可乐响应国际奥委会的号召，开始赞助中国奥委会。每年举办奥林匹克长跑，十多年来从未间断 |
| 1990 年 | 可口可乐中国公司赞助亚运会，成为大会的指定饮料，并与中国体育记者协会合作，再度举办多项竞猜活动及"可口可乐好新闻评选" |
| 1992 年 | 巴塞罗那奥运会圣火传递 |
| 1994 年 | 与中国奥委会合作，选派了世界速滑冠军王秀丽代表中国参与利利哈默尔冬季奥委会的圣火接力，她参加在挪威首都奥斯陆一段的圣火传递 |
| 1995 年 | 与中国奥委会合作在中国举办可口可乐奥运民俗雕塑大赛 |
| 1996 年 | 亚特兰大百年奥运会火炬接力活动是可口可乐第一次成为火炬接力活动的独家赞助商 |
| 1998 年 | 冬季奥运会在日本长野举行，可口可乐（中国）饮料有限公司选派四名中国代表参与此项国际盛事 |
| 2000 年 | 可口可乐中国有限公司挑选 11 名中国青年作为"可口可乐奥运先锋"赴悉尼参加可口可乐奥运青年营及可口可乐奥运广播站活动 |
| 2002 年 | 可口可乐（中国）饮料有限公司选派了 15 名中国火炬手和 10 名圣火卫士参加盐湖城火炬接力，其中包括九运会最佳男女运动员谢旭峰和龚智超、竞走世界冠军王妍等 |
| 2004 年 | 雅典奥运会火炬接力活动在世界 27 个国家举行，这是奥运圣火第一次进行环球传递。可口可乐（中国）饮料有限公司在中国的 29 座城市里选拔了 42 名火炬手和 9 名圣火卫士，参加奥运火炬 6 月 9 日在北京的传递活动 |
| 2007 年 4 月 | 可口可乐再度牵手北京奥组委，成为北京奥林匹克火炬全球合作伙伴 |
| 2007 年 7 月 | "谁点燃我心中圣火"可口可乐奥运火炬手选拔活动在北京正式启动 |
| 2008 年 | 启动网上火炬传递。同时，占地约 4000 平方米的可口可乐畅爽中心在奥林匹克公园亮相，这是奥林匹克公园中面积最大的国际品牌展馆 |

## 三、可口可乐的体育营销方案

### （一）可口可乐与 TOP 赞助商

奥运赞助商分为三种类型，其中"TOP 赞助商"可在全球范围内试用于所有与奥运相关的标志，并独享奥运五环的使用权；"当届奥运赞助商"则可在全球范围内使用除奥运五环之外的所有当届奥运会相关的标志；各国"国家奥运赞助商"只可在各自国家范围内使用各国自己的奥运标志。

TOP 计划（The Olympic Program）中规定，各行业的 TOP 赞助商只能有 1 个，不能重复，凡是 TOP 赞助商，皆享有奥运会转播时段中的广告优先购买权。1988 年，有 9 家企业成为 TOP 赞助商，赞助额达 1 亿美元；1992 年，有 10 家企业获得这一资格，共筹资

1.75亿美元;1996年,除可口可乐外,另有9家企业也取得该项资格,赞助额超过3亿美元。

可口可乐从1928年阿姆斯特丹奥运会开始成为奥运会TOP赞助商,在奥运会赛场上届届从不缺席,到1996年赞助亚特兰大奥运会历史已达68年之久。

1996年,奥林匹克运动会在美国亚特兰大举行。在整个奥运活动中,可口可乐总计投入6亿美元的经费,约占其全年广告预算的47%。在奥运活动的带动下,可口可乐当年第一季度的收益增加12%。

可口可乐赞助奥运,最大的意义莫过于让观众无时无刻不见到它的身影,借以刺激他们的购买欲,提高销售量。在过去的活动宣传中,可口可乐总是扮演奥运辅助者的角色即称作"奥运赞助商",而在亚特兰大奥运会中却定位"奥运长期合作伙伴"。可口可乐制定出全方位出击的营销策略,从全球范围各式各样的奥运抽奖、赠品活动,到协助奥运组委会承办包括圣火传递、入场券促销在内的多项工作;从奥林匹克公园的建造,到70部奥运广告片的密集播放,无论是可口可乐的忠诚消费者还是一般消费者,在超市日常购物时,在电视屏幕前观看奥运会转播时,在亚特兰大现场为选手加油时,甚至在奥林匹克公园尽情游玩时都能感受到可口可乐的存在。

为了增添奥运的文艺气息,从1995年开始,可口可乐公司便推出了"可口可乐瓶——奥运对民俗艺术的礼赞",揭开了奥运宣传活动的序幕,接下来,可口可乐主办了奥运圣火传递活动,并大力协助促销奥运会入场券。

奥运会期间,可口可乐新建成了一个奥林匹克公园。这个主题公园也是可口可乐宣传品牌形象的重要窗口,是可口可乐奥运促销的一个重要组成部分。公园内高新科技淋漓尽致地运用,以及琳琅满目的各式商品,就足以令人叹为观止。走进公园,投入眼帘的是大大小小的可口可乐标志,众多醒目的红色标志装点着整个公园,条幅、彩旗、遮阳伞……处处都印有可口可乐的标志,整个公园完全被塑造成一个浓缩的可口可乐世界。

伴随着奥运的种种促销活动,可口可乐也将1996年的核心策略"For the Fans(可乐迷、球迷)"转化为具体的行动。可口可乐公司为奥运准备了70部精彩的奥运记录广告片,让观众在欣赏奥运比赛的同时,也在广告时段中看到可口可乐为观众转播的精彩奥运片段。可口可乐公司一改过去以体育明星为代言人的广告表现方式,回归到消费者中间,让他们体验亲切、真实的感觉。这种策略的转变使消费者与可口可乐之间形成了一种新型的联络。节目与广告,奥运与可口可乐,一时间紧密无间。随着广告的播放及活动的深入,可口可乐逐步加强消费者与奥运乃至与可口可乐间的互动关系,让他们在物质及精神层面上获得双重满足。

(二)可口可乐纪念罐

在北京申奥成功的历史时刻——2001年7月13日,可口可乐第一时间推出申奥成功纪念罐,与全国人民共庆这一历史性时刻。

2003年8月3日,北京奥组委为举世瞩目的2008年北京奥运会新会徽举行了隆重而盛大的揭标仪式。同一天,可口可乐中国公司宣布,100万罐印有奥运新会徽的可口可乐限量精美纪念罐正式上市,成为北京奥运会顶级赞助商中第一家有幸被授权使用奥运新会徽的公司。

为了纪念奥运圣火在中国的首次传递,可口可乐中国公司在北京、上海等9个城市限量发行了240万罐印有雅典奥运火炬传递标志的可口可乐纪念罐。这款纪念罐的主题是"传递圣火,联结世界",是继申奥成功纪念罐和中国印纪念罐后,可口可乐在中国推出的第三款奥运系列珍藏版纪念罐。

（三）赞助世界杯和中国足球队

可口可乐作为世界杯营销的首创者,早已积累了丰富的营销经验。1930年,在乌拉圭举行的第一届世界杯上,作为美国队指定用品的可口可乐就出现在了赛场周围。1950年,可口可乐赞助了在巴西举办的第4届世界杯,其广告牌也出现在世界杯赛场上。1974年,可口可乐正式成为国际足联(FIFA)的合作伙伴。可口可乐是最早看上世界杯这一巨型赛事的商家,也是第一家在这一赛事上做营销的企业。

2010年南非世界杯期间,可口可乐在全球范围内推出了一系列的电视广告,其中的主角便是喀麦隆的足球代表之一、1990年意大利世界杯的英雄——"米拉大叔"(Roger Milla)。他不仅保持着世界杯历史上年龄最大进球者的记录(42岁),同时他用角旗进行进球庆祝的动作也被后来的球员们竞相模仿,以至于国际足联不得不为此修改规则(用角旗进行进球庆祝有可能会被黄牌警告)。当时,可口可乐所有的广告都配上了一首统一的广告曲——"舞动＆旗帜"(Wave & Flag),这支音乐也同时在网上播放并贯穿可口可乐整个的世界杯营销活动。

除了电视广告,可口可乐还设立了一项"可口可乐世界杯庆祝奖"。每当有球员在比赛中进球,可口可乐就会将球员的进球庆祝视频上传到网上,球迷们可以为自己喜欢的球员或是庆祝动作投票。同时,每进一个球,可口可乐都会为它的校园计划捐出一定的资金,但并未具体说明每笔资金的数目。当然,除此之外,限量版纪念包装的可口可乐也是必不可少的。

除对世界杯的关注外,可口可乐还一直鼎力支持中国足球事业。2001年1月22日,中国足协和可口可乐(中国)饮料有限公司联合宣布,在今后的两年中,可口可乐将全面赞助中国所有级别的国家足球队,包括各年龄段的国少队、国奥队、男女国家队等。可口可乐(中国)饮料有限公司和中国足协的这次合作,标志着在中国足球的历史上,第一次出现一家全球性企业全面支持各级国家队的建设,使各级国家队有了统一的形象标识,使国家队的梯队建设能平衡、合理、有序地开展,为中国男子足球队成功进军2002年世界杯决赛圈打下了良好基础。

可口可乐及其中国装瓶厂于1995年开始联合赞助每年举办的"可口可乐杯·全国青年足球联赛",这是中国最高水平的非职业联赛。青年联赛为全国40多支优秀的青少年球队提供了宝贵的实战机会,不少队员在参加完比赛后随即晋升职业联赛的球队。"可口可乐杯·青年足球赛"培养和锻炼了众多中国足球的生力军,为中国参加2002年和2006年的世界杯赛培养了不少具备潜力的球员。从2000年开始,全国青年足球联赛更名为可口可乐U-21奥林匹克全国足球联赛,这是可口可乐与中国青年足球新的5年计划的开始。

除此之外,从1986年开始,可口可乐公司、国际足联与中国足协便在中国联合举办"可口可乐——临门一脚"足球教练培训班。这个培训班采用的是当时最有系统、水平最高的青少年足球教练训练课程,由国际足联高级讲师贾拉汉先生主讲,介绍最先进的足球技术与战略。15年中,共在中国20多个城市开设培训班,超过1500名青少年足球教练及体育教师曾接受过该培训。他们将所学的先进足球理念带回自己球队训练球员,使超过100万名中国青年球员受益。

在社会上,全国各城市的可口可乐装瓶厂与当地的足协、教委及体委合作,举办了丰富多彩的"可口可乐杯"大、中、小学生足球赛及各种地区性足球赛和社区足球赛,从11人制的正式比赛到5对5、3对3的趣味比赛,从数十支发展至数百支代表队参加,这些基层足球活动为喜爱足球的人们提供了娱乐和锻炼的机会,推动了足球在中国的推广和普及。

### (四)NBA战略合作伙伴

可口可乐与NBA的结缘始于1986年,随着一代篮球巨星迈克尔·乔丹的崛起和"公牛王朝"的建立,NBA进入历史上发展最迅猛的时期。这一年,一直与体育结下不解之缘的可口可乐公司开始抒写她和NBA的故事。

1993—1994赛季是可口可乐与NBA实施战略联盟的第一个赛季,从此两个机构开始构建互补、双赢的合作局面。可口可乐公司与NBA着力整合广泛的市场资源,不断推进NBA的各项活动,传播NBA篮球运动。2002年4月,可口可乐公司和NBA联合宣布双方签署了一个为期四年的赞助合约,作为彼此长期战略合作计划的一部分,这也是两个机构历经15个赛季之后的再一次合作,进一步加强两者战略合作伙伴的紧密性。

2003年5月,为支持中国篮球运动的发展,可口可乐与中国国家男子篮球队签订了为期3年的商业赞助合约,全力支持中国男篮备战亚洲篮球锦标赛及进军雅典奥运会。这是可口可乐继赞助中国国家足球队之后,推动中国体育事业发展的又一重大举措。不仅如此,可口可乐中国系统还在中国的多个城市开展了3对3或5对5的基层篮球赛,为热爱篮球的中国球迷提供了参与和体验篮球的舞台,推动了篮球在中国的普及和发展。

2004年在NBA季前赛第一次来到中国之际,可口可乐再次成为该赛事的五大合作伙伴之一,可口可乐携手NBA将原汁原味的"NBA嘉年华"带到了广州、上海和北京,掀起了新一轮NBA篮球热,激起了中国篮球迷们无与伦比的篮球热情。

## 可口可乐体育营销的解析

1. 体育营销与品牌内涵相融合

可口可乐是世界上最早认识到体育营销的巨大价值,并将其长期化和系统化的企业之一。作为体育营销的先驱,可口可乐幸运地成为世界上许多重大体育赛事的长期战略伙伴,如奥运会、世界杯足球赛、NBA等。这些运动传递的积极向上、追求卓越的精神理念与可口可乐所倡导的品牌精神完美融合,而通过对这些影响巨大的运动项目提供支持,也极大地提升了可口可乐的品牌价值,使可口可乐更广泛、更深入、更紧密地与世界各地的消费者联系起来。

可口可乐公司从1928年阿姆斯特丹奥运会开始成为长达76年的奥运会赞助商。这绝对不是一种简单的商业赞助,而是作为战略伙伴的紧密合作。凭借与国际奥委会的良好合作,数十年来,可口可乐公司充分挖掘奥运资源和奥运赞助商权益,与国际奥委会一道,在全球各地共同推动和完成了许多赛场内和赛场外的活动,如奥运火炬传递、发行奥运纪念罐和纪念章、举办奥运青年营等。这些活动吸引了数以百万计的民众,在弘扬奥运精神的同时,也将可口可乐的品牌形象深深地植入到了他们心中。因此,每一届奥运盛会的举办年份,同时也在全球各地成为令人激动的"可口可乐奥运年"。

以中国为例,可口可乐(中国)饮料有限公司先后选派了100多名中国火炬手和圣火卫士参加了6届奥运火炬接力活动,包括2004年6月9日奥运圣火第一次在北京的传递活动。此外,可口可乐(中国)饮料有限公司已发行了3款意义非凡的奥运纪念罐,上面记录着中国奥运史上的经典时刻,包括申奥成功纪念罐、奥运新会徽纪念罐和奥运火炬传递纪念罐。可口可乐还在全国各地组织和举办了许多与奥运有关的活动,如奥运真品火炬路演、奥运中国行运动路演、奥运主题广告、奥运包装产品、奥运主题促销等。这些活动不仅拉近了人们与奥运的距离,同时使可口可乐借助奥运这个载体深入到了中国的千家万户,让可口可乐的品牌知名度大大提升。

值得一提的是,可口可乐在选择体育明星作为代言人方面也有着独到的见解,2004年雅典奥运会前签约刘翔、马琳和滕海滨就是最好的例子。可口可乐经过周密的调查和客观的评估,选中了这三位运动明星作为奥运代言人,而他们也不负众望,都在奥运会上夺取了金牌。可口可乐选择他们,是因为他们的性格和形象符合可口可乐的品牌形象即乐观向上、积极进取、追求卓越,而且他们都有优异的运动成绩和远大的前程,深受公众喜爱。其实,在更深层的理念中,可口可乐并未对他们有硬性要求,无论他们得到什么样的奖牌,最重要的还是他们拼搏进取的精神,因为这才是可口可乐品牌致力于传播的信念。

最为重要的是,在体育营销中,可口可乐总是着意在体育运动、消费者以及可口可乐三者之间寻求联系点,挖掘市场机会。"NBA篮球嘉年华"就是一个很好的例子。通过一系列的市场调查,可口可乐发觉篮球越来越受青少年喜爱,篮球在青少年中的普及程度将会逐步超过足球。更可贵的是,篮球运动切合了可口可乐所要表达的"要爽由自己"的品牌概念。而"NBA篮球嘉年华"作为一个准确的切入点,可以有机地将可口可乐、篮球运动和消费者联系在一起,把基于体育运动、消费者和可口可乐本身三位一体的营销战略发挥得淋漓尽致。可口可乐(中国)饮料有限公司公共事务及传讯总监李小筠表示:"赞助一个体育项目,仅停留在购买冠名权是远远不够的,还要投入大量的人力、物力和财力以推动各种相关营销活动的举行。很多时候,这些活动往往比冠名权本身更重要。"她认为,要想让品牌在消费者心中跟奥运会产生联系,就必须寻找相关的项目,将赞助进一步延伸,跟目标消费者联系起来,这才是有力度的营销策略。换句话说,如果不充分利用体育赞助权,那么这种权益带给品牌的帮助将非常有限,而可口可乐和大多数热衷体育赞助的企业的最大区别就在于懂得如何有效地将赞助的权利转化为赞助的优势。

2. 体育营销中凸显人文内涵

在赞助方式上,可口可乐处处彰显品牌中蕴涵着的人文精神。可口可乐赞助建立了第一个奥运会纪录基金,将300多万印有奥运标志的纪念品分发给儿童;赞助奥运火炬接力,将火种传递到奥运会赛场;第一次在日本举办奥运会时,可口可乐公司考虑到承办方的语言问题,为大会官员、记者、观众提供日、英短语比赛手册,以解决比赛过程中的语言障碍问题。这本手册切实解决了日本承办方的语言困难,并作为成功经验,被以后历届奥运会效仿。可口可乐的体育赞助使得许多人对其的认知程度上升。

在奥运赞助的人性化方面,可口可乐做得可谓细致入微。在1956年的澳大利亚墨尔本奥运会上,澳洲强烈的阳光让观众饱尝暴晒之苦,可口可乐及时制作了遮阳系列产品提供给观众;2001年,为了庆祝北京申奥的成功,可口可乐特别制作了一批具有纪念意义的、取材于我国著名运动员的可乐罐;美国亚特兰大奥运会举办之前,在可口可乐公司的号召下,由可口可乐、电玩软件商 Sportlab、松下电器、Discovery 频道、Champion 运动用品公司、锐步(Reebok)和麦当劳 7 家厂商共同出资 2 亿多美元,兴建了奥运主体公园。该主题公园是可口可乐奥运赞助的一个重要组成部分,公园内陈列了各式科技成果,令人叹为观止。走进公园,投入眼帘的是大大小小的可口可乐标志,整个公园完全被营造成一个浓缩的可口可乐世界。

这些体育赞助既充分显示了可口可乐的实力,更凸显了其品牌的人文内涵,为可口可乐赢得世界各国人们对其品牌的认可与提升其品牌价值发挥了不可限量的作用。可口可乐因此也成为国际奥委会最亲密的合作伙伴,历届的国际奥委会高层都对可口可乐的慷慨赞助给予了很高的评价。

3. 多角度出击,全方位行销

在整合营销的传播手段上,可口可乐十分重视通过多元化的渠道,采用 on air(广播、电视)、on line(网络)、off line(平面媒体)、on ground(现场)多位一体的方式将活动的信息铺散出去。现在,网络作为一种新兴的媒体,也越来越受到企业的重视。

在 NBA 中国赛中,可口可乐针对目标消费群体选择了大量的网络媒体作为重要的宣传手段。对此,有营销专家表示:可口可乐的消费者大部分是年轻人,比起传统媒体,他们更多地接触网络,所以在宣传方式上选择与网络媒体合作也符合社会的潮流。

目前,中国企业较常用的两种营销策略是:广告轰炸和巨额抽奖。而体育营销是一种全方位的行为,各种营销手段应整合起来运用才能达到最佳效果。体育营销最基本的功用就是建立或改善企业和消费者之间的关系,通过把体育文化融入品牌文化中,使消费者对品牌产生认同。2004 年 10 月,当 NBA 中国赛首次引爆中国时,可口可乐把全明星周末最受欢迎的"NBA 篮球嘉年华"等十多种原汁原味的篮球游戏引入中国,成为可口可乐整合营销的亮点所在。可口可乐通过各种互动的篮球游戏和灌篮表演队的绝妙表演将可口可乐所倡导的"要爽由自己"的品牌内涵传递给消费者。

不仅如此,可口可乐还将体育营销与网络体育游戏进行强强联合。2006 年 3 月,可口可乐与在线游戏运营商天联世纪共同在沪宣布,双方建立市场合作关系并启动全新的营销模式。此次合作,旨在深入拓展体育营销市场,通过革新性整合营销将体育营销范围从线下延伸到线上。可口可乐携手天联世纪旗下的当红在线篮球游戏《街头篮球》,启动全方位的互动营销。具体包括双方联手 NBA 官方一起举行线下的街头篮球联赛、线上的《街头篮球》游戏联赛,以及让网络游戏玩家通过可口可乐 3 月份新推出的平台获得游戏中的虚拟道具等内容。

天联世纪运营的在线篮球游戏《街头篮球》自 2005 年 10 月 15 日在中国内测后就迅速风靡全国,创造了同时在线人数 30 万的记录,是体育类网友中少见的大手笔作品。可口可乐与天联世纪合作,力求在带给年轻人线下篮球乐趣的同时,带给大家更多线上篮球的独特感受。可口可乐通过开展覆盖全国的"金盖"促销活动让热爱篮球运动的玩家有更多机会体验《街头篮球》的游戏魅力,同时,可口可乐网站也为消费者提供了丰富多彩的精彩互动,使之尽情感受《街头篮球》的年轻和自由。可口可乐公司还将连同 NBA 一起支持街头篮球联赛,全方位拓展体育营销新格局,为消费者带来更加独特的线上线下篮球体验。

可以说,这次可口可乐的网络体育营销成功地整合了可口可乐品牌、体育和网络三方的资源优势,创造出了体育营销一种新的方式,同时也因为与网络的结合加速了可口可乐品牌传播的深度和广度,拉近了与年轻消费者间的距离。

4. 从点到面,层层覆盖

可口可乐的足球营销涵盖了众多丰富的内容,从基层的业余足球如学校足球、社区足球等,到国家队,到各种洲际比赛,再到世界杯足球赛,几乎渗透了足球的每一个领域。针对不同的层面,可口可乐制定了不同的推广策略,并辅以相应的活动,以求实现营销效果的最大化。如基层足球,可口可乐在许多城市组织了大规模的3对3或5对5的比赛,吸引了非常多的民众参加,让尽可能多的人感受到可口可乐带给他们的足球乐趣,进而扩大品牌的影响力。而在世界杯和欧洲杯等重大赛事上,可口可乐充分利用赞助商的权益,设计了许多独特的活动,吸引公众的关注和参与。

以中国为例,在1998年法国世界杯、2000年欧锦赛和2002年韩日世界杯上,可口可乐在全国组织的护旗手和球童的活动,让29名中国孩子梦想成真——和他们的足球英雄们一起站在了世界杯同一块比赛场地上。此外,在2002年世界杯上,中国10个省市的万余名球迷和绘画高手参加了可口可乐公司创立的"可口可乐助威艺术瓶大赛"国际比赛,最终在15000幅作品中选出了25岁的河北选手李晓红的作品代表中国作为"世界杯艺术瓶"展示在中国队参加的比赛中,为中国队加油助威。这些活动以其独特的魅力如强烈的磁场一样吸引着公众的注意力,达到了品牌传播的理想效果。

除了奥运会和足球等传统阵地外,可口可乐还把体育营销的丰富经验延伸到了许多蓬勃发展的其他运动。仅在2004年的中国,可口可乐就先后赞助了F1、中国网球公开赛等在中国正在兴起的运动,不断强大可口可乐在体育营销领域的领先地位。可以说,100多年来,可口可乐品牌的成长与体育营销密不可分。可口可乐将继续活跃在体育这个大舞台上,通过自己多年来体育营销的成功经验,与奥组委一起积极推动奥林匹克的发展,同时为可口可乐品牌不断注入新的生命和活力。

5. 可口可乐通过体育营销取得的业绩提升

雅典奥运会之后,可口可乐公司在碳酸、果汁、茶饮料等多个领域的销售量猛增,其销售额在中国全年实现了22%的增长。根据财务报告显示,2005年第四季度,可口可乐的销售收入为55.5亿美元,高于上年同期的52亿美元。2005年全年可口可乐公司的利润额为48.7亿美元,略高于2004年的48.5亿美元。全年销售总收入为231亿美元,比上年增长6%。

2008年全年,可口可乐虽然盈利下降3%,从2007年的59.8亿美元降至58.1亿美元,但全年销售收入增长11%,从上年的289亿美元增至319.4亿美元。

2009年,凭借着二季度在新兴地区的市场表现,可口可乐的净利润增长了43%。可口可乐发布的三季度财务报告显示,公司营业额达到80.4亿美元,净收益小幅上涨达到19亿美元,2008年同期公司净收益为18.9亿美元。另外,由于可口可乐新兴市场的支撑,三季度的销售量增加了2%。其中,可口可乐第三季度在拉丁美洲市场销量上升7%,在太平洋地区销量上升6%,在欧洲和非洲的分公司销量上升2%;在国际市场上,可口可乐实现了4%的增长率,相比2008年同期增长了7%。在四季度,可口可乐的销量在主要的新兴市场增长强劲。其中,在印度增长了37%,在中国增长了15%,而在巴西增长了3%。碳酸饮料销量在本季度增长了1%,在国际市场上增长了2%,相比2008年国际市场同期增长了5%。由于包括果汁和水果非碳酸饮料,茶和水品牌饮料的产品组合良好的增长势头,非碳酸饮料销量四季度增长了7%。

6. 可口可乐体育营销取得的品牌提升

2002年,美国《商业周刊》公布的"全球100个最有价值的品牌"中,可口可乐荣登榜首,品牌价值为696.4亿美元。在《商业周刊》"2003年全球1000家最有价值品牌"的评选活动中,可口可乐以704.5亿美元的品牌价值再次名列榜首。世界品牌实验室(WBL)编制的《世界最具影响力的100个品牌》中可口可乐位居排行榜第一名,是名副其实的"天下第一品牌"。

2007年,连续数年位居全球品牌价值之首的可口可乐,其品牌价值已高达704亿美元,品牌价值上升2%,比第二名IBM高出77亿美元之多。而这让人羡慕的品牌价值与可口可乐对自己品牌长达上百年的精心呵护、有意识地增值是分不开的。在众多的品牌增值方式中,赞助奥运是可口可乐较为得心应手的方式之一。

2008年,《商业周刊》揭晓"全球最佳品牌"(The Best Global Brands)2008年度百强排行榜,可口可乐以667亿美元的品牌价值连续第八年独占鳌头。可口可乐中国公司总裁戴嘉舜说:"可口可乐在全球历经百年发展,它不仅是一个成功的饮料,更是一个与消费者紧密相关的优秀品牌。我们进入中国市场80年,也一直致力提供可口怡神的饮料、融入社区、不断投资以令品牌力量加强。2008年北京奥运会前后,我们在全球尤其是中国,与超过5亿人联动在一起共享奥运激情。"

品牌咨询公司Interbrand发布的2009年度"全球最具价值品牌100强"中,可口可乐以687亿美元的品牌价值位居榜首。来自R3和Nielsen的最新权威市场数据显示,可口可乐是"认知度最高""给公众留下最深印象"的奥运赞助商,近五成受访者可以主动提到可口可乐是奥运赞助商。

7. 可口可乐体育营销的宝贵经验

成功的营销不仅让人们知晓其"姓名",更重要的是让其产品的品质以及产品的功能、服务质量,甚至品牌附着的精神、理念等也能为消费者所熟知。可口可乐公司在营销自己的产品时,将产品与品牌以及超越物质产品的精神联系在一起,一并加以推销。奥林匹克运动的精神是"更快、更高、更强",而这也正好吻合了可口可乐"乐观奔放、积极向上、勇于面对困难"的核心品牌价值。

作为大众消费品,可口可乐的奥运营销原则就是把奥运精神、品牌内涵与消费者联系这三点连成一线。正如可口可乐全球奥运项目总裁彼得·富兰克林所说:"可口可乐奥运赞助活动最大的成功之处在于它一如既往的奥运策略,即将所有的活动定位在普通大众身上。"如何将营销活动、品牌和消费者达成契合,这是企业赞助奥运会成败的关键。可口可乐在这方面取得了成功,通过这种赞助活动,加强了可口可乐品牌与消费者之间的联系。

争取年轻一代消费者始终是可口可乐体育营销的宗旨之一。"要爽由自己"这一广告语切中了年轻人的心。启用刘翔、马林和滕海滨这些中国奥运英雄,不但继续了"要爽由自己"的品牌主题,而且足以让成千上万的年轻人热血沸腾。这一宣传主题均是用充满活力的信号,表达了可口可乐关注年轻一代消费者的战略意图。

国际商业竞争空前激烈,营销的本质是企业与企业之间的利益争夺。处于领先地位的品牌要确保自身优势,必须遵循自己打败自己的营销法则,即不断淘汰自己,不断前进。自己革新自己是对人性弱点的考验,它需要企业决策者高瞻远瞩的眼光,有壮士断腕的勇气和魄力。在中国雅典奥运会凯旋之际,可口可乐接连推出紧扣奥运主题的广告,从而先人一步。刘翔和滕海滨在可口可乐广告中,体现了可口可乐成功靠自己的理念,很好地诠释了"要爽由自己"的内涵,彰显了"用自信赢得成功"的可口可乐品牌精神;在刘翔夺得奥运110m跨栏冠军后,可口可乐以刘翔名字命名的"刘翔纪念罐"迅速在中国推出,销售势头火爆,各地几近脱销。从品牌的长远发展和市场竞争角度来看,这样能确保公司的长远利益——维持主导市场的权利。目前,各行业的竞争越来越白热化,如果不愿意自己淘汰自己,故步自封,满足于当前,就会让竞争对手有机可乘。而可口可乐在体育赞助上向来都是不断革新,不断否定自己,推陈出新,以求得更快更好的发展。

## 参考文献

[1] 可口可乐简介[EB/OL]. http://baike.baidu.com/view/89362.htm.

[2] 崔蕾,方青. 世界顶级企业市场营销经典模式[M]. 北京:经济科学出版社,2004.

[3] 新华网. 可口可乐支持中国体育事业大事记[EB/OL]. http://news.xinhuanet.com/video/2005-07/30/content_3287783.htm.

[4] 何海明. 奥运营销十大经典案例 TOP TEN[M]. 北京:人民体育出版社,2008.

[5] 高力翔,陶于. 审视可口可乐的奥运体育赞助策略[J]. 体育与科学,2006(1).

# 案例十 李宁的国际化体育营销

## 一、企业简介

1990年,李宁体育用品有限公司在广东三水起步,图10-1所示为李宁LOGO。公司创立之初即与中国奥委会携手合作,通过体育用品事业推动中国体育发展,并不遗余力赞助各种赛事。1995年,李宁公司成为中国体育用品行业的领跑者。2005年,李宁公司继续保持行业领先地位,销售额创下历史新高,向着国际一流品牌的目标冲刺。2008年12月30日,世界权威的品牌价值研究机构——世界品牌价值实验室举办的"2008世界品牌价值实验室年度大奖"评选活动中,李宁凭借良好的品牌印象和品牌活力,荣登"中国最具竞争力品牌榜单",赢得广大消费者赞誉。

产品的专业化属性是体育企业在体育用品行业中竞争的基础。李宁公司把产品的研发看作一个不断创造纪录、刷新纪录的赛程。早在1998年,公司就建立了本土第一家服装与鞋的产品设计开发中心,率先成为自主开发的中国体育用品公司;2004年,李宁公司与香

图10-1 李宁公司

港中文大学人体运动科学系合作,对李宁公司生产的运动鞋的力学特性进行运动生物力学测试,并建立专业运动员的脚型数据库,对专业运动特征进行数据搜集和分析,从而进一步提高产品的专业性和舒适度。经过15年的探索,到2005年李宁产品已由单一的运动服装,发展至运动服装、运动鞋、运动配件等多系列产品并驾齐驱。李宁牌致力于跻身世界一流品牌,为全世界的运动员和体育爱好者提供专业的体育产品。正是因为这样的热忱,李宁公司拥有了中国最大的体育用品分销网络。同时,李宁公司的国际网络也在不断拓展,已进入23个国家和地区。

每一个冠军团队的背后,必然有一套卓有成效的管理方法。李宁公司也是如此。在实践与探索中,李宁逐渐形成了一套适合自身的战略规划模式和管理体系,使公司组织运作顺畅无阻,战略执行果断快速。目前,李宁公司正在全国范围内建立以ERP为起点的信息系统,全面整合产品设计、供应链、渠道、零售等资源,大力发展电子商务,进一步提高运作效率和品牌形象。

"推动中国体育事业,让运动改变我们的生活",是李宁公司成立的初衷。李宁公司从不放弃任何努力以实现这一使命。从1990年支持北京亚运会中国体育代表团开始,李宁公司对体育事业已投入大量赞助,同时也创造了数以万计的就业机会。今日的李宁公司,不仅是一家体育用品的创造企业,也是一种健康生活方式的传播者、推动者。

## 二、李宁体育营销之路

从 2003 年年底开始，李宁公司正式将运营策略调整，重新规划体育营销。李宁作为一个国内体育产品的领导品牌，经过多年的探索和经验积累，在体育营销方面，走出了自己的步调。从 2004 年开始李宁公司制定了专业化的发展策略，而篮球产品类尤其是篮球鞋以较高的技术含量成为其专业化策略的先锋部队。如表 10-1 所示为李宁体育营销。

表 10-1 李宁体育营销

| 时间 | 营销事件 |
| --- | --- |
| 2004 年 6 月 | 李宁公司与西班牙篮协签约 |
| 2004 年 8 月 | 李宁篮球装备伴随着西班牙篮球队扬威雅典奥运会，举世瞩目，使李宁及李宁篮球品类受到空前关注 |
| 2004 年 9 月 | 借势推出专业篮球鞋 FreeJumper 系列，成为国内第一个进军专业篮球市场的品牌 |
| 2004 年 10 月 | 李宁公司成为大超联赛唯一指定运动装备赞助商，通过大超影响最大的消费群体——大学生 |
| 2005 年 1 月 | 李宁公司成为 NBA 战略合作伙伴，极大地提升了篮球品牌的专业形象 |
| 2005 年 3 月 | 李宁西班牙系列篮球鞋上市，将西班牙篮球队的营销资源用透用足 |
| 2005 年 4 月 | 李宁校园篮球赛总决赛，冠军球队将获得赴西班牙比赛学习的机会，使得各项体育资源融为一个整体 |
| 2006 年 6 月 | NBA 克里夫兰骑士队球员达蒙·琼斯受李宁公司邀请来华访问。在为期 7 天的行程中，达蒙先后访问了北京、杭州、上海三地，和中国消费者亲密接触<br>李宁公司与 NBA 克里夫兰骑士队球员达蒙·琼斯签约，李宁成为第一个出现在 NBA 赛场上的中国品牌 |
| 2006 年 8 月 14 日 | 李宁品牌联手 NBA 五十大巨星之一奥尼尔先生，双方合作共同推出"李宁"SHAQ 系列专业篮球产品线，共同开拓中国篮球市场 |
| 2006 年 9 月 5 日 | 李宁公司推出鞋产品的专业科技平台——"李宁弓"减震科技。"李宁弓"是国内第一个运动鞋的研发科技平台，标志着李宁公司的运动鞋科技眼发能力跻身世界领先行列 |
| 2006 年 9 月 12 日 | 李宁品牌与苏丹国家田径队正式签约 |

可以看出，针对自己的篮球产品类，李宁公司已经创建出一个完善的体育营销体系。李宁公司针对西班牙国家篮球队、奥运会、大超、NBA 等大赛既运用传统体育营销模式又包含新开发体育营销资源，并将其与品牌定位及专业化的发展策略有机地融为一个整体。

## 三、李宁的体育营销战略

"源于体育，用于体育"，自 1990 年成立起，李宁公司就秉承这一理念，开始构筑其体育营销的系统工程。步步为营的战略收获了步步为赢的战绩，李宁公司获得了令人瞩目的成就，其高速增长的成绩将其推上了体育营销之首的宝座。李宁的成长和发展的确离不开体育环境和大势,李宁的体育营销模式的确有其独到之处。

(一)专业化的国际牌

李宁品牌之所以能在短短十几年内发展成国内体育用品巨头,并具有与国际品牌抗衡的实力,与李宁公司的国际化视野以及较早开始在体育营销过程中大打国际牌密不可分。最令人注目和值得借鉴的是它打国际牌的章法。

奥运会历来是众多品牌脱颖而出的大好机会,李宁公司每次都善于抓住契机,以小博大来提升自己品牌的知名度。从1992年巴塞罗那奥运会到2004年雅典奥运会的历届奥运会,李宁都是中国代表团获奖装备的提供者。随着中国体育事业的发展以及在奥运赛事上获奖数目的攀升,李宁在国际视线中亮相的机会不断增多,与之相伴的是其品牌知名度不断扩大。

通过对奥运会及获奖健儿的赞助向世界传达李宁品牌,仅仅是李宁体育营销体系的一方面。事实上李宁也如同体育健儿一样在世界范围内攻城略地,先后签下了国外一系列体育明星及体育团队。2000年夏天,李宁以签下法国体操队为起点,一举赞助了法国、俄罗斯、西班牙、保加利亚等国家的体育赛事。品牌带动销售为策略,李宁顺利地打进了西班牙、希腊、俄罗斯、法国、捷克、比利时、保加利亚、意大利等欧洲国家和南美、北美等地区。

赞助装备是李宁品牌向国际拓展的一个招式,主要体现于覆盖面之广。但是,近年来,其向纵深、专业化方向拓展也收获颇丰。一般而言,体育用品产业必须寻找产品对应的主流项目。很显然,李宁前期用心赞助的体操等项目的产业化程度不高,在某种程度上不能为带动产品的营销提供最大的推动力。而李宁转向足球与篮球领域寻找合作伙伴的举动,恰好使其实现了向体育营销专业化转型。同时,签约NBA球员达蒙·琼斯、奥尼尔以及查克·海耶斯等篮球明星,使"NBA球场上首次出现穿着中国品牌征战的球员",这项零的突破对李宁品牌来说更是一个新起点。这些球队和球星的征战永远充满悬念,而悬念则让过程更引人注目,这也赋予李宁"一切皆有可能"的广告语更多的内涵和深意。

(二)李宁的英雄文化

李宁的国际牌解决了品牌国际化的问题,但除专业的运动员外,普通大众也是消费群体的重要组成部分。如何实现与消费者的情感沟通,让体育精神、运动元素及健康基因融入每个消费者心中,在更高层面上实现其"源于体育、用于体育"的宗旨,实则是其在体育营销过程中需要解决的关键环节。事实上,李宁不惜重金为体育健儿提供出战装备是在巧妙地架设一座桥梁,一座通向消费者内心的桥梁。

当体育健儿身披李宁战袍站在领奖台之时,大众不由自主地会将李宁与荣誉、英雄等字眼和形象连接起来。而每个人心中都有一个"英雄"梦,李宁"一切皆有可能"的口号无疑又对大众消费者起到了激励的作用,甚至实现从体育赛事向生活层面的迁移。在此过程中,李宁不仅仅是一个体育品牌,更是一种生活态度、生活品质、生活面貌的象征,给消费者承诺了一种心理预期:征战——一切皆有可能—我是英雄,李宁—努力、拼搏——一切皆有可能—英雄。很显然,"英雄装备"是建立和强化消费者认知的一个重要桥段,也是李宁体育营销的一个画龙点睛的神来之笔。

(三)奥运营销成就李宁

在中国,李宁是一个很特别的品牌。它是一个前世界冠军的名字,后来成为一家体育

体育营销案例分析

用品企业的名称,再后来甚至成了民族荣誉感的载体。作为中国体育用品第一品牌,在它身上,承载了无数中国人的梦想,寄托着一个民族体育强国的憧憬。

体育健儿们的胜利也成就了李宁的胜利。每次中国队在赛场上捷报频传的时候,人们的视野里总会出现李宁的身影,动感的"L"就像一条大道不断地向前延伸,充满了无限活力、激情与憧憬。沿着这条大道,短短十三年(1990—2003 年)时间里,李宁成了当之无愧的国内体育用品老大。

"源于体育,用于体育",是李宁体育用品有限公司工作的原点。正是基于这一经营宗旨,从 1990 年创业起,李宁公司就把体育营销作为企业的基本策略,积极参与世界尤其是中国的体育事业,累计投入金额不下 1.5 亿元。由于对体育营销的整合运用,李宁公司也获得了令人瞩目的成就,成为国内体育营销的成功典范。

四年一届的奥运会是商家向世界展示企业与品牌形象的大舞台,蕴藏着无限商机。赞助奥运投入虽然不菲,回报却也十分惊人。正是看到了这一点,李宁公司成立之初,就建立了一种深深的奥运情结——李宁员工认为是一种朴素的运动价值观。

1990 年前,当时还是健力宝旗下成员的李宁公司抓住机遇,投资 300 万元赞助了奥运会的火炬传递活动,一举打响了李宁的品牌知名度,开创了国内体育用品品牌经营的先河,李宁也由此走上塑造强势体育品牌的道路。

1992 年巴塞罗那奥运会、1996 年亚特兰大奥运会、1996 年残疾人奥运会、2000 年悉尼奥运会和 2004 的雅典奥运会,李宁都是中国代表团获奖装备的提供者,在奥运赛场上,处处可见穿着"李宁"装备的中国运动员。

2001 年 7 月 13 日,中国北京取得 2008 年奥运举办权,举国上下欢欣鼓舞,随后,李宁公司荣获"中国奥委会战略合作伙伴"称号,成为中国奥委会最高级别赞助企业,搭上了奥运经济的"早班车"。

瑞典当地时间 2007 年 1 月 24 日,瑞典奥委会正式宣布,李宁品牌成为瑞典奥运代表团的指定体育装备合作伙伴。在 4 年的合作期间,瑞典奥运代表团全体成员均将身着李宁公司专门设计的运动及领奖装备参加 2008 年北京奥运会和 2010 年温哥华冬季奥运会。瑞典是名副其实的北欧体育强国,在整个欧洲有着很深的影响力,而且瑞典奥委会秘书长林伯格女士也是国际奥委会当时的第一副主席,他们的奥运代表团合作伙伴都必须经过严格的挑选。与中国品牌的合作,彰显了瑞典奥委会对李宁实力和专业性的认可。

提到瑞典的体育明星,中国人第一个想到的肯定是乒乓球名将瓦尔德内尔。作为乒乓球历史上首位"大满贯"的获得者,老瓦是独自与强大的中国乒乓球队对抗 17 年的常青树。由于"李宁"已经是中国乒乓球队的装备赞助商,也就是说,在 2008 年北京奥运会上,如果瑞典和中国乒乓球选手杀入男单决赛,无论谁是胜利者,其胸前飘荡的都是李宁标志。这些令人激动的时刻还可能出现在篮球、田径赛场,那里有李宁公司签下的世界劲旅西班牙篮球队、阿根廷篮球队、苏丹田径队,每一支队伍都有实力问鼎世界冠军。

李宁品牌在北京奥运会到来之前,也采取了积极有效的广告战略。通过"真英雄,就看你"广告更加广泛地号召大众在关注体育比赛结果的同时,更多地去关注体育背后所蕴含的运动精神,在更高层面享受体育所带来的快乐与震撼。广告片成功地将体育英雄人物的过往经典瞬间与每时每刻发生在普通运动员身上的故事糅合在一起,提炼出"真英雄"的内涵,诠释对体育精神的追求,这能鼓舞更多的普通人去发现自己心中的英雄。该广告片与传统商业广告大相径庭,被众多网友评论为看上去似乎更像是一部公益广告。通篇通过王义夫、桑兰、阿赫瓦里等的英雄故事再现和对普通运动员在训练比赛中英雄时刻的定格,制造了最生动的叙述和最丰富的感染力。同时一系列的蒙太奇手法实现了对时空的再造,使得体育英雄的故事仿佛历历在目,成功引导了公众的心理,唤醒公众对体育精神的重新理解。

人们发现,中国体育最坚定的支持者、陪伴中国奥运代表团走过辉煌12年(1992—2004年的四届奥运会)的李宁品牌,在2008年北京奥运临近之际,却开始赞助越来越多的国外奥运冠军,甚至国外奥运代表团。通过对奥运赛事的赞助,李宁强化了中国第一运动品牌的高认知度与美誉度。调查公司的数据证明,因为连续四届奥运会的赞助使李宁和荣誉两字联系在一起。在今天这样一个市场化的时代里面,如果一个企业有荣誉的光环,也就意味着品牌价值的提升,李宁品牌由此获得的收益不言而喻。

### (四)携手NBA

2005年1月,李宁有限公司与美国职业篮球协会(简称NBA)签署了市场营销合作协议,踏进了职业体育营销的广阔天地。由此,李宁公司将有权在中国的营销活动中借用NBA的球员和比赛推广其品牌。面对出手大方的中国城市青年这一利润空间巨大的市场,两个越来越需要对方的重量级选手通过这个协议走到了一起。

对李宁公司而言,在耐克和锐步等品牌在中国市场连出重拳之际,NBA为其带来了国际化和最有号召力的品牌效应。公司的主席及创始人李宁说,在中国,NBA具有的世界顶级赛事形象以及其广受喜爱的流行度能使李宁公司大为受益。

对NBA而言,李宁公司将为其提供进入中国中小城市的机会,这些地区靠传统媒体或国际运动服装品牌的影响往往难以到达。自休斯敦火箭队2002年与中国球星姚明签约后,NBA在中国大城市的知名度就扶摇直上。NBA中国区总经理马富生说,李宁在中国中小城市的市场占有率处于领先地位,将NBA的品牌和活动带到这些城市将扩大NBA的影响力。

自李宁品牌与NBA宣布成为官方市场合作伙伴以来,双方展开了紧密的合作,李宁品牌先后与NBA球员达蒙·琼斯和沙奎尔·奥尼尔合作,并参与了"NBA大篷车"等一系列活动,使李宁的品牌价值得到质的提升。

双方具体的合作表现在多个层次,例如NBA收藏纪念品专柜落户李宁百家专卖店,而李宁专卖店则独家销售NBA产品,其中包括球星玩偶、限量徽章套盒、超细纤维毛巾以及手机链、钥匙圈、项链、水壶等极具纪念意义和收藏价值的产品。作为专门针对NBA球迷的情感型带动增值区域,NBA收藏纪念品专柜吸引了大批NBA球迷,他们喜欢观看NBA赛事,并熟知其中的球队和球星,希望收藏一些纪念品,购买运动礼品送给身边热爱篮球运动的人也不失为一个健康而时尚的选择。据了解,在美国,NBA授权产品的销售每年都创造着非凡的价值,其中仅球员玩偶产品的销量就占据相当大的比例。

NBA登陆中国多年,拥有大批忠实的球迷,最近多年也常有顶级NBA球星到中国进行宣传,但是NBA授权产品在中国的销售却是刚刚起步,因此尚处于市场开发阶段。李宁与NBA在零售领域联手合作,目的就是借助NBA赛事及其球星在中国的影响力,以及李宁公司在中国市场的强大品牌影响力、优秀的营销和渠道能力,进一步开拓中国这个巨大的消费市场。

## 李宁体育营销战略的解析

**1. 与国际大牌的营销竞争**

众所周知，四年一届的奥运会对于世界各大体育品牌公司来说，是彼此之间残酷的竞争。面对可以载入奥林匹克史册的机会，自称具有"奥运DNA"的德国品牌阿迪达斯与东道主品牌李宁的竞争非常激烈。最终，阿迪达斯以13亿元人民币的出价击败李宁成为北京奥运会合作伙伴。竞标失败后的李宁立即启动了备用方案：李宁公司与中央电视台奥运频道签订了合作协议，奥运期间奥运频道所有主持人及出镜记者必须穿着该公司的产品。较之阿迪达斯、李宁大张旗鼓地赞助北京奥运会，耐克显得低调很多，它选择的策略是为具有夺金可能性的运动员提供运动装备。

至此，三大运动品牌几乎垄断了可能出现在观众视野里的包括运动员、教练员、工作人员、志愿者、记者等人员在内的所有着装。这意味着在体育专业装备的层面上，北京奥运会这块"蛋糕"几乎将由中、美、德三国的标志性品牌分享。

面对资本力量雄厚的国际大牌，李宁需要耗费更多的工夫，推出预算更低、效果更好的营销计划。

**2. 灌注CSR基因**

随着奥运赛场上一再出现李宁品牌的身影，李宁作为国内体育品牌的老大受益良多。李宁的突飞猛进，与其体育营销过程的坚实支撑有着紧密关系。所谓厚重支撑就是根植于其公司内部的一个基因——企业社会责任。

李宁在体育营销过程中灌注CSR(corporate social responsibility)基因是其可持续发展及盈利的一个重要原因。近年来，越来越多的企业开始重新审视自身的发展现状，并不断调整企业战略，使之能够更加符合现代经济社会和市场的要求，从而带动企业的可持续性发展。

体育品牌与传统产业有较大的区别，如何实现CSR与体育营销的成功融合，形成长效机制，对于中国体育产业而言尚需自主探索。而李宁的新颖之处就在于它开辟出了一条特色之路，很好地实现了"源于体育、用于体育"的初衷。如近年来李宁着力帮助中国农村的教育，捐助体育希望小学，帮助中国更多的孩子接受教育。由此延伸出"英雄荣归"计划：只要乒乓球、跳水等4支中国国家队的队员在2008年奥运会获得金牌，李宁公司就将在运动员的家乡捐建一所以运动员名字命名的希望小学。通过这样一种方式，李宁在承担社会责任的同时也将体育精神以及"一切皆有可能"的品牌诉求传达给了受众及媒体，很好地完成了品牌公关。

品牌诉求代表理念和内涵对企业而言是非常重要的。"一切皆有可能"是李宁品牌在过去十几年中不断积累和完善的结晶。李宁通过国际化、英雄情结、大众互动等一些营销措施，不断将既有传统的体育营销模式和新型的体育营销资源进行整合，在此过程中与其品牌战略、专业发展及CSR有机地融为一体，从而有效加强了产品的知名度和美誉度，成为国内体育营销的一个完美案例。

**3. 在跟随中衰落**

李宁的品牌战略是典型的跟随战略。自李宁在消费者的心目中产生认知以来，李宁一直都是跟随耐克的战略。从品牌视觉识别来看，李宁的LOGO与耐克的LOGO非常相像;从品牌传播来看,当耐克在提倡"Just do it"的时候,李宁提倡"我运动,我存在",当耐克提倡"I can"时,李宁提倡"一切皆有可能"。李宁的运动主张简直就是耐克的中文版。这种跟随战略,在耐克不想与其竞争时,双方可以各守一块阵地,相安无事。但是一旦耐克对李宁发动进攻的时候,李宁很容易溃不成军。从目前的市场情形来看,耐克正一步步侵蚀李宁的市场,李宁还"一切皆有可能"吗?

李宁曾经依靠个人在体育界的影响力将李宁服装做大,但是这种影响力持续时间是有限的。20世纪90年代出生的人对李宁已经感到陌生,李宁的个人影响力将会越来越弱,李宁服装品牌必须要依靠自身的品牌核心理念在消费者心智中建立明确认知,才有可能成为真正的百年品牌。

李宁目前面临的问题是要重新审视李宁这个品牌在消费者心中的定位。李宁是体育运动品牌,这一点在早期是能帮助李宁迅速成长的因素,而到了现在却只会模糊李宁的品牌理念和品牌定位。显然,李宁的品牌主张并没有足够的支持点。

李宁要做的有3点。首先,李宁需要彻底抛弃跟随战略,跳出仅仅是运动品牌这一宽泛概念,将运动进行细分,寻找一个耐克、阿迪达斯没有占据的消费者认知空白点,占据消费者认同的一个运动属性。与领导品牌进行区隔,是非常具体、非常明确的区隔,不要想占领整个市场,而是要占领一块市场,并在这块市场始终要保持领先地位。其次,这个区隔点要有足够的支撑点,是属于李宁的,别人无法仿造的。目前李宁服装品牌有这个支撑点,那就是李宁本人,只有将这个支撑点转化为品牌核心价值,形成品牌定位,这样才会让李宁这个品牌能经受住历史的磨炼。最后,研究竞争对手,一旦对手出现失误,就迅速占领对手的阵地。就如戴尔因迅速占领IBM个人电脑市场而快速成长为全球领导品牌一样。

4. 奥运广告综合评析

作为一个民族体育用品品牌,"一切皆有可能"这句口号,是李宁品牌在过去的十几年不断积累和完善的结晶。从最早的"中国新一代的希望"到"把精彩留给自己"到"我运动,我存在""运动之美世界共享""出色,源自本色"到现在的"一切皆有可能",李宁品牌逐步积淀出品牌独有的内涵。但是品牌的传播需要与目标受众的深度沟通,需要激发消费者的情绪。李宁公司通过品牌定位,试图使自己的品牌成为一种被高度认知的价值承诺。"一切皆有可能"需要很多的东西来支撑,同时要让更多消费者真正感受和体会这句话的内涵,不能只局限于某个群体。当今社会同质化严重,一不小心,就可能被竞争对手所替代,要给目标受众人群一个独特的理由,让他们知道品牌的存在,吸引他们的注意力,理解品牌所带来的理念,最后选择品牌产品,并且心甘情愿地为它们买单。

李宁要获得消费者的认同,就要向公众传导体育的生活理念,让运动成为人们的生活方式,让奥运精神内化为人们的生活态度。李宁在这些生活中熟悉的场地展开了运动畅想,通过广告诉求与人们实现情感交融,渗透出人们对运动和健康的渴望。配以广告语"李宁,一切皆有可能!"引起了广泛共鸣,让人产生即刻运动的冲动和欲望。

感性诉求广告主要诉诸消费者的感性思维,以情动人,使消费者在感动之余认同该产品。在这类广告中,消费者首先得到的是一种情绪、情感的体验,是对产品的一种感性认识,得到的是产品的软信息。这种软信息能够在无形中把产品的形象注入消费者的意识中,潜移默化地改变消费者对产品的态度。感性诉求广告以消费者的情感或社会需要为基础,宣传的是广告品牌的附加价值。许多时候真正吸引消费者成为品牌顾客的不是品牌产品本身,而是全部或部分超脱产品之外的某种价值观念的表达,真正的品牌是情感与价值的聚合体。感性诉求追求的是消费者感情的认同,但是同样的一件事情,从不同角度来看,或者由不同人来看,得出的结论是不一样的,甚至是相反的。同样的广告词,放到不同的环境之中,也会产生不同的情感。所以,感性诉求必须研究消费者的情感过程,否则会适得其反。

李宁公司2008年投放的多套奥运广告就存在着这方面的问题,而这些问题必将影响其品牌传播效果。2008年年初的一则奥运广告令人十分费解:黑白画面依次闪过张怡宁、王励勤和郭晶晶等体育明星,绷着脸、不苟言笑,然后依次打出"请将我""逐出""运动场"字样,接下来是"如果我""违背体育运动精神"字样,再接着是运动员们拍着胸脯发誓的画面和"08奥运赛场见"的字样。结尾是李宁的LOGO和广告语"一切皆有可能"。我们相信这则广告策划者的初衷是积极的,但是这则广告很可能把人们的思绪和情感引到另外一个方面,如果把这些画面联系起来理解,广告的潜台词就是08奥运赛场上,这些体育明星"皆有可能"会"违背体育运动精神",从而被"逐出运动场",显然这是国人所不能接受的,其引起的强烈反感也会表现在受众对其品牌的认知上。

这个系列的广告有很多版本,这些广告可能不能完全达到广告策划者的预期。例如,奥运期间推出的"谁说中国梦之队不能再创辉煌,一切皆有可能"广告语,大多数人相信中国梦之队必定能够再创辉煌,如果加上一句"一切皆有可能"就会引起人们误解,难道说中国梦之队可能不再辉煌?射击版广告更是无法打动受众的心,射击版的"一起见证子弹穿越胜利的靶心,8月9日8:30屏息以待,一切皆有可能",想象一下广告词与射击选手8月9日杜丽的冲击首金失利联系起来的后果。好在李宁公司没有推出刘翔代言的广告,否则"一切皆有可能"的广告词可能会被受众将它与刘翔退赛联系在一起,后果不堪设想。

只有当附着于产品上的价值观念与消费者心智深处潜藏着的价值观念在某一个特定接触点产生碰撞和共鸣,品牌才可能取得成功,品牌管理者就是要寻找到消费者心智中的"关键接触点"。那么,在奥运期间,什么是中国消费者"关键接触点",而这个接触点又是别的品牌无法达到的?或者说什么是目标受众认为很难办到的、意想不到的?找出这些瞬间,伴以"一切皆有可能"会极大提升品牌广告诉求的感染力,引发消费者共鸣,与消费者建立情感联系。对于消费者来说,建立于精神动机和情感基础之上的购买习惯是很难被打破的,这能帮助企业达到品牌传播的目的。奥运营销中运动品牌能够真正打动中国人情感的东西就是民族精神、中国特色,这是国际大品牌无法做到或很难做到的。我们看到众多国际品牌都在打情感牌,作为民族品牌代表的李宁,更应该在这方面占领中国消费者的心智资源。民族情感应该是体育品牌的基础,越是民族的越是世界的。所以李宁品牌在中国传播应该对其诉求和广告意境进行充分分析,不能仅仅依赖国际广告公司的策划,因为很多情况下,国际广告公司无法真正理解中国的语言。

在2008年奥运期间,李宁公司最与众不同的就是李宁点燃主火炬,全世界的目光都聚集到这里。这是千载难逢的机会,是一次绝佳的与众不同的传播品牌诉求的机会。可惜,李宁公司没有很好地把握这种机会。

国内媒体近些年来广告收费居高不下,信息传播过剩和媒体多元化造成的信息干扰,也令很多广告效果大打折扣,众多企业有好的产品却苦于没有宣传经费,或者纵然花费大量广告费却收不到预期的效果。此外,在普通广告媒体繁杂造成众多信息噪声,对广告的信息产生干扰的情形下,大量投放的广告并不一定能产生预期目的。如今的市场营销已经不仅仅是产品质量、价格和广告上的较量了,在营销方式日趋同质化的今天,品牌需要进行整合营销传播方式才能达到充分与受众沟通的目标。整合营销传播就是协调各种有利于沟通消费者的促销要素和营销行为,制定、优化、执行并评价协调的、可测度的、有说服力的品牌传播计划,而不仅仅是进行广告、价格方面的竞争。因此,李宁公司应该充分利用这次事件策划整合营销传播,而不仅依靠单纯的广告形式。

**参考文献**

[1] 李宁简介[EB/OL]. http://baike.baidu.com/view/862068.htm?fr=aladdin.
[2] 逸风. 李宁"一飞惊人"[J]. 中国新时代月度人物,2008(9).
[3] 网易奥运频道. 李宁:冠军的心[EB/OL]. http://2008.163.com/08/0808/13/4IR1CCH200742RA1.html.
[4] 尚庆云. 李宁与体育营销[J]. 集团经济研究,2007(9).

# 案例十一　联邦快递的品牌文化传播

## 一、企业简介

1971年,联邦快递由美国海军陆战队前队员Frederick.W.Smith在阿肯色州小石城创立。由于小石城机场官员拒绝为公司提供设施,联邦快递于1973年迁往田纳西州孟菲斯。迁往田纳西州后,联邦快递为25个城市提供服务,但困难重重,初期出现严重亏损。但数年后,业务开始有所改善,到了1975年7月,公司首度出现盈利。1978年,联邦快递正式上市。现在联邦快递每天为210个城市的300万名顾客服务,主要竞争对手包括DHL、UPS及美国邮政。联邦快递的品牌商标FedEx是由公司原来的英文名称Federal Express合并而成,其标志中的"E"和旁边的"x"刚好组成一个反白的箭头图案。图11-1所示为联邦快递LOGO。

联邦快递隶属于美国联邦快递集团(FedEx Corp),是集团快递运输业务的中坚力量。联邦快递集团为遍及全球的顾客和企业提供涵盖运输、电子商务和商业运作等一系列的全面服务。作为一个久负盛名的企业品牌,联邦快递集团通过相互竞争和协调管理的运营模式,提供了一套综合的商务应用解决方案,使其年收入高达320亿美元。

图11-1　联邦快递LOGO

联邦快递集团激励旗下超过2.6万名员工和承包商高度关注安全问题,恪守品行道德和职业操守的最高标准,并且最大限度满足客户和社会的需求,这样的理念使其多次被评为"全球最受尊敬和最可信赖的雇主"。作为全球最具规模的快递运输公司,联邦快递为全球超过235个国家及地区提供快捷、可靠的快递服务。联邦快递设有自己的环球航空及陆运网络,通常只需一至两个工作日,就能迅速运送时限紧迫的货件,而且确保准时送达。

美国联邦快递是较早看准中国这个庞大市场的外资公司之一,它于1984年进入中国,近20年来,联邦快递发展迅速,一年一个台阶,取得了骄人的业绩,创造了诸多世界之最。由当初的每周两次变为现在每周有11个班机进出中国,是直飞中国航班数目最多的国际快递公司;快递服务城市1996年只有60个,现在发展到220个城市;联邦快递对其在亚太地区的业务拓展和战略发展始终保持着高度的重视。1995年,联邦快递公司购买了中国和美国之间的航线权,开始由联邦快递飞行员驾驶的专用货机来负责中美间的快递运输服务。1996年3月,联邦快递成为唯一享有直航中国权利的美国快递运输公司。1999年,联邦快递与天津大田集团在北京成立合资企业大田-联邦快递有限公司,双方合作顺利,配合密切,进一步推动了中国快递业务的发展。

与此同时,联邦快递加快了推出中国快递服务的步伐。其在中国国内网络上沿用了在美国始创的转运中心及航线系统运输模式。包裹快递将聚集到位于杭州萧山国际机场的联邦快递中国区转运中心,然后通过奥凯航空的波音737货机运送到其他城市,这些货机每晚往返于南北两个航线,除了北京、上海和广州等一线城市外,还覆盖包括常熟、宁波、佛山、东莞、沈阳、武汉等在内的二、三线城市。

## 二、联邦快递体育营销之路

联邦快递一直都是一个体育营销高手。在1992年法国阿尔贝维尔举办的冬季奥运会期间,联邦快递在阿尔贝维尔市竖起了大量的广告牌,并且通过媒体进行了高密度的广告轰炸。这使得61%的观众认为联邦快递公司是指定的奥运赞助商,而真正的赞助商美国邮递服务公司(仅有13%的观众认为它是赞助商),却没有引起人们太多的注意。

在结束对Kinko's的并购后,联邦快递决定赞助美国橄榄球联盟和美国高尔夫巡回赛等多项体育赛事,并成为NFL冠军赛超级碗和明星赛的官方递送服务赞助商。这项合作体现了联邦快递与美国橄榄球联盟共同的优秀品质——领导力、卓越、速度、精确、可靠与合作精神至上。对于美国橄榄球联盟而言,成功源自领先一步的精准射门;同样,联邦快递为今天的快节奏世界提供了可靠、精确的服务。同年,新生代赞助与比赛营销代理商Velocity Sports & Entertainment公司为联邦快递策划了"最值得信赖的选手"活动。此次活动的目的是以"信赖高于一切"为主题,利用Velocity与美国高尔夫巡回赛的关系增强联邦快递可靠精准的品牌形象。

在联邦快递的中国体育营销之路上,联邦快递对中国的羽毛球队给予了很大的支持。2005年,联邦快递签约成为中国羽毛球队2006年至2008年的主赞助商,这是中国羽毛球队有史以来获得的最大赞助支持。一方是称霸世界羽坛的最强队,一方是全球快递业的巨头,双方通过合作走到了一起。从2006年起,中国羽毛球队将身着胸前印有联邦快递字样的比赛服出现在世界各大赛场。联邦快递公司希望借助与中国羽毛球队的紧密合作,将其在国际体育营销中的成功经验及先进推广方式带到中国。此前,联邦快递是众多世界重要体育产业的赞助商,包括赞助F1宝马威廉姆斯车队。此次中国羽毛球队与联邦快递的合作基于振羽高飞、使命必达的互动理念,更注重于优势互补,打造强势品牌,达到双赢目标。

从此,联邦快递的中国体育营销之旅越走越远,联邦快递于2006年中国羽毛球公开赛在广州举行之际,高调宣布继联邦快递2005年12月展开与中国羽毛球队的全面合作后,再开展为期三年的亚太区运动员赞助计划,全力打造联邦快递"梦幻之队"。该"梦幻之队"被命名为"联邦快递团队(Team FedEx)",属联邦快递区内宣传"使命必达"计划的活动之一。借鉴与中国羽毛球国家队合作的成功经验,联邦快递将借在亚太区内的主要市场赞助国家队及个别运动员进一步扩大联邦快递在中国及亚太区的品牌影响力。同年,联邦快递与5名NBA超级巨星签约,并在NBA.fedex.com网站上大力开展在线国际货运促销活动。这些球星还将与其他NBA国际球星一起在联邦全球村举行NBA全明星与球迷互动狂欢节,在嘉年华会上主持篮球训练营。这些活动使联邦快递收获了极大的效益及影响。

中国品牌研究院发布《2007年二季度奥运营销监测报告》显示,联邦快递首次进入监测范围,其奥运营销效果系数就排名第三,为营销效果"显著提高"的品牌。与此相比,2008年北京奥运会赞助商UPS则为营销效果"有所提高"的品牌,未能达到联邦快递"显著提高"的品牌效果。联邦快递负责人透露，公司一如既往地赞助了中国羽毛球队在2008年参加的赛事，如羽毛球大师赛、中国羽毛球公开赛等。同时，联邦快递根据中国羽毛球队的行程见缝插针，举办了一些推广或是公益活动。这无疑与联邦快递现在发展二三线城市和中小型客户的战略相吻合。联邦快递表示，赞助中国羽毛球队将帮助其提高在中小客户群中的品牌认知度。

随着合作的进一步深入，联邦快递成为中国国家羽毛球队的首席合作伙伴，并于2008年1—8月，与国家羽毛球队共同推出好运Q娃活动。作为中国国家羽毛球队的首席合作伙伴，联邦快递推出的这个全新的市场活动使其品牌在市场上有了更高的认知度和影响力。同时借助该活动，联邦快递的团队合作精神和使命必达的理念进一步深入客户心中，在形成提供优质速递服务形象的同时，也激发爱好者对羽毛球项目的热情。联邦快递致力于在中国的品牌推广工作，借助中国羽毛球队塑造健康积极的形象，配合快递业务不断升级，进一步提升联邦快递的目标顾客，尤其在中小型企业中的品牌形象。联邦快递抓住北京2008年奥运会大好时机，果断出手，选定羽毛球世界冠军团队为自己代言，成功地与中国大众打成一片，开拓了一个属于自己的广大市场。

## 三、联邦快递体育营销战略

### （一）奥运营销策略

一方是称霸世界羽坛的最强队，一方是全球快递业的巨头，两个不同领域的世界领先者于2005年在北京实现了强强联合。在联邦快递的鼎力支持下，中国羽毛球在2008年北京奥运会上再创辉煌。借助与中国羽毛球队的紧密合作，首度涉足中国体育事业的联邦快递公司将其在国际体育营销中的成功经验及先进推广方式带到中国，进一步强化品牌优势，而双方的精诚合作也对中国羽毛球市场的开发起到了极大的推动作用。其间，联邦快递策划的数项体育营销活动都收到了良好的成效。

**1. 好运Q娃活动**

自2008年1月1日起，联邦快递每月推出一款以当月焦点羽毛球队世界冠军为原型的"好运Q娃"套装，参赛者只需答对题目便有机会拥有，更有惊喜大奖相送。另外，每月还有两名超级幸运儿赢得与当月焦点羽毛球队世界冠军共进晚餐的机会。联邦快递通过赠送玩偶的形式，将自己的品牌和营销理念带入市场，得到了消费者的一致肯定。

**2. 播出奥运广告**

BBDO广告（中国）公司为联邦快递制作了首个中国本土广告短片，而这个广告的主角就是中国羽毛球队。联邦快递借奥运之机，在各个媒体大量投放广告，通过广告效应，联邦快递的团队合作精神和使命必达的理念进一步深入客户，形成提供优质速递服务形象，并用大众化的方式把其体育精神和团队合作精神传播出去。

**3. 牵手奥运，组成明星快递队伍**

联邦快递在东亚五国选择了多名奥运选手组成了联邦快递奥运队伍，作为一个整体营销策略来执行。在韩国，联邦快递将韩国跆拳道奥运选手Nam打造成一位联邦快递的快递员，将跆拳道精神和联邦快递的品质相结合。在另外一则广告中，Nam则携带联邦快递包裹跨越长城，也暗指运动员来到北京，飞越奥运。这些广告中均未提及奥运字样，但让人无法不联想到奥运。联邦快递此举不但传递了"更高、更快、更强"的奥运精神，更将公司的服务宗旨播撒世界,与其企业文化不谋而合。

### (二)"最值得信赖的选手"——品牌体育营销

联邦快递在利用广告宣传其"使命必达"可靠性的同时,还积极赞助各种盛大体育赛事,进一步展现其高度可靠的品牌形象,成为"最值得信赖的选手"。早在2004年结束对Kinko's的并购后,联邦快递的市场管理者们便立即着手寻找一切机会让联邦快递这个名字出现在核心客户(主要是25岁至55岁之间的男性)经常光顾的地方,这就是为什么联邦快递决定赞助美国橄榄球联盟和美国高尔夫巡回赛等多项体育赛事的原因。

美国橄榄球联盟是全美五大体育联盟中最盈利的组织,因为它拥有最能代表美国文化和体育精神的运动——美式橄榄球。每年9月至次年1月,有1.6亿忠实的球迷和观众挤在电视机前和运动场里观看比赛。联邦快递与美国橄榄球联盟的合作使其品牌更加深入人心。为了强化人们心目中的品牌形象,更进一步体现其速度、准确的特质,联邦快递又把眼光投向了其他体育运动。自公司最早建立起,可靠性便已成为联邦快递品牌的一个关键品质。客户评价分析反映,可靠性是客户追求的最重要的品质,而这也恰恰符合某些体育精神的特征。

### (三)结缘高尔夫,增强体育营销的品牌价值

2004年,新生代赞助与比赛营销代理商Velocity Sports & Entertainment公司为联邦快递策划了"最值得信赖的选手"活动。此次活动的目的是以"信赖高于一切"为主题,利用Velocity与美国高尔夫巡回赛的关系增强联邦快递可靠精准的品牌形象。

美国高尔夫巡回赛是世界上规模最大、影响最广、奖金额度最高的高尔夫巡回赛,它代表了职业高尔夫的最高水平,是世界各国职业高尔夫选手最向往的巡回赛事。"最值得信赖的选手"活动将美国高尔夫巡回赛最有实力的选手联系在了一起,并在美国高尔夫巡回赛每周和季末的电视报道期间,播放有关联邦快递品牌的节目。在比赛期间,还随杂志附送顶尖职业高手有关打高尔夫球窍门的小册子。此外,商业人士可与美国高尔夫巡回赛职业选手进行职业、业余选手混合赛和巡回赛。联邦快递的努力使其获得了2004年"最佳赞助奖"。

同时,为了吸引众多的高尔夫爱好者,Velocity还特别策划了"联邦快递信赖地带"的活动。Velocity调查了他们的兴趣和需要,发现普通的高尔夫球手有的也会表现不错,但不同的是高手具备超越常人的可靠性。于是,Velocity在巡回赛中找出成绩可靠性最高的球员,并对他的各项数据进行分析,以此来引导普通的爱好者成为高尔夫球高手。

联邦快递公司积极响应此想法,并赞助播出"联邦快递信赖地带"节目。其最吸引人之处是采用了最先进的技术,突出职业选手精准的球技,在巡回赛期间利用网络播出方式推出联邦快递"随心而动"的品牌形象宣传。还在《高尔夫杂志》中加入巡回赛的资料,宣传"联邦快递就是可靠性"。在赛季结局篇的网络专访中,公司还特别策划了"老虎"伍兹的节目,再一次强调其可靠性就意味着胜利的企业理念。

### (四)牵手NBA,体育营销的全球扩张策略

为将其值得信赖的品牌形象进一步推向全球,联邦快递还与深受世界球迷喜爱的NBA进行合作。2006年,联邦快递与来自加拿大、法国、塞黑、澳大利亚和西班牙的5名

NBA超级巨星签约,将这些球员任命为联邦的"全球领袖",其中包括最有价值球员——菲尼克斯太阳队的史蒂夫·纳什。联邦快递在《今日美国》刊登全页广告,并在NBA.fedex.com网站上举行在线国际货运促销活动。这些球星还将与其他NBA国际球星一起在联邦全球村举行NBA全明星与球迷互动狂欢节,在嘉年华会上主持篮球训练营。

在这次"与联邦一起走遍全球"的活动中,这些球星的国际化背景为联邦快递国际货运能力的宣传做了很好的铺垫。就像这些球员在球场上是最值得信赖的球员一样,联邦快递希望人们记住:在快递业,联邦快递也同样是他们最值得信赖的企业。

联邦快递通过自己在体育领域一直以来坚持不懈的进取,取得了非常显赫的成绩,他的体育营销战略在中国、亚洲乃至世界都享有很高的名誉。这家全球知名的快递公司巧妙地将自己的工作与体育拼搏向上的精神相结合,向世人塑造了一个高效、健康、团结的企业形象。

## 联邦快递体育营销的解析

品牌文化(brand culture),指通过赋予品牌深刻而丰富的文化内涵,建立鲜明的品牌定位,并充分利用各种强有效的内外部传播途径形成消费者对品牌在精神上的高度认同,创造品牌信仰,最终形成强烈的品牌忠诚。拥有品牌忠诚就可以赢得顾客忠诚,赢得稳定的市场,大大增强企业的竞争能力,为品牌战略的成功实施提供强有力的保障。联邦快递为人所熟知的品牌口号是"使命必达"。在多年的经营中,为客户提供更为方便、快捷、可靠的服务,是其品牌承诺的核心要素。其讲求速度的品牌文化通过联邦快递的体育营销战略已深入人心。联邦快递通过赞助羽毛球、奥运会和高尔夫球赛,将品牌文化进一步传播开来。

继2004年雅典奥运会之后,联邦快递2005年第一季度财务报告显示,FedEx Express、地面及货运部门第一季度营业收入分别增长11%、14%和11%。包括Kinko's部门在内,公司总营业收入由去年同期的698000万美元增长10%,至771000万美元。

2006年联邦快递的首季业绩报告显示,受陆上及前往中国等地的国际快递强劲需求推动,公司该季盈利骤升40%,其中联邦快递净盈利4.75亿美元,2005年同期盈利为3.39亿美元,增长了1.36亿美元;该季的营运收入则从2005年同期的77.1亿美元,增至85.4亿美元,增长了8.3亿美元。

联邦快递通过2008年北京奥运会和中国羽毛球队的完美合作,其体育营销收到了较为可观的成效。2010年3月,联邦快递发布2009财年第三季度业绩报告,利润2.39亿美元,相比一年前的9700万增长146%,收入则增加了7个百分比,增至97亿美元,显示出了强势的经济增长。

## 参考文献

[1] 联邦快递[EB/OL]. http://baike.baidu.com/view/262873.htm?fr=ala0_1.
[2] 非奥运营销[EB/OL]. http://baike.baidu.com/view/1632604.html.
[3] 陈明哲. 联邦快递:角逐中国市场[J]. 中国营销案例,2008(7).

[4] 南方网. 联邦快递亚太区"梦幻之队"隆重登场[EB/OL]. http://www.southcn.com/finance/financenews/meiti/200610200696.html.

[5] 王新业. 联邦快递:品牌就是"使命必达"[J]. 中国品牌,2008(1).

[6] 高于萍. 联邦快递携手国家羽毛球队打造强势品牌[J]. 物流时代,2006(1).

[7] 张子涵. 联邦快递的"可信赖"营销[J]. 首席市场官,2006(12).

[8] 迪安·福斯特. 成功战略:联邦快递 像"火箭飞船"一般腾飞[J]. 商业周刊,2006(4).

# 案例十二
# 麦当劳的温情体育营销

## 一、企业简介

如图 12-1 所示为麦当劳 LOGO,麦当劳公司总部坐落在美国伊利诺斯州 Oak Brook,是全球规模最大、最著名的快餐集团,主要售卖汉堡包、薯条、炸鸡、汽水、冰品、沙拉、水果。麦当劳餐厅遍布在全世界六大洲百余个国家。从 1955 年创始人麦当劳兄弟和雷·克洛克在美国伊利诺斯州开设第一家餐厅至今,它在全世界的 119 个国家和地区已开设了三万多家餐厅,全球营业额约 104.9 亿美元。麦当劳公司旗下最知名的麦当劳品牌拥有超过 31 000 家快餐厅,分布在全球 119 个国家和地区。另外,麦当劳公司现在还掌控着其他一些餐饮品牌,例如午后浓香咖啡(Aroma Cafe)、Boston Market、Chipotle 墨西哥大玉米饼快餐店、Donatos Pizza 和 Pret a Manger。麦当劳公司 2008 年的总收入达到 235 亿美元,净利润为 43 亿美元。在很多国家麦当劳代表着一种美国式的生活方式。

然而餐厅并不是麦当劳这一世界品牌的全部,只是冰山的一角,因为在它的后面有全面的、完善的、强大的支援系统全面配合,已达到质与量的有效保证,而这强大的支援系统包括:拥有先进技术和管理的食品加工制造供应商、包装供应商及分销商等采购网络,完善健全的人力资源管理和培训系统、世界各地的管理层、运销系统、开发建筑、市场推广、准确快速的财务统计及分析等等。每一个部门各尽职能,精益求精,发挥团队合作,致力于达到麦当劳"百分百顾客满意"的目标。

图 12-1 麦当劳

1971 年,首家麦当劳体育场在美国加州建成。从此麦当劳不断加大对体育事业的投资。截至 1981 年年底,麦当劳投资的运动场在美国多达 979 处。进入 20 世纪 90 年代,麦当劳投身体育事业的热情更加高涨。1991 年,麦当劳专门成立了一家麦当劳运动员公司,专门向美国的 4000 多名各类运动员提供资助赞助。

而作为奥运会全球长期合作伙伴,麦当劳的权益除了体现在奥运会上提供餐饮服务外,还被允许在全球范围的市场营销活动中使用奥林匹克五环标志,以及在其所在的国家和地区进行奥运会主题推广活动等。

2003 年,麦当劳做出了其企业历史上最大的一次营销战略转变,将目标消费者由儿童转向青少年,中国 560 多家麦当劳分店的员工也脱去传统着装全部换上黑色或红色的运动 T 恤衫,戴上棒球帽,延续了近 50 年的"常常欢笑,尝尝麦当劳"全面更新为"我就喜欢"。时尚现代的价值观取代了麦当劳以往"温馨"的品牌理念。体育,自然而然成为麦当劳连接年轻时尚目标人群,激发他们崇拜明星、追求时尚、释放自我的心理共鸣的桥梁。正是在这一背景下,麦当劳对于体育事业的关注与日俱增,其与国际奥委会续约,连续赞助2006都灵冬季奥运会、2008北京奥运会、2010温哥华冬季奥运会和2012伦敦奥运会。同时,麦当劳与NBA也签订了新的合作协议,这都证明麦当劳正在塑造体育营销形象。

## 二、麦当劳的体育营销之路

热衷于体育营销的麦当劳向来是国际体坛上的宠儿。从出钱出力办比赛到赞助NBA,从签约本土体育明星到国际化的"家乡味"饮食路线,麦当劳的体育营销之路走得风生水起。

麦当劳选择赞助关注度高的大众化赛事,就是看准了自身品牌和赞助对象之间的高度匹配性,而这样的举措自然也为麦当劳的品牌发展带来了很大的助推作用。如表12-1所示为麦当劳与奥运会的合作。

表12-1 麦当劳与奥运会的合作

| 时间 | 事件 |
| --- | --- |
| 1968年 | 麦当劳在它成立的13年后就开始支持奥林匹克运动,将汉堡空运至法国格勒诺布尔市,缓解远在异乡的美国选手对家乡汉堡美食的思念 |
| 1976年 | 蒙特利尔夏季奥运会上,麦当劳第一次成为奥运会指定赞助商 |
| 1996年 | 成为亚特兰大奥运会的世纪奥运合作伙伴 |
| 1997年 | 麦当劳签署奥运会合作方案赞助计划,即麦当劳取得以奥运为广告的全球独家使用权,以及产品在奥运亮相的权利 |
| 1998年 | 麦当劳第一次向参加冬奥会的运动员提供官方指定食品服务。成为首家奥运指定使用的汉堡供应商 |
| 2000年 | 悉尼奥运会上,麦当劳除在奥运现场开设了很多零售餐厅之外,还突出了自己的国际化特点:从19个国家抽调了70多名优秀店员为大家服务 |
| 2004年 | 麦当劳宣布继续成为国际奥运会全球奥运合作伙伴直至2012年;8月13日,麦当劳在雅典奥运会上将展示"麦当劳奥运冠军员工"的风采 |
| 2005年 | 麦当劳(中国)推出2008年北京奥运会吉祥物福娃限量版玩具系列,为中国的小朋友带去奥运会特别版的开心乐园餐全新体验 |

### (一)篮球入手:顶级赛事偶遇平民健身

作为奥运会TOP赞助商之一的麦当劳,30年来始终与奥运紧紧结合在一起,在体育营销领域它也绝对是个"行家",篮球营销便是其营销行为之一。选择国际顶级赛事并与其紧密结合在一起是麦当劳采取的主要攻略。

或许很多人都以为,麦当劳与篮球结缘不过是近几年的事。但实际上,麦当劳的篮球营销可以追溯到1987年的麦当劳锦标赛,该比赛在当时由国际篮联和NBA联合创办,邀请队为各大洲冠军球队。第一届比赛在美国密尔沃基市举行,有3支队伍参赛。为此次比赛提供全程赞助的企业便是麦当劳。自此,麦当劳锦标赛以每年一次的频率举行,麦当劳也从此与篮球结下了不解之缘。到了1992年,麦当劳锦标赛的频率改为每两年一次。1995年,麦当劳锦标赛在伦敦举行,从这一届开始,NBA开始派出当年的总冠军参赛,而这些NBA冠军球队也一直是麦当劳锦标赛的冠军得主,同时许多NBA冠军球队中的球员也都是麦当劳的忠实粉丝。

如果说麦当劳锦标赛让麦当劳与篮球结下不解之缘的话,那么随后与篮球顶级赛事NBA的合作也源于此。2006年11月5日,麦当劳与NBA联手举办的"NBA揭幕周观战派对"分别在上海、北京以及深圳的麦当劳餐厅举行。在活动中,麦当劳还宣布与NBA签订了长期的深化合作协议。

体育运动在当今社会生活中扮演的角色已经越来越重要,如果企业及其产品能积极参与其中,不但可以大大提高产品的知名度,而且还可以为企业树立良好的形象,收效将十分显著。

(二)明星代言

体育营销是系统工程,明星代言与明星传播是体育营销系统中的重要一环。麦当劳系统地整合了广告、公关以及终端陈列与主题促销等多种传播方式,利用赞助商权益实施体育营销传播,而体育明星代言更成了其中的亮点。2004年,麦当劳宣布与NBA休斯敦火箭队的中国球员姚明签约。"姚明赋予了麦当劳品牌所需要的一切优点:年轻,充满乐趣并且富有运动精神,这和当代消费者以及文化的发展趋势非常吻合。"麦当劳的执行副总裁拉里·赖特说,"姚明独一无二的伟大人格和超越国界的影响力,非常适合我们最新的全球推广战略。"在麦当劳的全球推广活动中,签约姚明无疑是其关键的一步。

同年,麦当劳中国发展公司又与中国跳水名将郭晶晶合作,这也是中国麦当劳在中国市场邀请的第一位体育明星代言人。郭晶晶永不言败、超越自我、力求完美、积极的生活态度,正是麦当劳极力推崇的。

麦当劳与郭晶晶签约的时候,郭晶晶还没获得奥运冠军,和很多奥运会赞助商一样,麦当劳善于发现运动员的潜力,从而成功押宝,郭晶晶就是其中之一。2004年4月,麦当劳中国发展公司宣布与郭晶晶合作,"金牌精选"活动则是麦当劳与郭晶晶的首个市场推广项目。雅典奥运会,郭晶晶的成功夺冠使得全世界的目光在投向她的时候,也不得不钦佩麦当劳的高瞻远瞩。麦当劳之所以能成功押宝郭晶晶,就是因为她作为雅典奥运会前中国体育界的一颗奥运金牌希望之星,她的身上有着和麦当劳一致的特点——时尚、积极、充满活力。同时,郭晶晶具有亲和力的笑容和受欢迎程度也使她成为麦当劳在中国的形象代言人。

2004年至今,姚明在CCTV-5的曝光频次甚至超过了奥运英雄刘翔,而郭晶晶则是体育和时尚媒体的双料宠儿。两位品牌代言人都是中国炙手可热的奥运明星,而姚明在众多年轻观众心目中就是NBA的代名词。雅典奥运会期间以及整个2004—2005NBA赛季,广大中国观众通过CCTV-5直播的比赛和各档新闻专题栏目,通过麦当劳的明星,通过赛中广告,在体验体育比赛激情的同时,也潜移默化地体验了麦当劳的品牌理念。麦当劳将品牌文化和企业理念很好地融合体育的内涵,有效地传达给了目标消费者。

说起麦当劳,人们脑海中想起的大概不只是汉堡,还有那一张张熟悉的奥运冠军脸。作为奥运会顶级赞助商之一,麦当劳选择的代言明星自然都是奥运冠军和NBA赛事中的著名球星。而麦当劳顶级赞助商的身份就和这些明星一样,散发着耀眼的光芒。

(三)入乡随俗"家乡味"

麦当劳在全世界超过121个国家和地区拥有3.1万多家餐厅,每天为约5000万位顾客提供食品。1990年麦当劳在深圳开了中国第一家店,今天麦当劳的身影在中国很多城市已经随处可见。而通过与奥运会30年的紧密合作,麦当劳的国际化程度也得到了飞快的发展。

1996年亚特兰大奥运会,麦当劳将品牌餐厅开进了奥运村和新闻中心,随后他们也一直延续这个传统,为奥运会的注册人员提供餐饮服务。而据麦当劳首席市场推广官透露,在2008年的奥运会举行期间,4家麦当劳餐厅将会设在奥林匹克公园公共区、运动员村及主新闻中心等地。

麦当劳推出了很多家乡味的饮食,比如"五大洲风味餐单",作为奥运营销的一部分,奥运会的运动员来自世界的五大洲,而味道一致的五大洲食品可以解全球的思乡之苦。

全世界的家乡味也成了麦当劳在迅速扩张时不变而有力的武器。如果运动员不能够很快习惯当地的饮食,那么风格统一的麦当劳会让他感到熟悉与安心。

### (四)奥运福娃营销

2006年9月至11月麦当劳(中国)推出2008年北京奥运会吉祥物福娃限量版玩具系列,为中国的小朋友带去奥运会特别版的开心乐园餐全新体验。麦当劳福娃造型玩具囊括了2008年北京奥运会的全套吉祥物,由麦当劳(中国)独家发行,每周推出一款,作为开心乐园餐的玩具限量发行。麦当劳还特别为此设计了3款12盎司以福娃为主题冷饮料杯,在活动期间配合开心乐园餐推出。

随着福娃玩具的发放,麦当劳餐厅同时展开以"福娃传友谊,奥运齐分享"的迎奥运主题绘画活动。孩子们可以在麦当劳提供的友谊卡上,画出自己心中的对世界各地其他孩子的友好祝愿,描绘自己对友谊和奥运精神的诠释,送出自己的祝福。麦当劳通过其全球网络将这些作品送到世界各地的小朋友手中,从而传递友谊、和平、积极进取的精神,以及人与自然和谐相处的美好愿望,为2008年北京奥运会送去美好祝福。

作为拥有数十年全球奥运会合作历史的国际品牌,麦当劳希望通过福娃玩具的发售,表达麦当劳对奥运精神的一贯支持,将奥运会的直接体验带到中国消费者身边,带给孩子们更多奥运会的欢乐色彩,普及对奥运精神的理解和体育精神的教育。

### (五)2010 FIFA 南非世界杯球童选拔活动

2010年4月7日,当四年一度的全球盛事——2010南非世界杯点燃全世界球迷的激情之际,麦当劳继2002年和2006年世界杯举办球童选拔活动后,首次采用网络作为球童选拔活动的发布及参与的主要平台。中国足球队无缘2010南非世界杯,但中国小球迷却有机会出现在世界杯的赛场上。麦当劳携手中国宋庆龄基金会在上海启动"2010南非世界杯球童选拔"活动,选拔了6名中国球童参加南非世界杯,与世界顶级的足球运动员牵手步入万众瞩目的世界杯赛场。

自1994年美国世界杯以来,麦当劳一直是FIFA世界杯的全球赞助商。2002年韩日世界杯起,麦当劳开始在全球独家赞助"球童选拔活动(Player Escort Program)",这是麦当劳较有特色的体育赞助计划之一。通过这项独特的计划,麦当劳为世界各地的孩子们提供伴随世界顶尖球员并与他们手牵手步入赛场的机会。2006年,麦当劳"球童选拔活动"首度落户中国,北京、重庆、广州、上海四地共有4名幸运小球童脱颖而出,与来自全世界46个国家的1400多名小球迷一起登上世界杯的舞台,这也是世界杯赛场上第一次出

体育营销案例分析

现中国球童的身影。2010年,麦当劳携手中国宋庆龄基金会,再次举办"世界杯球童选拔活动",中国小球童的灿烂笑颜将再次绽放在世界杯赛场。

对于10岁左右的孩子来说,最珍贵的是他们的梦想和实现梦想的热情。为了让更多孩子有机会零距离接触世界杯,此次麦当劳中国球童选拔实现了几个突破:一是扩大了参赛范围,由于首次采用网络为活动发布及参与的主要平台,全国(除港澳台)的小朋友们都可以足不出户地递交他们的报名表及参赛作品。二是拓宽了参赛形式,初赛阶段接受各种形式的作品,不管是绘画、摄影、剪纸还是拼图、手工、视频,只要能展现其对世界杯的热情,都有机会晋级决赛并成为最终的幸运者。

(六)世界杯大促销

作为该项赛事的赞助商,麦当劳让全世界的消费者都有机会在FIFA world cup网站上玩线上游戏。麦当劳的"国际足联幻想游戏"有9种语言版本,可以让玩家有机会管理一支足球队,和线上的另一支名人队竞争对抗。

随着世界杯的临近,南非世界杯赞助商麦当劳展开了一系列的促销攻势。麦当劳在各个国家都开展了不同的营销活动,譬如在巴西的"三明治宣传活动",其特色是提供不同风味的三明治,而这些不同口味的三明治来自不同的参赛国家,包括意大利、法国、阿根廷、英国、乌拉圭和德国。在日本,麦当劳发起了一场世界杯主题促销活动,其特色是举办"世界杯迷你足球赛",以及发行毛绒玩具格里奥六号(GOLEO VI,来源于Go,Leo,Go)——此届世界杯足球赛的官方吉祥物。

麦当劳是2010年南非世界杯全球赞助商及官方指定餐厅,在世界杯期间,麦当劳针对中国市场推出了一系列的世界杯特别促销活动。麦当劳世界杯狂欢活动分为了两个阶段进行。5月19日起,麦当劳推出全新南非BBQ风味鸡翅。5月19日至6月15日,购买大号超值套餐送可口可乐狂欢杯。同时,6月11日前,北京、上海、广州、深圳四个城市设置麦乐送抽奖活动,每城市每天一名麦乐送订餐者有机会获得5000元现金大奖,每买够55元产品即可获得一次抽奖机会,还可获得两个可口可乐狂欢杯。

## 麦当劳体育营销的解析

1. "一致"决定合作

在体育营销的过程中,要在不同品牌和体育项目之间寻找一个相通点,将其和自身品牌联系在一起是十分重要的。奥林匹克的精神与麦当劳企业的精神是一致的,都发展了团结、友谊和追求卓越。同时,麦当劳作为全球品牌是非常国际化的,而奥运精神也是如此,在奥运会上,无论肤色还是语言的不同,运动员们都可以共同分享同一种精神和欢乐,精神和国际性的一致促成了合作。于是,四十多年的一致为麦当劳构建自己的品牌起了很大作用,麦当劳致力于推广均衡而积极的生活方式,倡导团队合作并追求卓越,这些理念与奥林匹克精神不谋而合。作为全球奥运合作伙伴和奥运会正式合作餐厅,麦当劳为支持奥运做着不懈的努力。麦当劳不仅为运动员和观众提供优质的食品和热忱的服务,而且利用全球资源开展丰富多彩的活动,在消费者中倡导均衡而积极的生活方式,把奥林匹克运动的激情与欢乐带给全世界千千万万的顾客和家庭。

就像欧米茄选择赞助高尔夫赛事来体现自己的尊贵一样,麦当劳选择了足球世界杯和篮球NBA两个大众化程度极高的赛事作为它们的赞助伙伴。赞助足球世界杯的着重点在于体现力量和团队意识;赞助篮球NBA的重点除了团队和力量之外,还着重表现它的活力,而这些赛事的鲜明特点也一直为麦当劳所提倡。

由此可见,麦当劳选择赞助关注度高的大众化赛事,就是看准了自身品牌和赞助对象之间的高度匹配性,这样的举措自然也为麦当劳的品牌发展带来了很大的助推作用。

同时,在麦当劳内部,"一致"也体现在各个方面,如各个连锁店中大小及口味完全相同的汉堡,温馨时尚的装修风格,麦当劳就是应用"以不变应万变"的高度程式化营销策略。于是,当这样的"一致"逐渐让顾客们习惯的时候,麦当劳便拥有了更加亲切的形象和内涵。

2. 坚持国际化路线

1968年,法国格勒诺布尔冬奥会上,麦当劳汉堡"从天而降",缓解了当时正在赛场上奋斗的美国运动员的思乡之苦。如今,在张家茵的思想中,麦当劳已经不仅仅是美国人的家乡味,她希望并正努力在做的是将麦当劳做成世界人的家乡味。为此,麦当劳推出了"五大洲风味餐单"。作为奥运营销的一部分,张家茵认为,奥运会的运动员来自世界的五大洲,而味道一致的五大洲食品可以解全球的思乡之苦。

奥运会作为4年一次的重要赛事,自然很多顾客都想亲身参与其中。而每一项体育活动都有其特定的参与者和观众,如果体育活动的参与者及观众并不是品牌的目标客户,那么体育营销的效果就不明显。作为市场营销的高手,张家茵更加意识到了这些,于是,作为麦当劳长期承诺关注儿童成长事业的一个部分,"奥运助威小冠军"活动应运而生,从2008年8月开始启动持续到奥运会前夕,麦当劳从全世界内选出300名小朋友,其中100名来自中国,他们获得了亲临奥运的机会。张家茵兴奋地说:"中国的市场很大,很多小朋友也都想参与到奥运中来,'奥运助威小冠军'的计划能让中国的小朋友亲身参与到奥运中,世界可以看到中国的小朋友是多么全面和出色,也可以体会中国同全世界的联结。"同时会大大提升麦当劳的国际化程度。

"将麦当劳做成全球的'邻居店',帮助全球市民找到'家乡菜'的感觉。"为此,在餐厅数量上,麦当劳也将进一步增长,奥运会期间,麦当劳餐厅在中国的数量达到1000家,其中4家店将会设在奥林匹克公园公共区、运动员村及主新闻中心等处,规模较大。而其中的服务人员则是通过全明星员工大赛"优中选优",同时,麦当劳推出更多奥运餐单来满足各国运动员和来宾的饮食需求,价格坚持"物有所值"。

3. 坚持自我

说起麦当劳,很多人的脑海中都会掠过肯德基的身影。同麦当劳相比,肯德基在中国的发展似乎更加顺利,食物的多样化受到了很多顾客的欢迎,而且餐厅数量接近2000家,几乎是麦当劳餐厅在中国数量的两倍。

"我们不会看其他人在做什么,我们只关注我们在做什么。"麦当劳对自己独特的餐单非常自信,"我们有鲜明的品牌性格,还有不同的肉类食品选择。"早在两年前,麦当劳中国领导小组会议中曾出现过"学习竞争对手,也走鸡肉路线"的观点,但是麦当劳并没有丢弃自己的不同而和同行业餐厅亦步亦趋。2006年,麦当劳推出了足尊牛堡,这款产品跟NBA、奥运会捆绑在了一起,"力量""活力""自信"等寓意其中,于是,一经推出便受到了很多年轻人的欢迎。

## 参考文献

[1] 麦当劳公司[EB/OL]. http://wiki.mbalib.com/wiki/％E9％BA％A6％E5％BD％93％E5％8A％B3％E5％85％AC％E5％8F％B8.

[2] 朱小明. 世界顶级企业体育营销[M]. 北京：人民体育出版社，2007.

[3] 中华零售网."巨无霸"写进奥运餐单 麦当劳为北京奥运供餐[EB/OL]. http://www.i18.cn/newscenter/news/dxjy/2005-12-28/26324.shtml.

# 案例十三 青岛啤酒的深度体育营销

## 一、企业简介

如图13-1所示为青岛啤酒LOGO,青岛啤酒股份有限公司(以下简称"青岛啤酒")的前身是1903年8月由德国商人和英国商人合资在青岛创建的日耳曼啤酒公司青岛股份公司,它是中国历史较悠久的啤酒制造厂商之一,2008年北京奥运会官方赞助商,目前品牌价值366.25亿元,居中国啤酒行业首位,跻身世界品牌500强。2009年,青岛啤酒入选中国世界纪录协会中国出口世界最多国家的啤酒企业,青岛啤酒创造了多项世界之最、中国之最。

青岛啤酒公司自20世纪90年代后期起就开始全面实施"大名牌战略",确立并实施了新鲜度管理、高起点发展、低成本扩张、市场网络建设等战略决策,以"名牌带动"式的资产重组,率先在全国掀起了购并浪潮,被称为中国啤酒业"从春秋到战国"行业整合潮流的引导者。对购并企业,青岛啤酒推行"系统整合,机制创新"的独特管理模式,用青岛啤酒企业文化来整合子公司的管理模式和理念。青岛啤酒在中国18个省、市、自治区拥有50多家啤酒生产基地,基本完成了全国性的战略布局。

图13-1 青岛啤酒LOGO

1993年7月15日,青岛啤酒股票(0168)在香港交易所上市,青岛啤酒成为中国内地第一家在海外上市的企业。同年8月27日,青岛啤酒(600600)在上海证券交易所上市,成为中国首家在两地同时上市的公司。

青岛啤酒以"成为拥有全球影响力品牌的国际化大公司"为愿景,一直以来坚持不断创新,"用我们的激情,酿造全球消费者喜好的啤酒,为生活创造快乐!"这是青岛啤酒人共同的使命。2009年,青岛啤酒实现啤酒销售量591万千升,同比增长9.9%;实现销售收入177亿元人民币,同比增长12.5%;净利润12.53亿元人民币,同比增长79.2%。青岛啤酒远销美国、日本、德国、法国、英国、意大利、加拿大、巴西、墨西哥等世界70多个国家和地区。全球啤酒行业权威报告Barth Report依据2006年、2007年、2008年产量排名,青岛啤酒为世界七大啤酒厂商之一。

与此同时,青岛啤酒几乎囊括了1949年新中国建立以来所举办的啤酒质量评比的所有金奖,并在世界各地举办的国际评比大赛中多次荣获金奖。1906年,建厂仅3年的青岛啤酒在慕尼黑啤酒博览会上荣获金奖;20世纪80年代3次在美国国际啤酒大赛上荣登榜首;1991年、1993年、1997年分别在比利时、新加坡和西班牙国际评比中荣获金奖;

2006年,青岛啤酒荣登《福布斯》"2006年全球信誉企业200强",位列68位;2007年荣获亚洲品牌盛典年度大奖;2005年(首届)和2008年(第二届)连续两届入选英国《金融时报》发布的"中国十大世界级品牌"。其中2008年在单项排名中,青岛啤酒还囊括了品牌价值、优质品牌、产品与服务、品牌价值海外榜四项榜单之冠。

目前,青岛啤酒公司在国内18个省、市、自治区拥有55家啤酒生产厂和麦芽生产厂,构筑了遍布全国的营销网络,基本完成了全国性的战略布局。现青岛啤酒生产规模、总资产、品牌价值、产销量、销售收入、利税总额、市场占有率、出口及创汇等多项指标均居国内同行业领导地位。

## 二、青岛啤酒体育营销方略

### (一)青岛啤酒围绕2006年德国世界杯的营销活动

2006年5月13日,青岛啤酒和央视共同打造的世界杯栏目《观球论英雄》正式开播,这是央视和青岛啤酒为2006年德国世界杯专门打造的一档世界杯与球迷互动的栏目,并在央视足球金牌栏目《天下足球》中播出。全国球迷可通过收看央视体育频道每日播出的《观球论英雄》栏目,直接发送手机短信,参与到世界杯的每场比赛中来。这也是迄今为止国内首次针对世界杯将看球、评球、竞猜与短信进行结合的有力尝试。

"观球论英雄"竞猜活动最终的获胜者,可以获得由青岛啤酒提供的2008年北京奥运会开闭幕式门票以及赴奥运圣地雅典旅游等相关奖品。这样,中国球迷不仅可以欣赏到精彩的世界杯比赛,而且可以过一把真正的世界杯瘾。作为国内知名企业,青岛啤酒股份有限公司近些年一直活跃在体育公益事业推广的舞台上。作为"观球论英雄世界杯竞猜"活动的主办方,青岛啤酒对参与球迷的回报也是别具匠心的,在大奖和诸多重点奖项中,巧妙地渗透了与奥运宣传相关的元素。

同时,青岛啤酒还与上海休闲食品公司"久久丫"合作,推出世界杯套餐,也就是各类鸭脖子加啤酒的组合套餐。这也主要是为了迎合大多数球迷看球时的消费习惯,也是中小企业结合自身产品特点展开"泛体育营销"的尝试。

### (二)赞助北京2008年奥运会

2005年8月11日,青岛啤酒正式成为北京2008年奥运会国内啤酒赞助商。作为国内啤酒赞助商,青岛啤酒股份有限公司将为北京2008年奥运会和残奥会、北京奥组委、中国奥委会以及为参加2006年冬奥会和2008年奥运会的中国体育代表团提供资金、啤酒产品以及相关服务。

在2005年6月,青岛啤酒发布"激情成就梦想"品牌主张,首次将"激情成就梦想"的品牌主张与奥运会"同一个世界,同一个梦想"的口号联系到了一起。在获得奥运会赞助商的资格后,青岛啤酒大篷车开进了青岛啤酒节。该路演活动是青岛啤酒宣传推广奥运精神的一个组成部分,它以宣传奥运为主线,旨在通过营造热烈的现场气氛,调动普通市民的激情与热情,宣传奥运知识、倡导全民奥运。活动将围绕全国36个城市展开,并在当地推广奥运知识。

2007年2月青岛啤酒赞助即将出征世锦赛的中国跳水队。青岛啤酒和中国跳水队这对"金牌组合"将携手奔向2008,青岛啤酒也将全力支持中国跳水队备战北京2008年奥运会;3月26日,借"青岛啤酒中华美食节"在巴黎举办之际,北京奥运会赞助商青岛啤酒公司组成访问团,到现代奥运会之父——顾拜旦的家乡法国进行了奥运寻根活动,访问团分别向法奥委和顾拜旦的侄孙赠送了北京2008奥运会吉祥物——福娃。清新动感、人文气息浓厚的福娃,向世界传递了北京筹办奥运的热情和对法国人民的亲切问候,同时也表达了中国人民对顾拜旦的崇高敬意和深切怀念;3月28日,在距2008北京奥运会500天倒数计时之际,青岛啤酒在北京举行了盛大的记者招待会,并发布了首款针对年轻人而设计的运动型啤酒——欢动啤酒。青岛啤酒副总裁张学举先生、严旭女士,北京奥组委领导以及来自全国各主流媒体约百人出席了活动,共同见证欢动啤酒——这款"为奥运而生"的运动型啤酒的激情上市。

### (三)携手湖南卫视举办"青岛啤酒——我是冠军"活动

2006年6月青岛啤酒携手湖南卫视在全国范围内推行一场旨在支持北京奥运会全民健身运动的"青岛啤酒——我是冠军"活动。活动大体分为两个阶段:"急速48小时"初选阶段以及"环游中国30天"总决赛阶段。

"青岛啤酒——我是冠军"是由中国奥委会新闻委员会、中央人民广播电台中国之声、湖南卫视、青岛啤酒股份有限公司强强携手打造的一档零门槛体育竞技类真人秀节目。从2006年到2008年,该活动已经连续举行了3届,在全国乃至海外都取得了巨大的反响。新华网,北青网等主流媒体都对此作了跟踪和报道,称赞节目的积极意义。

从形式上看,这是青岛啤酒与湖南卫视精心合作的一场电视真人秀,青岛啤酒深度参与了整个比赛过程的组织。它以奥运会传统项目马拉松为蓝本,通过万人竞走马拉松比赛,展现古典奥运精神。青岛啤酒高层领导亲力亲为参与活动的策划与执行,足见该活动对青岛啤酒的战略意义。在传播渠道选择上,青岛啤酒的娱乐化传播与湖南卫视"快乐中国"的频道主张不谋而合,这也是二者成功合作的基础。

从意义上看,"青岛啤酒——我是冠军"的活动主张与青岛啤酒的企业文化和企业精神较为贴切。青岛啤酒有着百年文化积淀、"激情成就梦想"的品牌主张也被消费者普遍认知。啤酒本身是一种大众消费品,它与轻松、娱乐等字眼紧紧联系。

从活动细节来看,该活动与《超级女声》想唱就唱的风格如出一辙,有点"想跑就跑"的味道。具有鲜明的全民参与特色与亲民特色,让平民伴着明星成为明星,这与青岛啤酒的亲民策略是一致的。青岛啤酒一直将亲民作为企业宗旨和市场策略,值得注意的是,青岛啤酒请来各路明星齐助阵,为该活动增加了不少可看性。

从精神诉求上看,"青岛啤酒——我是冠军"集中体现了"更快、更高、更强"的奥运精神,这种精神与青岛啤酒的奥运赞助商角色和"激情成就梦想"的品牌主张是高度融合的,由此可以看出活动的策划者找到了一个无可挑剔的契合点。

青岛啤酒是一个有着上百年文化积淀的名牌企业,在品牌传播上一向强调文化内核;同时,作为奥运会赞助商,青岛啤酒在大型传播活动中高举奥运营销这一金字招牌,将奥运体育精神融入市场运作过程,无疑是一种明智之举。"青岛啤酒——我是冠军"活动不仅很好地塑造了青岛啤酒的社会公益形象,而且借此将电视媒体公益性、体育赛事诉求和品牌主张有机地结合起来,"青岛啤酒——我是冠军"的火爆与青岛啤酒高度的社会责任感和奥运公民定位密不可分这项活动也推动青岛啤酒走向一个新的高度。

## （四）与央视联手推出"倾国倾城"大型电视活动

2007年4月15日，青岛啤酒与CCTV经济频道联合举办的"倾国倾城：最值得向世界介绍的中国名城"大型电视活动启动仪式在钓鱼台国宾馆隆重开幕。该活动致力于构建全方位展现中国城市魅力的T型台，作为2008年北京奥运会的一次盛大献礼。"倾国倾城"是青岛啤酒携手中央电视台，与联合国世界旅游组织、联合国开发计划署、国家奥组委等国内外有关机构，牵手美国国家地理频道、国内20余家省市电视台、国内外100余家权威平面、网络媒体联合举办的大型活动。这不仅仅是一次城市评选活动，更是一次以电视节目形态出现的中国城市品牌形象的集中展示，是奥运背景下的城市总动员和城市联动狂欢，包括城市文明、城市环境、城市活力等等。

青岛啤酒希望通过打造这样一场声势浩大的"倾国倾城城市奥运会"活动把青岛啤酒"激情成就梦想"的品牌主张灌输到每一个城市理想中去，激起全民参与奥运的热情，将每一个观演者转变为充满激情的参与者，让人们一起来分享奥运的激情与梦想。青岛啤酒联手央视推出的这一大型活动正是青啤积极参与奥运旅游经济的具体表现：一方面，通过展现各个城市的独特美景将中国的美丽城市推荐给世界；另一方面，青岛啤酒成功地借助这样一个平台将青岛啤酒的品牌内涵和百年品牌形象传递到全世界。

作为"倾国倾城"活动独家冠名赞助商的青岛啤酒，也在活动城市主要广场和社区举办"激情欢动奥运同行"为主题的青岛啤酒节，通过问答抽奖等活动与大家共享奥运精神。青岛啤酒股份有限公司总裁金志国先生在解释青岛啤酒的奥运营销战略时，曾这样说："奥运的核心，是全民传播奥运精神和全民健身，全民奥运是未来三年的大势。我们要做的，就是站在青岛啤酒公司自身的位置上，倡导一种全民奥运精神，坚持与消费者、公众互动并对青岛啤酒产品有所体验的原则。"

在致力于将奥运精神在广大消费者中传递的同时，青岛啤酒又把这种理念融入城市的血液中去，不得不说这是一种极具创意的奥运营销手段。在青岛啤酒"倾国倾城"大型电视活动中，与"绿色、文明、活力、和谐"的城市标准不谋而合的是，青岛啤酒的社会责任、奥运公民角色以及国际化色彩都很好地与之融合在一起。

## （五）赞助中网

2004年，随着中国运动员李婷、孙甜甜在雅典奥运会上的奇迹夺冠，国内掀起了一阵网球热潮。当年9月，中国国际网球公开赛借奥运东风高调推出。作为一家富有社会责任感的企业，青岛啤酒把传播体育精神作为自己的企业责任，也把推动中国网球运动的发展作为一项责任，本着对中国网球事业和体育事业的支持，同时也希望借中网的"东风"来形成较为有效的营销，于是在首届中国国际网球公开赛就做出了与之合作的决定。青岛啤酒连续五届与中网合作的历程，见证了中国网球事业的迅速发展和中网赛事影响力的日益扩大。

中国网球公开赛的国际化特点与青岛啤酒国际化的发展战略非常吻合，且青岛啤酒与网球项目共同的消费群都包含了高端年轻人，中网为青啤提供了广阔的商业空间，这是双方达成合作的基础。现在看来，中网已经成长为与温网、法网、美网、澳网四大网球赛事并驾齐驱的世界第五大网球赛事。中国网球公开赛包括ATP、SEWTA和ITF三大国际网球组织赛事，是亚洲地区迄今为止设置较全、参赛球员较多的网球赛事之一。这种良好的前景,成为青岛啤酒继续保持与中网紧密合作的重要理由。

(六)后奥运营销与 NBA 携手

在 2008 年北京奥运会结束的前一天,青岛啤酒与 NBA 携手。战略上一直坚持走体育营销道路的青岛啤酒,与 NBA 的合作是一个长达 5 年的项目,旨在通过赛事让更多年轻的 NBA 球迷加深对青啤品牌的认知和认同,从而扩展青啤的年轻消费群体。

青岛啤酒和 NBA 成为合作伙伴,开启了企业的后奥运营销时代。借助 NBA 这个国际化的平台,青岛啤酒继续扩大其品牌的国际影响,继续演绎体育营销的激情。携手 NBA 后,善于创新的青岛啤酒人看好借助啦啦操这个大平台来展示自己的品牌。啤酒是一种释放激情与活力的产品,青岛啤酒一直致力于为全球消费者创造快乐。拉拉操彰显青春活力,推崇自信、健康、娱乐的理念,青岛啤酒敏锐地捕捉到二者在理念上的一致。大型篮球赛事总能吸引成千上万的观众,庞大的消费群带来的是巨大商机。青岛啤酒最终选择啦啦队选拔赛这一营销方式,看中的正是啦啦队传递激情背后的巨大市场。

青岛啤酒携手 CCTV 中视体育娱乐有限公司、美国职业篮球协会(NBA)在全国隆重启动青岛啤酒"炫舞激情"NBA 啦啦队选拔赛,这是青岛啤酒继推出"倾国倾城""我是冠军"等大型娱乐互动活动后,再次打造的跨国体育娱乐盛会。该活动融合了东西方文化,通过体育和娱乐的完美结合,传递一种激情、进取、不断超越的精神。而其炫酷、时尚、国际化的活动特色,全面开启了中国 2009 年演绎后奥运营销的大幕。

在遵循自信、健康、娱乐的主旨下,青岛啤酒"炫舞激情"不仅靠自己的力量来推广,还借助了央视体育频道这一覆盖全国的电视网络,搜狐、新浪、腾讯等门户网站平台,努力使充满激情与欢乐的啦啦队精神原汁原味地传递到每一个角落。

事实表明,青岛啤酒的决策是正确的。"炫舞激情"NBA 啦啦队选拔赛通过理念的宣扬和形式的感染,成功演绎了中国最具创新性的选拔赛。

## 青岛啤酒体育营销的解析

深度营销,就是以企业和顾客之间的深度沟通、认同为目标,从关心人的显性需求转向关心人的隐性需求的一种新型的、互动的、更加人性化的营销新模式、新观念。它要求让顾客参与企业的营销管理,给顾客提供无限的关怀,与顾客建立长期的合作性伙伴关系,通过大量的人性化的沟通工作,使自己的产品品牌产生润物细无声的效果,使顾客保持长久的品牌忠诚。它强调将人文关怀的色彩体现在从产品设计到产品销售的整个过程之中,乃至产品生命周期的各个阶段。

1. 立足长远体育营销

国际上,啤酒类国际大品牌经常借助体育赛事的影响力提升品牌形象。这些企业通过长期的体育赛事合作,已建立起品牌与特定体育项目之间的密切联系,将体育构建成为企业与消费者间的感情纽带。而中国企业更多地仅是把体育事件当成一种促销机会或炒作机会,没有深层次的认识到体育营销的价值,只是简单地把它当作一种打响知名度的敲门砖或单纯的促销工具。

青岛啤酒作为中国体育营销的先锋,在探索中国企业体育营销道路上,脱离了"一次性效益"体育赞助,意识到真正的体育营销是要将产品和体育赛事的诉求进行有效整合。这其中包含:第一,不能只靠广告轰炸,应将各种行销手段有机整合运用;第二,要树立长期战略规划,将体育营销作为品牌建设的有机部分,长期贯彻,真正利用体育这个载体拉近与消费者的距离,提高品牌形象获取长期收益,不能仅满足于一时的知名度和销量目标。

在成为北京2008年奥运会赞助商之前,青岛啤酒已经开始了体育营销的探索。从青岛啤酒连续五届与中网合作的历程,连续3年举办"青岛啤酒——我是冠军"活动,以及对厦门马拉松比赛的赞助,都可以看出青岛啤酒旨在获得长期的营销效果,脱离了急功近利的误区。而在2005年正式成为北京2008年奥运会赞助商后,青岛啤酒便真正开始了它的体育营销之旅。2006年,青岛啤酒已经制订了详实的体育营销计划,计划包括多个体育活动项目。

青岛啤酒称这些单个的体育活动项目是一个个珍珠,通过体育营销这根主线,把单个项目串起来,形成一串美丽的项链。由于这个计划涉及项目多,时间长,可以说是体育营销的"马拉松"。通过这个马拉松,青岛啤酒立志成为所有奥运会赞助商中在传播奥运精神上表现最佳者,同时青岛啤酒也希望通过这个体育营销的"马拉松",获得自身的提升。

2. 品牌文化与体育文化相得益彰

要做好体育营销,真正提升品牌高度,关键在于品牌文化与体育文化的结合。在这方面,青岛啤酒彰显出营销战略家的本色。

通过对体育营销的深入研究,青岛啤酒发现,体育营销的核心就是建立企业和消费者改善或重建彼此关系的重要桥梁,双方借体育运动产生共同的焦点,把体育文化融入品牌文化当中,并由此形成共鸣,这有别于企业为博取消费者的好感而采取的厂商主导式的传播,由此塑造出来的企业形象当然更能深入人心,不易动摇,进而带动业绩的提高。

青岛啤酒实施体育营销战略,就是依托体育活动,将产品与体育结合,把体育文化与品牌文化相融合,形成特有的品牌文化。通过参与各类体育盛事,青岛啤酒借用各种体育营销手段,丰富了品牌内涵,树立了品牌形象,传播了品牌主张。这也是体育文化与青岛啤酒品牌精神的最好结合。

作为一种与激情有着丰富关联的品牌,青岛啤酒把"激情成就梦想"作为自己的品牌主张,并以激情为主线,开展了一系列体育营销活动,比如2005年签约赞助北京奥运会、2003年起连续赞助厦门国际马拉松、2004年起连续赞助中网等,用激情架起了与消费者沟通的桥梁。奥运之后,这种"激情"主线的体育营销活动并没有停止,8月23日与NBA签订战略合作协议,第五次赞助中国网球公开赛,表明了青岛啤酒实施后奥运体育营销的决策。

3. 深度体育营销成就区域品牌

青岛啤酒选择赞助每年一度的厦门国际马拉松比赛,是在其产品区域市场的深度体育营销,是在青岛啤酒整个体育营销战略系统的基础上深入到对其区域性子品牌的推进。这种以区域子品牌冠名赞助当地具有影响力的大型体育赛事,更能突显出企业精耕细作的体育营销推广模式。

有着丰厚酒文化土壤的福建是青岛啤酒的必争之地。2002年,青岛啤酒用收购的方式打开了福建市场,创建了东南事业部的新品牌"大白鲨",作为主力产品快速切入了福建中档市场。这个个性鲜明的地方子品牌,直接针对18~26岁的年轻消费者,在推广中融入很多潮流元素与体育元素。

2006年的福建啤酒市场变得更加硝烟弥散。世界啤酒巨头比利时英博公司天价收购雪津啤酒进入福建市场,华润雪花收购福建泉州清源啤酒股权。当时,包括青岛啤酒、燕京啤酒、华润雪花和英博在内的几乎所有啤酒巨头,纷纷抢滩福建市场,开始备战2006年的啤酒旺季。在连续四年的赞助中,青岛啤酒已经摸索出一条系统的体育营销的道路。启动对2006年厦门马拉松赛的赞助,成为青岛啤酒迎战啤酒巨头乱战的有力武器。

"大白鲨"将品牌定位为"运动有我",与体育赛事结合的推广成为其重要的体育营销手段。继2003年成功赞助首届厦门马拉松赛以来,青岛啤酒的"大白鲨"已经连续四年成为厦门马拉松赛的赞助商。在强有力的体育营销的推动下,青岛啤酒在福建中档品牌的培育上取得了历史性的突破。

老牌子能给人带来经典和正宗的感觉,但是一些年轻人会觉得老牌子离自己很远,是父辈们消费的东西,青岛啤酒试图给历史感极强的青岛啤酒注入激情和活力元素,以吸引年轻、富有激情的消费者。2004年,青岛啤酒经过精准的定位,将自己的品牌内涵定为"自信、激情、开放、进取",并于同年4月提出了"激情成就梦想"的品牌主张。

4. 体育营销带来的效应

从2004年成为首届中国网球公开赛国内唯一啤酒赞助商,到2005年正式成为2008年北京奥运会国内啤酒赞助商,青岛啤酒的营销战略与奥运深深结缘,并在2008年释放出不可抵挡的激情。

2008年,在啤酒原材料等的成本上涨和国际金融危机的双重压力下,全国啤酒销量增长跌入谷底,仅为5.4%,然而青岛啤酒依然交出了一份亮丽的财务报告:2008年,青岛啤酒实现销售收入人民币157.81亿元,同比增长16.6%,实现净利润人民币7亿元,同比增长25.3%;继续呈现出净利润增幅高于销售收入增幅、销售收入增幅高于销量增幅的良好发展态势。2009年,青啤公司以提升价值链竞争能力为核心,充分发挥自身的品牌、管理、技术等优势,继续深化组织机构变革,完善营销管理体系,不断提高公司的竞争力和可持续发展能力。青啤公司通过市场增长战略的实施,将实现公司全年的销量增长率高于全国啤酒行业增长率2个百分点的经营目标。2009年一季度的业绩表明,青岛啤酒主品牌销量比2008年同期增长22%,净利润同比上升了53.08%。

由于在行业内率先实施了整合与扩张并举战略,青岛啤酒在积极扩张产能满足市场的同时,一直着力加强旗下品牌的整合与主品牌建设,青岛啤酒在全国施行"1+3"品牌战略,奉行品牌带动式的增长战略,并在这一战略指导下进行了成功的奥运营销,据世界品牌实验室公布的最新的数据表明青岛啤酒品牌价值为366.25亿元。

事实证明,青岛啤酒的体育营销也取得了丰硕的成果,青岛啤酒的奥运营销理念得到了广泛认同。在2007年3月6日中国品牌研究院发布的《2006奥运营销年度报告》中,青岛啤酒奥运营销知名度排名三甲之列,成为行业中的佼佼者。

2010年1月,在CCTV第五届体育营销经典案例颁奖典礼上,青岛啤酒凭借一系列体育营销工作,获得了专家评委的一致认可,荣获CCTV体育营销十大经典案例之一。

在经历一番风雨后,青岛啤酒借世界杯和奥运会这两大体育营销事件迅速提升了自己在行业内的地位。成功的世界杯营销和成功的奥运营销双管齐下,使青岛啤酒成为行业内成功体育营销的经典案例和标杆,并且已经开启向世界一流品牌迈进的征程。在短短几年中,人们已看到一个老牌企业在新的世纪中更加成熟、走向国际的过程。青岛啤酒欧洲总部与凤凰卫视欧洲台合作举办了中华小姐环球法国大赛,让法国乃至整个欧洲都对中国啤酒有了更多了解。面对新世纪的机遇与挑战,青岛啤酒明确了国际化品牌的战略方针、强化了品牌竞争力的总体策略,聚焦于不同方面的积极创新,向青岛啤酒成为国际化大公司的梦想迈进。

### 参考文献

[1] 青岛啤酒简介[EB/OL]. http://baike.baidu.com/view/18992.htm?fr=ala0_1_1.

[2] 王朝网络. 青岛啤酒联手久久丫推出"世界杯套餐"[EB/OL]. http://www.wangchao.net.cn/bbsdetail_777003.html.

[3] 金鹰网. 中国湖南卫视 2008《青岛啤酒·我是冠军》简介[EB/OL]. http://ent.hunantv.com/e/h/20080711/20546.html.

[4] 酿造网. 青岛啤酒"我是冠军"精彩落幕[EB/OL]. http://www.niangzao.net/news/585/58522.html.

[5] 搜狐网. 最值得向世界推荐的中国名城大型电视活动方案[EB/OL]. http://2008.sohu.com/20070517/n250073466.shtml.

[6] 中食网. 青岛啤酒"炫舞激情"演绎后奥运营销[EB/OL]. http://www.foooood.cn/info/detail/41-7842.html.

# 案例十四
# 蒙牛创新的体验营销

## 一、企业简介

如图 14-1 所示为蒙牛 LOGO,中国蒙牛乳业有限公司(简称蒙牛乳业,下同)成立于 1999 年,公司总部位于内蒙古呼和浩特市,为中国领先的乳制品生产商之一。公司主营乳制品和冰淇淋,乳制品包括液态奶和奶粉,而液态奶是最重要的一项业务,在其销售收入中的比例接近 90%。

经过十多年的发展,蒙牛乳业已成为中国乳制品行业的领头羊,综合实力较强,具备较高的品牌知名度和一定的美誉度,也拥有一批忠诚度较高的消费者。蒙牛液态奶销量连续数年位居国内第一。在港澳地区,蒙牛乳业占有的市场份额超过 50%,并已进入东南亚等市

图 14-1 蒙牛

场。蒙牛乳业 2007 年度实现 257.105 亿元的营业收入及 11.158 亿元的利润总额,包括经营利润率、增长率等指标均超越伊利集团,并大幅领先光明乳业,成为中国乳制品行业的第一名。同时,蒙牛乳业自 1999 年成立以来,先后荣获"民族品牌""中国驰名商标""国家免检"和"消费者综合满意度第一"等荣誉称号。目前它与 IT 行业的联想、化妆品行业的贝雅诗顿、网络行业的阿里巴巴、电器行业的海尔等都是行业的顶级品牌,也是中国颇具价值品牌之一。2009 年,蒙牛入选年度全球奶业公司排名榜第十九位,成为首家跻身世界乳业二十强的中国乳品企业。

## 二、蒙牛体育营销战略

2004 年,蒙牛赞助中国运动员,关注"天上宇航员,地上运动员"两类人群,建立起公司产品品质优良的形象。但是,在雅典奥运会期间,蒙牛并没有深入介入,在对奥运会的支持和参与上,可以说还是浮于表面。一是资本不是非常雄厚,二是准备时间太短,三是非本土作战,就算国外影响再大,也不能快速提高在中国的市场占有率。因此,当时蒙牛在对体育营销的参与和驾驭上,还有很大的欠缺。

2008 年的北京奥运会,是体育的盛事,也是营销的盛事。奥运办到了家门口,拥有天时、地利、人和的中国品牌个个摩拳擦掌,不惜重金。体育营销成为当年最热门的词汇。奥运会不再是一个单纯的活动,而是一个贯穿整体的营销行为。为了赢得这场奥运营销的竞争优势,蒙牛以体育营销为核心的品牌规划在 2004 年已经开始布局。蒙牛以"强壮中国人,人人都是运动员,为北京奥运会所有运动员加油!"为传播核心,以组建"中国蒙牛奥运啦啦队"为核心策略,走全民奥运路线,开展了一系列具有强大销售能力和维护消费者忠诚度的各种活动。

## （一）非奥运营销——赞助《城市之间》

2005年底当蒙牛乳业在"2008北京奥运会乳制品唯一赞助商资格"争夺中失败后，蒙牛没有像国内其他企业一样，赞助其他国家队或国内某个项目运动队，蒙牛的体育营销没有明星，没有广告，而是通过一个名为"蒙牛城市之间，激情08，现在出发"覆盖全国的大型全民健身活动，拉开了其"非奥运营销"的序幕。

### 1. 与CCTV-5结成战略合作伙伴，打造新版城市之间

2006年6月8日，蒙牛和CCTV-5共同宣布，双方正式结成战略合作伙伴关系，双方将利用各自在不同领域的经验和优势，共同促进大众体育的发展。在新闻发布会上，蒙牛与CCTV-5共同打造的一档全新大型体育电视栏目——《城市之间》也同时亮相。

蒙牛在2006年选择与央视达成战略合作伙伴关系，并选定《城市之间》作为其体育营销的主要媒体出口，包含着蒙牛多层次的战略思考在其中。

其一，从大范围来看，随着2008年奥运会的即将来临，中央电视台作为中国独一无二的高端媒体资源，自然成为各大企业表演的舞台。蒙牛作为中国领先的乳品企业，也需要占有这一最佳的传播平台为它的未来发展积累至关重要的媒体资源。

其二，在2008年奥运会之前及期间，央视体育频道将会成为奥运赞助商尽情表演的舞台，作为非奥运赞助商，蒙牛需要面对竞争对手带来的巨大压力，而抢占媒体的制高点并为线下的活动找到线上的宣传出口，这显然成为蒙牛应对竞争对手的一招妙棋。

其三，蒙牛在超女的运作过程中已经尝到了与电视栏目深度合作的甜头，此次结盟央视，蒙牛自然会将超女的核心运作理念复制到《城市之间》中来，以期打造体育界的"超级女声"，再现蒙牛新的营销奇迹。

其四，从某种意义上来说，奥运只是体育精英的竞技场，普通百姓能够从中得到的更多的还是一种民族自豪感和荣誉感。而全民健身作为普通百姓参与度最高的活动，国家体育总局对其重视程度堪比奥运。蒙牛是以强壮国人体魄为己任的乳品企业，其肩负的社会责任与全民健身的本质内涵在深层次上达成了良好的契合，因此蒙牛选择《城市之间》，推广"多喝牛奶多运动，每个人都是健康冠军"的理念，展开全民健身活动也就是顺理成章的事情了。

正是基于以上几个方面的考虑，蒙牛与央视共同打造的新版《城市之间》栏目也开始了自创办以来最大规模的改版。《城市之间》开始把"全民健身，与奥运同行"这个时代主题作为自己的栏目宗旨，把体育、娱乐、健康、国际等元素更多地引入这档电视栏目，从而创造了电视栏目运作的新模式和企业介入栏目的又一新思路。

### 2. 携手体育总局，全国80个城市推广全民健身活动

在与央视达成战略合作关系并共同对"城市之间"加以改版后，蒙牛开始了酝酿已久的"城市之间——全国80个城市全民健身展示活动"。如此大规模的地面活动，在国内是没有先例的。为了保证活动更好地落地和执行，蒙牛邀请了国家体育总局社体中心作为活动的主办机构，国家体育总局社体中心作为全民健身活动的对口主管机构，自然成了蒙牛展开此次全民健身嘉年华活动的最佳选择。一直以来，国家体育总局社体中心都在积极地倡导全民健身活动在全国的展开，而蒙牛《城市之间》的宗旨恰好与社体中心的目标相符，"全民健身与奥运同行"的主题受到了体育总局的高度肯定。在携手国家体育总局社体中心之后，蒙牛获得了社体中心各方面的支持，使得蒙牛在80个城市的地面活动得

以顺利展开。

此外,《城市之间》借助 NBA 的国际元素,打造了全新的活动模式。风靡中国的 NBA 大篷车是 NBA 的一个慈善活动,与《城市之间》很类似,都是国家规模最大的饱含娱乐元素的体育运动,都具有相当高的美誉度和影响力。作为双方重点合作开发的项目,2007 蒙牛《城市之间》中注定会拥有 NBA 的味道。

在 2007 年的《城市之间》的游戏设置上,增加了由 NBA 全明星技巧赛改进而来的"挑战全明星"。游戏的参加人员需完成三个组合动作:运球绕过 NBA 球星立人代表的虚拟防守队员,传球给虚拟队友"奶人多多",然后上篮得分。在规定时间内完成上述动作且用时最短者获胜。这和 NBA 篮球大篷车里德游戏有异曲同工之妙,并且这个项目最后获胜的全国纪录者,将额外得到 NBA 中国赛的门票作为奖励。

在《城市之间》活动中,蒙牛整合了媒体、终端、主管机构以及各种其他资源,通过它们之间的有机结合和搭配,使活动达到甚至超出了预期的效果,而蒙牛的资源整合能力也在此次活动中得到了进一步的检验和提升。

蒙牛赞助《城市之间》,进行非奥运营销,是蒙牛乳业在失去北京奥运赞助商资格后采取的重大举措。对许多企业而言,北京奥运会是近年来企业市场营销最重要的一个平台,蒙牛失去了这个平台,只能另想他法。蒙牛乳业最终选择立足《蒙牛城市之间》,在全国推行全民健身运动,让普通民众能够参与并感受体育所带来的健康与快乐,用体育赋予品牌新的活力和内涵。这项活动历时 3 年,取得较好的成效。原因大概有以下几点。

(1)选择合适的合作伙伴。选择央视,央视具有强大的品牌号召力和社会网络资源,可以为《蒙牛城市之间》带来更好的帮助和更高的收视率。选择社体中心,以其在全国的网络作为活动平台,蒙牛获得了从场地到人员等全方位的支持。

(2)《蒙牛城市之间》通过精心设计,在项目选择、奖品设置、比赛制度、啦啦队等各个方面,注重参与性和娱乐性,较大范围吸引民众参与。从全国数百场的海选,到南北 10 强区域复赛,再到全国总决赛,最后到代表中国参加国际版的《城市之间》总决赛。这种密集的层层选拔,形成规模较大的持续性民众参与活动,让蒙牛的品牌知名度迅速提升,一种"健康、积极、乐观"的体育精神无形中较好地融入蒙牛的品牌,在消费者心中塑造起较好的品牌形象。

(3)《蒙牛城市之间》为参与城市搭建起一个展示自身魅力的舞台,在日益重视城市形象的今天,深受重视,许多参赛城市均由副市长担任领队。如此热闹火热的场面也自然成为地方媒体的热门新闻,蒙牛因此获得了大量的免费传播。

(4)建立《蒙牛城市之间》官方网站,吸引民众,尤其是年轻人的参与。网站上除了有关赛事的常规信息,还设置投篮比赛游戏、城市人气排行榜、注册赢取奖品等,这种网站投票及游戏互动能有效吸引年轻人。

(5)相关电视广告和销售终端进一步跟进,让蒙牛乳业把公益活动与品牌提升及市场销量较好地结合起来。

通过气势磅礴的《蒙牛城市之间》全国大型巡回活动,蒙牛走出了一条非奥运赞助商的创新路线,并将企业所肩负的公益和社会责任与企业的非奥运营销紧密结合在一起,达到了很好的借势奥运的效果。

体育营销案例分析

## （二）牵手 NBA

2007年1月22日，NBA和蒙牛联合在东方君悦酒店大宴会厅召开新闻发布会，正式宣布蒙牛成为NBA中国官方合作伙伴与NBA在中国唯一指定乳品供应商。关于这次合作，蒙牛一方面希望联合NBA的资源共同推动中国牛奶运动，面对贫困、疾病与营养不良这些强劲的对手，进行一场旷日持久的"公益篮球对抗赛"，直到实现"每天一斤奶"的目标，让每个中国人都能身心健康；另一方面也希望NBA品牌的国际化、专业化、健康的品牌特质赋予到蒙牛品牌身上。这次合作体现在以下三个方面。

### 1. 蒙牛赞助2007年NBA中国赛

为了让中国的球迷能够零距离地接触原汁原味的NBA比赛，进一步扩大NBA在中国的美誉度和影响力，更大规模地开拓中国市场，2007年火爆异常的NBA中国赛重燃战火。这次前来献艺的换成了东部的两支劲旅——奥兰多魔术队和克利夫兰骑士队。

作为NBA中国官方合作伙伴与NBA在中国唯一指定乳品供应商，蒙牛可以享受到其他商家望其项背的独特资源。蒙牛在NBA中国赛中所能享受的量化权益包括：每场比赛有1条30秒电视广告；每场比赛的开场结束标版；《NBA制造》节目NBA中国赛专题节目品牌曝光机会；篮球嘉年华训练营参与机会；NBA.com官方网站NBA中国赛重要活动定制特别内容（如有奖促销，贵宾接待活动等）；NBA手机营销计划，NBA官方网站wap网站上中国赛站以呈现赞助商的形式轮播出现；现场的悬挂标版、新闻发布会背景板、新闻发布桌面、现场加油棒等推广物料的品牌LOGO曝光机会；比赛场馆内的专设展位、展示产品机会；中场休息期间游戏环节的品牌曝光机会；场地围挡标版的品牌曝光机会；现场大屏幕品牌曝光机会；与其他NBA合作伙伴得到NBA媒体整合报道的机会；允许蒙牛的宣传活动物（包括户外、平面广告、蒙牛网站、促销宣传单页等）中使用中国赛活动LOGO以及参赛的NBA球队的集体形象等等权利。

主赞助商还拥有以开展NBA中国赛为主题的有奖销售和奖励活动的权利，这是二级赞助商所不具备的。这就保障了蒙牛在占据高空轰炸资源的同时，还可以充分做足线下活动。早在2007年《蒙牛城市之间》还在如火如荼进行的时候，蒙牛就在官方网站上设置了"王牌争霸秀，赠票贺佳节"的大型NBA中国赛赠票活动和产品促销活动。凡是在《蒙牛城市之间》网站登录注册，并填写提交NBA知识问答的网友，都有机会获得免费NBA中国赛门票，亲历现场观战；而一次性购买两箱蒙牛中国赛促销定制奶，就有机会获赠NBA中国赛2007珍藏纪念钱包或运动水壶。活动受到了NBA忠实fans的疯狂追捧，也诞生了80名抢票幸运者。这些幸运儿和通过NBA大篷车"蒙牛技巧挑战赛"及"蒙牛城市之间挑战全明星"角逐出来的获胜者组成了100多人的蒙牛助威团，观摩中国赛。

蒙牛还特别制作了相关的纪念T恤、围巾和写有"蒙牛助威NBA"字样的大横幅。在开赛前，蒙牛对比赛过程中助威团的手势、口号进行了统一的培训，使得在比赛场上，蒙牛助威团统一的着装、整齐划一的举止形成了一道靓丽的风景线，吸引了无数人的眼球。比赛结束后，这些球迷还获得了和拉里休斯和里克巴里两位NBA巨星"零距离见面"的宝贵机会。在现场，拉里休斯向人们讲述了NBA球员每天至少需要喝3大杯牛奶以补充营养，保持骨骼健壮和结实。偶像言传身教，可要比广告促销受用得多。

通过NBA中国赛，蒙牛的品牌从高空到地面，得到了全方位、立体式的宣传和推广，构织了一套强大、严密的信息网，源源不断地传递给广大受众。这次活动彰显了蒙牛品牌走向国际化战略,向"世界牛奶"挺进的勃勃雄心。

**2. 联手 NBA 推动中国牛奶运动**

为配合支持全球教育、健康等公益事务的 NBA 关怀行动,NBA 将委任几名球员或传奇球星担任蒙牛的送奶大使,联手蒙牛进行赠送牛奶等系列活动,关注青少年的健康成长,在中国范围内积极倡导运动、营养、乐观的生活态度。

有关数据显示:2005 年中国的人均饮奶量仅为 21.7 公斤,是世界平均最低水平的 1/5,饮奶量不足已经严重阻碍中国青少年的生长发育。2007 年 6 月,蒙牛率先响应国务院总理温家宝的号召,投入一亿多元,与中国奶业协会等联手发起了"每天一斤奶 强壮中国人——为全国五百所小学免费送奶大型公益行动",开启了中国牛奶运动的浪潮。

NBA 的加盟为中国牛奶运动注入了第一股国际力量,促进了早日实现每天一斤奶的目标。不论是从季前赛到常规赛再到季后赛、全明星赛、中国赛、大篷车、NBA 关怀、少年 NBA 等很多细分品牌和顶级传媒合作伙伴,使 NBA 中国牛奶运动成为营销最成功的运动。NBA 是中国小孩最喜欢的运动,姚明更是小孩子最喜欢的明星。就这点便促使蒙牛牛奶成为更多孩子和学生的正常饮用品。面对贫困、疾病与营养不良,蒙牛与 NBA 组织了一场旷日持久的公益篮球对抗赛。在蒙牛与 NBA 的合作中,长达八个月的赛季电视转播,还有地面活动、球迷互动,2007 年中国赛等多种因素使蒙牛在香港的股票上升到历史最高点,并逐渐走向国际化。

**3."多多"代言**

由于蒙牛的竞争对手伊利已经找到了刘翔和郭晶晶作为他们的代言人,并且成为奥运的供应商,所以蒙牛很难找到一个更好的有竞争力的代言人形象来突破。但是他们巧妙地设计了卡通牛奶娃娃——"多多"这个虚拟形象,不但省去了大笔代言费,而且很好地从另外一个角度来表现自己活力、健康的品牌诉求。而这种可爱的标志式的形象渗透在每一个传播角落,大众容易接受。

"多多"的出现,再一次表现了蒙牛在营销方面的创新理念。此后,蒙牛成功利用奶多多这一形象制作出多哈亚运会奶人乒乓篇、世界杯奶人足球篇和 NBA 中国赛篇等广告,取得了很好的传播效果。

<h2 style="text-align:center">蒙牛体育营销战略的解析</h2>

(一)蒙牛体育营销成功之处

蒙牛在市场调研机构益普索(IPSOS)进行的市场调查中成为北京奥运赞助商误认率较高的品牌之一(另一个误认率较高的非奥运赞助商是李宁公司),销售收入和利润继续保持领先并扩大优势,说明蒙牛乳业的体育营销策略是比较成功的;它不仅较好地减弱了主要竞争对手伊利集团奥运战略的影响,而且进一步提升了自己的品牌知名度与美誉度。

其成功之处在于它的体验营销战略。体验营销是指企业通过采用让目标顾客观摩、聆听、尝试、试用等方式,使其亲身体验企业提供的产品或服务,让顾客实际感知产品或服务的品质或性能,从而促使顾客认知、喜好并购买的一种营销方式。这种方式以满足消费者的体验需求为目标,以服务产品为平台,以有形产品为载体,生产、经营高质量产品,拉近企业和消费者之间的距离。

蒙牛在体育营销上作了很多的体验营销的创新。

1. 体育营销模式的创新

历史上,虽然也有未获得奥运独家赞助权但借势奥运取得成功的营销先例,不过这不是常规的营销手法能够做到的,必须要有创新的方法和手段,而蒙牛恰恰具有这种创新的气质。制造了经典的"超女"案例和"神五"案例的蒙牛,在体育营销的体验营销创新上同样别出心裁,总结起来,有四点创新方式值得企业学习和借鉴。

(1) 策略的创新——2006年中国很多企业和媒体都试图仿效蒙牛娱乐营销的空前成功模式,推出各式各样的平民选秀活动,但大多内容雷同,缺乏新意。而蒙牛却另辟蹊径、再出奇招,立足"全民健身,与奥运同行"这个最能亲近大众的主题,用体育赋予了品牌新的活力和内涵。

(2) 资源整合的创新——《城市之间》是中央电视台一档普通的电视节目,全民健身是国家体育总局一直倡导的,也是许多企业在地面活动中宣扬的主题。蒙牛将两者有机整合,不仅使两者的价值发挥到最大,更重要的是通过蒙牛的执行力让它更多地被百姓接受,让更多的人参与到全民健身活动中来,使全民健身这个话题焕发出了巨大的生命力。

(3) 营销方式的创新——蒙牛对体育营销的运用并非单一模式,蒙牛的体育营销是充分整合所擅长的事件营销、娱乐营销以及公益营销等多种营销方式后,通过体育这一核心元素作为黏合剂,使之成为一个有机的整体,从而达到了营销效果的最大化。

(4) 概念的创新——蒙牛将体育给予了新的诠释,为体育注入了娱乐的元素、时尚的元素、国际的元素,使全民健身这个曾经古老的话题有了新的内涵。全民健身有很多企业曾经做过或正在做,但很少能像蒙牛一样做得如此生动和鲜活,这再次体现出了蒙牛整合的能力和概念创新的能力。

随着体育营销被越来越多的企业接受和运用,赞助和营销费也随之不断地增加。创新性的思维和营销策略将是企业实现体育营销效率最大化,保证赞助回报率的关键因素。企业只有拥有体育营销的创新意识,才能拥有持续拓展品牌价值的竞争优势。阿迪达斯公司董事长兼首席执行官赫伯特·海纳在2005北京财富论坛——体育圆桌会议上就曾富有预见性地指出,并非只有那些实力雄厚的大企业才能开展"借体攻略",事实上,无论是大企业还是小企业都可以借助体育营销的契机来表现自己。关键是在营销策略、方式、方法与手段上的创新应用。

2. 从体验营销角度深入体育营销

如今,乳品企业越来越深刻地认识到不仅仅是让消费者体验到产品的口感、功能和服务,更重要的是让他们体验到产品所倡导的健康、时尚的生活方式。唯有如此才能够进入消费者的内心,影响消费者的购买行为,达到营销竞争战略的差异化。乳品企业的营销策略也越来越偏重于体验营销。蒙牛的体育营销,正是从体验营销的角度入手的。

无论是《蒙牛城市之间》全国大型巡回活动,还是牵手NBA的一系列活动,蒙牛都做到了走入消费者中间,较近距离接触消费者,与广大消费者形成较好互动。另外,由于中国的乳业消费正处在发展期向普及期扩展的当口,关注大众也就是关注牛奶更广泛的消费者,蒙牛将企业所肩负的公益和社会责任与企业的体育营销紧密地结合,找到了二者最佳的平衡点。

体育体验营销与传统的广告形式相比的一个显著特点就是互动性。体育本身就是一个互动的过程,需要观众的参与,才能获得更多的收获和体验。体育营销与体育赛事一样,包括心理互动和身体互动两部分。通过这种互动,商家可以直接接触到目标顾客,为顾客创造出良好的品牌互动体验,从而提升品牌价值,这一点在进行体育营销的过程中往往被许多商家所忽略,很多商家只是出巨资赞助某项赛事,后期借助赛事的推广活动没有跟上,因此,难免出现最后赞助的结果不尽人意。企业在应用体育营销提升品牌价值的时候,应注意利用体育这个平台,多组织一些品牌与顾客接触的互动性活动。在这一点上,蒙牛值得众多准备利用体育营销的企业借鉴。

(二)未来发展所要面临的问题

蒙牛在获取奥运赞助权失手后,迅速从失落中走了出来,并灵活机动地积极行动起来,将自己推向了另一个高峰期,这也成为"非奥运营销"中的经典案例。但是,蒙牛在这场大张旗鼓的营销活动中,花费了巨大的传播和推广费用,这对它的财务表现带来极大的负面影响。最近几年蒙牛发布财务报告后,已有不少业内人士指出,尽管它在液态奶的市场份额进一步提升,其毛利率却低于伊利和光明。这其中除了原料成本上升之外,营销费用的较大增加也是不可忽视的因素。

成功的体育营销是系统性的长期活动,这样一个长期的活动需要企业进行精密的筹划,而制定营销预算又是重中之重。所以蒙牛在今后进行体育营销时,营销预算的合理制定是关注的重点。

## 参考文献

[1] 蒙牛官网. 蒙牛简介[EB/OL]. http://www.mengniu.com.cn/.
[2] 朱小明,孙先红. 蒙牛体育营销内幕[M]. 北京:人民体育出版社,2007.
[3] 中国广告主网. 蒙牛"城市之间"体育营销活动解析[EB/OL]. http://wuxizazhi.cnki.net/Search/GGRZ200802021.html.

# 案例十五
# 纽崔莱：明星代言与赛事营销的结合

## 一、企业简介

如图15-1所示为纽崔莱LOGO。纽崔莱由世界维生素工业之父卡尔·宏邦于1934年创立，自创立以来，纽崔莱从未停止过发展壮大的脚步，作为全球营养补充食品优质品牌，纽崔莱以其卓越的品质、广泛的科学研究、严谨的有机种植及先进的生产工艺倍受消费者信赖，成为汇聚了世界上杰出的科学家、农场经营者、制造商和经销商的集体智慧的世界营养与保健行业领导品牌。纽崔莱营养保健食品自1998年进入中国以来，先后推出了营养补充食品、功效性保健卡尔宏邦食品及特殊营养食品三大类共10多种产品，通过创新的营养保健观念及优质的营养保健食品，使纽崔莱"自然的精华，科学的精粹"的产品理念不断深入人心，"有健康，才有将来"的理念得到广泛认同，有力地推动了产品的销售，使纽崔莱品牌的知名度和美誉度不断提升，受到了中国消费者的由衷喜爱。

图15-1 纽崔莱

2008年，安利（中国）销售额达176亿元人民币，缴纳税款38亿元人民币。截至2008年年底，安利（中国）累计缴纳税款218亿元人民币，在优质产品及消费者保护方面共获嘉奖705项，五度荣膺"中国最具影响跨国企业"，位列"2007—2008年度中国外商投资企业500强"排行榜第92位，并获得"最具责任感企业"等荣誉称号。

安利海外的产品都是通过正宗的直销方式销售，道理很简单，直销靠的就是口碑相传，企业不需要做大量广告。但安利相关负责人介绍，在1998年中国直销经历的困难时期，很多人对直销和传销混淆不清，"一提到安利自然就想到传销"。在中国，消费者对企业品牌及产品的了解很大一部分来源于广告，安利想要"正本清源"，就必须有一个恰当的切入市场与顾客心理的渠道与方法，于是就有了"试着做"的广告策略。

这一做法和大多数企业人的观点恰好相反。企业人的普遍信条是：组织者应该首先确立大战略，决定想要达成的结果，然后再去设计达到目标的方案与手段，其基础源于期望市场顺从自己的意图，从而使目标得以实现。而安利却反其道而行之，用"自下而上"的思维，首先思考如何选择一个角度切入市场与顾客心理，在取得实效后将之形成一贯与一致性的经营方针，从而形成成熟的市场营销战略。

1998年年底，安利纽崔莱产品进入中国市场，为了让更多的中国人了解"纽崔莱"，2001年，安利（中国）毅然邀请"跳水皇后"伏明霞率先代言"纽崔莱"品牌，破天荒地做起了广告，这在当时的直销业简直是不可思议的事情，但后来证明此举是一个伟大的创举，

"纽崔莱"品牌开始为更多的消费者所认可。

### 二、纽崔莱的体育营销之路

70多年来,纽崔莱倡导的品牌理念是健康、均衡的营养,合理的运动,充足的休息和乐观的心态。安利认为,在推广这一品牌的过程中,如果片面强调产品特点,会削弱品牌内涵。1999年,安利开始在中国寻找一个合适的推广平台。经过调研分析,安利认定了体育营销平台,因为体育营销能很好地跟产品健康理念契合,同时又能面向广大消费群体。在中国,最受关注的体育赛事是奥运会。于是安利将奥运营销作为纽崔莱品牌的推广策略,一切推广方式都紧紧围绕奥运平台,走奥运营销推广路线。如表15-1所示为纽崔莱赛事营销。

表 15-1 纽崔莱赛事营销

| 时间 | 事件 |
| --- | --- |
| 1998年 | 纽崔莱正式进入中国市场,正是这一年,国家下达传销禁令,安利被迫从"面对面"的营销转向"店铺销售加雇佣销售员"。当时,纽崔莱的推广担负着转型后安利品牌提升的重任。赞助中国奥运代表团来推广纽崔莱,成为安利选择的最佳切入点 |
| 2000年4月 | 纽崔莱成为悉尼奥运会中国体育代表团唯一专用营养品 |
| 2001年11月 | 纽崔莱成为奥运会指定赞助商。2001年,人们在电视和报纸的广告中第一次看到了安利纽崔莱。奥运跳水冠军伏明霞成为纽崔莱的第一个形象代言人。纽崔莱的电视形象广告也开始在央视及全国的15个省市47家电视台大规模播放。健康、活力是纽崔莱极力要传递给大众的品牌内涵。伏明霞之后,继续诠释这一内涵的是另一位奥运跳水冠军田亮 |
| 2002年6月 | 展开"安利纽崔莱活力健康跑"活动 |
| 2004年 | 赞助40集奥运前奏系列片——《追梦雅典》 |
| 2005年 | 选择与全球知名篮球协会NBA强强联手,将风行美国的少年NBA带到中国 |
| 2007年 | 安利(中国)公司赞助650万人民币给2007年上海世界特殊奥林匹克运动会 |

进入中国市场的最初几年,安利为纽崔莱品牌进行的体育营销投入近亿元,其中有关奥运的投入占到一半以上。这些投入给安利带来了丰厚回报。纽崔莱销售额在保健品市场平稳上升,每年占安利产品销售总额的50%以上。而安利的总体营销业绩从2000年的24亿元迅速增长到2003年的100亿元,销售额更是一路攀升。借助奥运强力提升品牌形象与价值才是安利奥运营销的核心。根据第三方独立机构调查,纽崔莱两次赞助奥运代表团,市场认可率从2002年的42%上升到2004年的60%,知名度提高到97%,安利的品牌知名度也从2000年的34%提高到2004年的83%。

### 三、纽崔莱的体育营销方略

纽崔莱一直倡导健康来自于四个方面,即均衡的营养、合理的运动、充足的休息和乐观的心态。纽崔莱品牌理念中的后两点——充足的休息和乐观的心态,更多的是由个人的生活方式和心理所决定的,需要人与人之间的深层次的交流和沟通,才能够有很好的引导,不易于通过大众化的渠道去建立品牌形象。而运动,则越来越受到国人的关注,这种

体育营销案例分析

关注来自于两个方面：其一是体育赛事，随着商业运作与各项赛事的完美结合，使得各类体育比赛备受瞩目；其二是个人的强身健体意识。以广东省为例，据不完全统计，广东省目前经常参加体育锻炼的人数达2600万，体育人口的比例高达37%，广州则达46%，和中等发达国家水平相当，而体育锻炼又与人们的营养水平密切相关。纽崔莱看到了这种发展趋势，便决定以体育作平台来树立其品牌形象。

纽崔莱从其品牌理念出发，寻找纽崔莱的市场切入点。但作为一个营养保健食品品牌，纽崔莱不同于与体育产业直接相关的那些产品品牌，要想通过体育来突显自身的品牌形象，需要准确的定位。一味地赞助体育赛事，并不能取得良好的效果。体育营销是一个非常大的概念，必须要联系产品的本质，走差异化的品牌路线，才能事半功倍。在明确了这样的方向以后，纽崔莱通过挖掘营养保健食品与体育运动的深层次联系，来给品牌定位。

正如纽崔莱品牌理念中所阐述的，运动与营养的共同点就在于健康，人们为了追求健康而锻炼身体；运动消耗人体内的能量及营养成分，因此锻炼之后需要补充营养。体育明星给人以成功、充满活力、健康的形象，所以纽崔莱先后邀请伏明霞、田亮以及易建联等担任产品代言人，他们健康、活力的形象和纽崔莱"营养、运动、健康"的品牌定位相辅相成。安利也依靠这些体育明星在中国树立了全新的企业形象和品牌形象。

（一）体育明星代言人策略

企业邀请体育明星代言的目的是利用体育明星的光环效应将某知名的体育人物与具体产品组合、嫁接、联系起来，将前者的价值转移到后者上面。体育明星代言的广告具有冲击力强、创意新颖、趣味性强、信息鲜明、感染力强等特点，符合创意广告作品标准和市场要求，深受企业欢迎。体育明星受媒体注意，曝光机会多，无形中节省了产品的宣传促销费用。理论上，利用体育明星代言有三大优点：将大众对明星的关注转移到对产品的关注，提高了品牌的关注度和知名度；利用大众对体育名人的喜爱，产生爱屋及乌的移情效果，增加了品牌的喜好度；通过名人的个性和形象魅力，强化了产品及品牌的形象。安利（中国）公司结合自身产品实际的情况成功地运用体育明星代言人策略，极大地提高了产品的知名度和销售额。如表15-2所示为安利（中国）公司对四名体育明星代言人的资金投入及主要目标。

表15-2 安利（中国）公司对四名体育明星代言人的资金投入及主要目标

| 代言人 | 代言费 | 主 要 目 标 |
| --- | --- | --- |
| 伏明霞 | 大约100万 | 摆脱传销给安利品牌造成的负面影响，改变孤立地宣传企业形象的做法，确立体育营销策略，促进销售 |
| 田亮 | 60万 | 利用雅典奥运会，强化奥运营销策略，促进销售 |
| 易建联 | 200万 | NBA在中国的影响力越来越大，NBA是安利围绕体育营销路线开发的新平台，推广潜力巨大 |
| 刘翔 | 大约2000万 | 确立"有健康才有将来"的理念，强化安利公司的全球化战略 |

## (二)开展"安利纽崔莱活力健康跑"活动

2002年6月,安利在群众中展开了"安利纽崔莱活力健康跑"活动,并邀请奥运长跑冠军王军霞领跑,此活动延续到广州、上海、沈阳和杭州,将近20万人参加,开创了大型全民健身运动的先河。

2003年上半年,"非典"肆虐全国,一时间人们的生活有了很大的变化,原定于当年上半年举行的健康跑也被安利公司明智地宣布暂停了。但是,安利纽崔莱清楚地意识到健康成了所有人最为关心的话题。因此,"非典"一结束,就开始重新启动第二届"安利纽崔莱10公里健康跑"活动,并将活动的主题定为"为健康,让我们跑起来!"

安利纽崔莱健康跑从最初的一个城市迅速扩张到大江南北,截止到2009年已经覆盖全国25个大城市,共吸引240万人次参与,成为当地标志性全民健身活动。为了让活动更深入人心,纽崔莱别出心裁地推出了卡通电视形象广告和平面广告,在活动当地选择了各具特色的媒体组合,通过整合的市场推广计划宣传健康跑活动。在报名的安排上,纽崔莱更是精心安排,广布报名渠道,例如大型运动品牌连锁店、健身连锁、便利店以及连锁超市等,方便有兴趣的市民报名。活动擅长结合时下最热门的话题,最大程度吸引消费者的关注,例如2007年特殊奥林匹克运动会加油、2008年四川地震等,并给予了资金及精神上的支持,让活动具有更深刻的意义。

正是基于多方面的精心策划,"安利纽崔莱健康跑"的知名度达到了40%,那些知道该活动的消费者对纽崔莱的喜好度比不知道该活动的消费者高出11%,在安利的喜好度方面则高出16%。可以说纽崔莱已经把健康跑塑造成了一个品牌,同时也利用该活动成功地进行了品牌建设。

## (三)赞助奥运前奏系列片——《追梦雅典》

2004年百年奥运成为纽崔莱全面斩获人心的一次绝好机会,为全面扩大影响力,同时也为中国健儿呐喊助威,安利纽崔莱举办和赞助了一系列广受瞩目的以奥运会为主题的活动。2004年5月,安利纽崔莱特别赞助了40集奥运前奏系列片——《追梦雅典》,该系列片从2004年5月至8月在全国26个省、市电视台的27个体育、文艺频道播出。

该系列片投入巨资,购买了国际奥委会官方收集机构OTAB的珍贵资料片独家版权,联合中国体育电视精英人才进行制作。内容涉及希腊历史文化、奥运会渊源和历届运动会的故事,以及报道中国军团备战雅典奥运会的情况和各类奥运会新闻专题。纽崔莱运用了节目冠名赞助、插播电视广告、主持人介绍、旁白、脚标标注、背景标注、互动竞猜游戏等方式完全渗透、融入节目中,在广大观众心目中留下了深刻的印象。

同时,纽崔莱与Tom.com联手制作的《追梦雅典》专题站点(http://amway.tom.com/tianliang)亦同时不遗余力地以多种形式传递奥运会最新信息,专题总浏览量达到8000万次。同时,为了激发人们关注奥运会、参与奥运会的无限热情,在雅典奥运会期间(2004年8月13日—29日),《追梦雅典》主题站点还设立每日奥运竞猜栏目,参加奥运竞猜栏目的人数有9万人。该栏目成本低、受众广、题材好,让更多人了解了奥运会,也了解了纽崔莱。

## (四)举办"少年NBA"活动

2005年,为进一步提升与消费者的互动并不断提升纽崔莱品牌的知名度和美誉度、倡导"营养＋运动＝健康"的生活方式,安利纽崔莱选择与全球知名篮球协会NBA强强联手,将风行美国的少年NBA带到中国。少年NBA这项旨在激发社会基层人群对篮球热爱的比赛,在此前的5年中吸引了众多的参与者。而在中国,这项席卷15个城市120个中学的赛事,吸引超过10万名的11～14岁的中学生参与。

2008—2009年活动更首次在北京、上海和广州三地进行长达4个月的深度开展,活动推广与媒体公关全方位联动,大大提升了三大城市纽崔莱品牌的第一提及率。

纽崔莱少年NBA活动采取路演海选、城市训练营、城际挑战赛的形式进行,并配合纽崔莱全方位的广告宣传。每个活动日都吸引数千名小朋友和家长现场参与。参赛选手需要接受十几项原汁原味的NBA篮球测试,并在现场的纽崔莱健康测试区学习如何进行体能训练,得到一份专属于自己的身体指标测试分析(BMI)和计算机体能问卷评估。此外,现场的安利纽崔莱营养师还提供给参赛者适合他们的健身方式及营养建议。在城市训练营中,安利纽崔莱还举办了健康讲座,为训练营的小球员教授健康保健知识,为他们培养健康的生活方式。

在"少年NBA"赛事举行的同时,安利纽崔莱以NBA在中国的正式市场合作者身份在这些城市同时举行各种市场活动,推出"安利纽崔莱家庭篮球技巧挑战赛",以及"安利纽崔莱系列营养讲座"。通过这些措施使参与人群越来越多。

纽崔莱注重赛事营销,通过战略性地赞助那些符合特定目的的体育赛事达到品牌价值的最优化和营销投资回报率的最大化。对商家来说体育赛事最大的价值在于通过赛事把自己主要的消费者集中起来,利用媒介,进行"点对点"的营销活动,达到最好的宣传效果。将体育赛事视为一种商品进行营销,是以市场为导向的经济运行体制的客观产物和必然选择。

## 纽崔莱体育营销的解析

在竞争激烈的保健品市场上,如何塑造品牌形象是每一家公司的难点。借力体育明星、体育赛事和体育活动推广品牌,安利的尝试取得了成功。

体育营销是安利公司常年坚持的市场策略,赞助2005"少年NBA"中国篮球赛,也是安利纽崔莱体育营销市场策略的延续。纽崔莱是安利最早开展市场营销活动的产品品牌,体育营销是纽崔莱在市场推广中最成功的方式,通过邀请体育明星担当品牌代言人,结合赞助体育赛事和运动队、开展全民健身运动,纽崔莱促进全民健康的品牌形象已经深入人心。

传递产品信息是体育明星代言的最基本的作用,通过体育明星代言,企业能把品牌的特性、产品作用等信息传递给消费者,引起消费者尤其是体育爱好者的注意和兴趣,进而传递给目标客户相关信息,改变消费者购买行为,提升产品销量。健康和活力是体育本身所带有的最典型的气质和特点,一旦体育与产品联姻,一方面会吸引受众的眼球和注意力,提升产品的知名度,另外对于体育明星代言的产品,能赋予产品健康的气质和形象,赢得消费者的青睐。从2001年开始,安利纽崔莱陆续选用了伏明霞、田亮、王军霞等奥运冠军担任形象代言人或活动推广大使,体育明星的形象常常出现在电视广告中,而此前,中国的体育运动员还很少以明星的形象频繁出现在公众场合。

用运动员为代言人的纽崔莱成功塑造了以"营养、运动、健康"为内涵的品牌形象,2005年夏天,中国男子篮球队主力球员易建联成为安利纽崔莱产品的新代言人,更加深了纽崔莱朝气蓬勃的时尚感,这位篮球新星被美国《时代》杂志誉为"下一个姚明"。

纽崔莱体育营销没有停留于单一形式,其组织开展的大众健身、助力奥运等系列赛事营销活动从不同的角度不断加深体育营销的影响力。

赛事营销能迅速提高企业知名度,由于体育赛事具有高关注度和高参与度的特点,能够吸引的受众群体是极为广泛的。像奥运会、世界杯这样的体育赛事已经成为国家层面的体育运动,国民的参与热情普遍较高。而且转播体育赛事也已成为媒体提高收视率的法宝之一。这使得企业通过赛事营销迅速提高知名度成为可能。此外,赛事营销可以提升品牌美誉度、丰富品牌内涵,体育赛事融合了很多可贵的人类精神,比如爱、竞争、公平、沟通、信任等,可以帮助企业建立品牌和消费者之间稳固的情感联系,提升品牌的情感价值。

从2002年开始,"纽崔莱活力健康跑"连续4年举办,创造了以愉悦身心为目的的大众健身概念,每到举行"健康跑"的那一天,总能看到一家老小并肩跑步的动人场面,到2004年,"健康跑"已经成为一个大众健身活动的品牌被广为熟知,参与的人数超过20万人。

此外,纽崔莱还盯上了举世瞩目的奥运会,安利公司将奥运会与纽崔莱相联系,借力奥运会巨大的吸引力,赢得奥运会观众对纽崔莱的喜爱。2000年和2004年,纽崔莱成为中国体育代表团出征奥运的专用营养品。除此之外,安利公司还赞助奥运专题片的制作,并且制作了以奥运为主题的电视广告在奥运会期间播出。

借力奥运自然代价不菲,但安利公司获得的影响力回报也十分可观。根据追踪调查,纽崔莱两次赞助奥运代表团,品牌知名度从2002年的34%上升到2004年的87%;消费者对品牌的好感度也提高到76%。

纽崔莱品牌营销在中国获得的成功已经成为纽崔莱全球营销的榜样,它在中国的营销模式将成为全球营销的借鉴模式。从1998年年底进入中国市场,通过短短的6年时间内,纽崔莱已坐上中国营养素补充剂类产品的头把交椅,市场份额超过60%。

纽崔莱在中国的体育营销实践证明,许多固有的成见是可以被打破的。运动员不再是冷漠孤傲的人物,而变成亲切的明星;营养品不再是似是而非的"家传古方",而变成健康活力的代名词;保健品品牌被赋予更多积极向上的内涵时,所有的营销活动才能实现提升品牌价值的最高目标。纽崔莱的实践证明,这样的效果是可以达到的。

## 参考文献

[1] 纽崔莱简介[EB/OL]. http://baike.baidu.com/view/13682.htm?fr=ala0_1_1.
[2] 郑曦华. 用体育和艺术敲开市场大门[J]. 医学美学美容(财智),2005(4).
[3] 陈御钗. 安利帝国传奇[M]. 北京:群言出版社,2004.
[4] 搜狐体育. 安利纽崔莱健康跑成功之路[EB/OL]. http://sports.sohu.com/20091123/n268401988.shtml.
[5] 搜狐体育. 安利纽崔莱少年NBA挑战赛[EB/OL]. http://sports.sohu.com/20091119/n268337615.shtml.
[6] 张文桥. 安利公司的体育营销特征研究[J]. 湖南财经高等专科学校考试周刊,2008(4).

# 案例十六
# 七匹狼：体育营销系统工程

## 一、企业简介

如图16-1所示为七匹狼LOGO。七匹狼男装品牌隶属于福建七匹狼实业股份有限公司。福建七匹狼品牌始建于1990年，经过多年精心经营，以服装产业为核心的品牌多元化经营战略获得极大成功，七匹狼品牌已成为现代男士崇尚高品质生活的代言人。1999年被授予"影响中国服装市场的十大男装品牌"称号。经过20年的发展，七匹狼目前已拥有上海、香港、东京三地的多名优秀服装设计师，世界先进的电脑自动化生产设备，国际标准化、封闭式的工业园，产品款式新颖、面料精美、工艺精湛，素有"夹克专家"的美誉，是目前国内高级休闲男装的代表。2009年3月25日，七匹狼夹克衫2008年市场综合占有率第一；七匹狼夹克衫连续九年市场综合占有率第一。

七匹狼拥有大批专业的服装设计人才，最大限度地运用多年累积的技术和经验，并且通过充分想象顾客在何种场景穿着七匹狼服装，进行以顾客价值为中心的设计开发。目前，七匹狼已经与法国、日本、香港的前沿服装设计师开展合作，对七匹狼自创品牌进行主线和支线的开发，保证始终向消费者提供最新的时尚服装商品，经过多年的经营，七匹狼在中国市场创造了良好的商品价值。另外，七匹狼T恤也连续多年市场综合占

图16-1 七匹狼

有率排名前十位，七匹狼休闲装已成为引领中国男装消费趋势的佼佼者。

七匹狼从创业至今，始终着力于创立自主品牌，凝练积极向上的价值观，创建具有七匹狼特质的品牌文化。"男人不止一面"是七匹狼的品牌口号。

七匹狼品牌理念经过了三个重要阶段的调整，从"奋斗无止境"到"男人不止一面"，再到现在对引领生活方式的思考，每一次变化都与时代的人文精神相契合。如今，七匹狼代表融合、创新、崛起的时代精神，代表对智慧、品味、时尚、积极的生活方式的追求；七匹狼希望激励人生价值的自我实现；引领积极向上的人生态度，营造具有社会责任感的、积极的社会价值观氛围。

七匹狼品牌鲜明的标识及独特的文化理念为七匹狼品牌的传播奠定了基础。但是七匹狼的成功不仅仅是在其品牌本身，而是多年来明确的营销策略。以品牌为核心，运用多种渠道不断传播推广，并借助独特的品牌策略，使七匹狼成为中国休闲服装的优质品牌。

早在20世纪90年代初期，中国的服装产业刚刚起步，国内的服装品牌还未对广告产

生足够重视,而且当时中国的广告行业也处于刚刚起步的时候,七匹狼就重金一举拿下中央电视台黄金时段的多个广告段的投放,七匹狼这个名字就是在那个时候被大多数消费者铭记在心的。这一举措的问世也使得其他服装品牌纷纷效仿,使更多的服装品牌开始了以央视广告投放作为打开市场的一种有效手段。2002年,七匹狼聘邀齐秦作为形象大使,其投放的广告传达了一种积极向上的生活形态和挑战人生、不轻言放弃的精神境界。七匹狼以此契合其倡导的"做强者"精神,在全国引起极大反响。

在营销的道路上,七匹狼一直走在整个行业发展的前端,用其狼一样敏锐的市场嗅觉在不停探索着,在丰富完善自身的同时也带动了整个行业营销模式的稳步发展。2003年是七匹狼收获颇丰的一年。面对整个服装企业都在加大力度聘请明星为形象广告代言,七匹狼公司却摆脱了纯粹的广告营销,投入大量人力、物力、财力开始探索另外一条非传统的营销形式,即体育营销。

## 二、七匹狼的体育营销之路

在众多中国服装品牌中,七匹狼在体育营销方面应该说是先行者。从开始涉足体育营销赞助中国警察汽车拉力赛,厦门国际马拉松,到赞助皇马中国行、帆船赛、汽车拉力赛、国际马拉松、ROC等国际化、高端时尚运动,七匹狼的体育营销之路一直坚持了下来,在这期间有成功也有失败,但毋庸置疑的是,通过体育营销,七匹狼正在一步一步向国际舞台迈近。如表16-1所示为七匹狼体育营销大事记。

表16-1 七匹狼体育营销大事记

| 时间 | 事　件 |
| --- | --- |
| 2002年 | 足球世界杯期间和海尔品牌合作,在零售终端推出"买七匹狼T恤,得海尔彩电,品国足精神"的促销活动 |
| 2003年7月 | 首届中国警察汽车拉力赛组,唯一指定服装赞助厂商<br>首届厦门国际马拉松赛暨全国马拉松锦标赛,唯一指定服装赞助厂商 |
| 2003年/2005年 | 皇马中国行,唯一指定服装赞助厂商 |
| 2009年10月 | 赞助第五届中国"俱乐部杯"帆船挑战赛 |
| 2009年11月 | 赞助ROC世界车王争霸赛,这项赛事首次走出欧洲,直抵中国北京鸟巢。舒马赫、维特尔、巴顿等世界超一流车王参赛 |
| 2009年12月17日—19日 | 2009"中国女子职业高尔夫巡回赛"在厦门举行。七匹狼为中国顶级女子高尔夫球手量身定制比赛服 |
| 2010年1月 | 打造纺织行业精英"七匹狼杯"高尔夫球赛 |
| 2010年4月 | 打造2010年七匹狼杯马球邀请赛公关的良机 |

## 三、七匹狼的体育营销方略

(一)赞助2003年、2005年两次"皇马中国之行"

2003年8月2日,北京工人体育场上演了令中国球迷期盼已久的西班牙皇家马德里队与中国健力宝龙之队的比赛。皇马云集了贝克汉姆、罗纳尔多、齐达内、劳尔、菲戈等七大巨星,这场备受瞩目的比赛吸引了中国7亿电视观众的眼球,可谓是中国商家难得的商机。

福建七匹狼实业股份有限公司出资400万元人民币,成为此次活动中国龙之队和西班牙皇家马德里国际唯一指定服装赞助商以及双方比赛后同登长城活动的独家冠名商,之后还取得皇马六名国际足球巨星齐达内、罗纳尔多、贝克汉姆等的形象发布权。

当七匹狼成为"皇马中国行"唯一指定服装赞助商时,赢得了不少叫好声。七匹狼休闲男装的主流顾客是25～40岁、月收入2000元以上的年轻男性,正好是"皇马中国行"的主要观众。七匹狼虽然是休闲服装,但是其拼搏奋斗、永做强者的品牌形象和皇马的风格非常吻合。皇马七大巨星的阳刚形象正好和七匹狼不谋而合,其中的贝克汉姆和劳尔的形象更是为七匹狼增值不少。

七匹狼总裁周少雄说:"我们希望通过这次活动扩大我们的知名度,从而提升七匹狼品牌的文化内涵。皇马群星的雄性象征及时尚感与七匹狼男性品牌战略是非常吻合的。七匹狼与皇家马德里队的联姻,应该能推动七匹狼品牌成功进入国际化。"由此可以看出七匹狼赞助这次活动的目的。

赞助"2005皇马中国行"对七匹狼的品牌形象推广和品牌知名度提升起到了很大作用。当时"相信自己、相信伙伴"的广告旋风席卷全国。"携手皇马,七匹狼打造强势品牌""七大巨星引领时尚,七匹狼演绎强者风范"等标题在当时的媒体报道中络绎不绝。新浪网更是以"七匹狼挑起中国休闲服战火"为标题做详细报道。

因此,这次活动在一定程度上是成功的,但由于当时体育营销在中国是一种新型的营销模式,七匹狼免不了经验不足。

**1. 营销控制力、执行力差**

按照七匹狼和活动承办方高德集团的合同,400万元的赞助费除了获得皇马球队集体形象使用权外,七匹狼还可以在比赛球场比较理想的位置摆放一个广告牌,皇马球星在王府井购物游览时将进入七匹狼专卖店参观,皇马球星登长城时会在七匹狼广告牌前停留并留影等。但是,高德集团对七匹狼在赛场外的这些承诺却一项都没有兑现。七匹狼向高德集团"讨说法"的维权行动也一直没有结果。虽然这主要是中国体育营销市场不规范造成的,但是七匹狼集团事先对营销活动准备不充分、对活动全程的控制力、执行力差则是造成这个后果的主观原因。

**2. 将体育营销做成了短期炒作**

由于七匹狼营销手段上的局限,它当时仍然只是把体育赛事当成了一次促销机会和炒作机会。

在"皇马中国行"前后的一个月时间里,七匹狼推出了"七匹狼皇马购物月"活动,并制作了一批"皇马中国行纪念T恤""休闲运动帽"等纪念品进行赠送,借助当时媒体的关注,在销售上达到了一个小小的高潮。然而,由于"皇马中国行"的热度很快过去,七匹狼的这次事件营销并没有在消费者心目中树立长期的品牌形象和品牌文化,400万元的花费并没有带来巨大的回报。

**3. 被阿迪达斯偷袭成功**

此次七匹狼赞助"皇马中国行"最大的败笔,就是被阿迪达斯偷袭营销成功。七匹狼虽然是这次比赛的唯一指定服装赞助品牌,但是在镜头前,皇马球星却几乎从来没有穿过七匹狼品牌的休闲装。由于阿迪达斯是皇马队和贝克汉姆等几位巨星的服装赞助商,球星们不仅在赛场上穿的是阿迪达斯的运动服,就连参加任何活动都齐齐身着阿迪达斯的运动服,上演了一场阿迪达斯的运动服装秀。

更加可笑的是,七匹狼在各大媒体和自己专卖店及网站刊登的广告上,配合七匹狼的广告语——"七匹狼男装,相信自己,相信伙伴",七位巨星身着的竟然是阿迪达斯的运动服。阿迪达斯本身的品牌知名度,再加上运动服和足球明星的高关联度,让七匹狼花费了400万元赞助费和昂贵的媒体购买费,为阿迪达斯在中国好好地做了一次免费广告。

两年后的2005年7月22日,皇马开始了第二次中国行。七匹狼再次成为这次活动的赞助商,虽然有上一次赞助活动的经验教训,但由于皇马从一开始的敷衍到最后的绝尘而去,这一系列拙劣的表现使此次赞助活动的结果是七匹狼颜面扫地,此外,作为此次活动的赞助商,七匹狼邀请皇马全队在昆仑饭店2楼出席产品新闻发布会,在等待了两个小时后,只能对外宣布发布会取消。原因是皇马与高德公司在合同细节上出现了分歧,因此拒绝参加七匹狼的活动。七匹狼在这一次的营销过程中巨额的投资没有换来任何宣传效果。

(二)赞助帆船赛

帆船运动是贵族化的运动,也是世界主流体育运动,著名的"美洲杯"帆船赛与奥运会、世界杯足球赛和F1赛车被称为世界范围内影响最大的四大体育赛事。2009第五届"中国俱乐部杯"帆船挑战赛于十一黄金周第二天在厦门五缘湾举行,作为中国目前唯一采用对抗赛赛制、也是中国最重要的大帆船比赛,"俱乐部杯"帆船挑战赛对推动中国大帆船运动起着重要的作用。这项赛事发展的历史虽然不长,却得到了七匹狼的全力支持。

2010年5月19日至5月26日第二届"海峡杯"帆船挑战赛在厦门五缘湾举行,本届帆船赛由中国帆船帆板运动协会、中国台北帆船协会、厦门市政府、基隆市政府主办,厦门市体育局、基隆体育会等单位承办,并得到七匹狼的赞助。

选择帆船活动,是因为帆船运动是对七匹狼一种非常好的表达方式。帆船是国际与国内流行的一种高尚运动,帆船运动考验人的耐力、智慧与勇气的结合,这样的运动能激发人的斗志与精神,它所体现的团队精神、拼搏精神与七匹狼企业的"狼文化"不谋而合。在七匹狼的文化中,狼从来都是主角,在狼文化、狼故事的传奇中一路走来,七匹狼正在演绎成功男人的故事,体现男人在事业、生活中不同角色的全方位生活形态,演绎着全新的生活方式。

而热爱帆船的男人所具有的热爱家庭、热爱事业的铁血柔情与七匹狼所倡导的男人多面性生活形态的品牌精神和追求默契一致。优质男人,是帆船运动的主角。品味帆船运动,是与天拼、与海搏的斗智斗勇,是与自然亲密相处、释放激情后的热爱。在七匹狼公司总经理周少雄眼中,帆船运动是一项国际流行的高端时尚休闲运动,它使人们在海上自由地与蔚蓝的天空和海洋亲密相处,体现了人类对人与自然和谐相处的追求,这种积极向上的精神追求正与七匹狼始终关注主流文化、顺应主流价值取向一致。七匹狼的产品是休闲产品,帆船也是休闲运动,七匹狼与帆船的结合,诠释了男人对优质生活的追逐,诠释了男人的智慧和高尚品位。

连续赞助两项帆船赛事,正是七匹狼体育营销的赞助目标向着高端、时尚运动转变。

体育营销案例分析

随着细分市场的趋势和客户差异化需求,七匹狼被定位为"性格男装"的中高端品牌,作为时尚男装品牌,七匹狼开始致力于打造高尚运动、优质男人的赛事舞台。

## 七匹狼体育营销的解析

七匹狼的体育营销之路,最值得肯定的是其对待体育营销态度的转变——从最初把赞助体育赛事当做吸引眼球、炒作的机会到立足长远的品牌营销战略。

在品牌消费时代,企业能否培育出自己的品牌,并将其塑造成知名品牌,将决定一个企业在市场上生存和发展的竞争能力。开展品牌战略,加强品牌规划管理与运营已成为时代的要求,也成为企业现代化和成熟程度的重要标志。品牌战略不但是企业整体战略的一部分,也是企业的最高战略。品牌战略要有营销策略来实现。而体育营销特有的文化性、公益性、互动性及系统性的特点,使其优于传统的营销模式,最集中地体现了品牌营销推广手段的所有优越性,被称为 21 世纪最有效的、最具魅力的在全世界推广品牌的营销方式。通过开展体育营销,可以塑造企业专业、权威、有实力的形象,提升品牌价值。总之,体育营销在品牌战略的实施过程中有着不可替代的作用和地位。

顶级时尚消费品牌经常与体育赛事相伴,这种强强联手往往使顶级品牌在潜移默化中给体育迷同时也是消费大众产生强大而持久的影响力,七匹狼品牌的推广始终与体育运动联系在一起。以七匹狼为载体,建立起以体育文化为核心的品牌文化体系。

但是在七匹狼体育营销的策略中,也有其失败和值得反思之处,尤其是皇马赞助的失败。

1. 搭载豪门商业之行的赞助模式值得商榷

强势的皇马在本次中国之行中并没有表现出对中国企业足够的尊重,屡屡爽约。七匹狼是跟高德公司签订的赞助合同,对皇马本身并没有约束力,这使其失去了基本的话语权,并导致它在和皇马的博弈中一直处于被动。皇马在比赛和商业活动中差强人意的表现,也让七匹狼的品牌个性难以体现。加之"皇马之行"仅有短期效应,缺乏供七匹狼针对其长期运作的商业周期。赛后,七匹狼虽然组建"七匹狼皇马俱乐部球迷会",开展赠送服饰等活动,然而商业气息浓厚,效果并不明显。我们可以谴责皇马的管理层缺乏商业道德,但七匹狼在营销过程中控制能力差,危机管理能力弱的老毛病也暴露了出来。

2. 赞助时机把握不准确

七匹狼选择了一个错误的赞助时机。2003 年皇马巨星是顶着欧洲冠军的光环莅临中国的,疯狂过后中国球迷领略到了亲近偶像的滋味,而皇马第二次中国之行却激不起人们太多的兴奋点。而且,2004—2005 赛季的皇马处在一片风雨飘摇之中,因三度换帅而成绩下滑,众球星更对俱乐部不顾球员疲劳而远征东亚的市场策略敢怒不敢言,更因为它对中国球迷无所谓的态度让皇马在中国人气大跌,几场比赛并不算高的上座率就足以说明这个问题。加之前后有曼联、巴塞罗那等球队的鱼贯而入,皇马之行的轰动效应被迅速稀释。七匹狼选择在这个时候举着皇马的牌子争夺眼球,即便皇马不爽约,其赞助效应也大打折扣。

3. 选择赞助主体不妥当

七匹狼选择皇马作为赞助主体并不妥当,尤其是在皇马有阿迪达斯这样的国际巨头作为其服装赞助商的前提下。众所周知,阿迪达斯是皇马赞助商,与皇马签订的是有排他权的合同,即在全队出现的公共场合,皇马诸星也必须穿上阿迪达斯的服装。这样的对手,这样的合同,就决定了七匹狼基本上没有施展身手的舞台。

4. 缺乏系统的体育营销理念,缺乏对赛事风险的完整估计

缺乏系统的体育营销理念,缺乏对赛事风险的完整估计也是七匹狼的败笔之一。为了追求赞助大型体育赛事所带来的广告效应,急功近利的七匹狼期望能够通过简单复制而取得成功,却忽略了球迷对赛事的不满,这会对企业品牌造成巨大的负面影响。

体育赞助不仅仅是赞助一项赛事,更重要的是能将赞助商的品牌通过赞助来与消费者进行沟通,达到提升品牌知名度与影响力的目的。达到这一目标需要系统的传播方式,需要后续的跟进与维护。七匹狼更多的是将这次赞助当作事件营销去运作,企图将赛事的高关注度嫁接到自身品牌上,提升自身品牌的知名度。这未尝不是妙招,但由于缺乏系统化的执行与跟进,以及危机应对措施,七匹狼在皇马爽约之后束手无策,丧失了事后补救和化解危机的能力。

七匹狼的体育营销未来面临的最主要的问题,已然是对体育营销形式的创新和对赞助赛事的选择。七匹狼对赞助赛事的选择,从开始涉足体育行销的赞助中国警察汽车拉力赛,厦门国际马拉松,到赞助皇马中国行、帆船赛、汽车拉力赛、国际马拉松、ROC等,其赞助的项目越来越国际化、高端时尚化,也越来越符合七匹狼的品牌个性。值得说明的是,立足于品牌营销策略的体育营销,企业对体育项目的选择必须与企业品牌属性相一致。从品牌属性上讲,要在不同体育项目与不同品牌个性上找到共通之处,即选择的体育项目必须与其企业品牌战略相一致。体育活动有其特定的参与者及观众,只有在企业的目标市场与体育活动的参与者及观众相一致时,才可以起到应有的效果。

### 参考文献

[1] 七匹狼官方网站. 品牌文化和品牌介绍[EB/OL]. http://www.septwolves.com/default.asp.

[2] 千龙网. 从警察拉力赛到皇马中国行透视七匹狼广告策略[EB/OL]. http://sports.qianlong.com/4713/2003/08/15/62@1540512.html.

[3] 王卓. 七匹狼失意皇马中国行. 成功营销[EB/OL]. http://business.sohu.com/2004/02/09/11/article219001148.shtml.

[4] 中国新闻网. 服装名牌"七匹狼"出资四百万赞助皇马中国行[EB/OL]. http://news.sina.com.cn/o/2003-07-28/1835459387s.shtml.

[5] 品牌中国网. 2005皇马中国行:"七匹狼"与"马"的共赢[EB/OL]. http://www.brandcn.com/yingxiao/ggch/200604/29380.html.

# 案例十七 三星电子优秀的体育营销哲学

## 一、企业简介

图 17-1 所示为三星电子公司 LOGO。韩国三星电子公司成立于 1969 年,其前身是李秉喆先生创立的"三星商会",正式进入中国市场则是在 1992 年中韩建交后。1992 年 8 月,三星电子有限公司在中国惠州投资建厂。此后的 10 年,三星电子不断加大在中国的投资与合作,已经成为对中国投资较大的韩资企业之一。2003 年,三星电子(惠州)在中国的销售额突破 100 亿美元,跃入中国一流企业行列。同年,三星品牌价值达到 108.5 亿美元,世界排名 25 位,被商务周刊评选为"世界上发展最快的高科技品牌"。目前,它在全世界 58 个国家拥有 20 多万职员。今天三星电子的主要经营项目有五项:通信(手机和网络)、数字式用具、数字式媒介、液晶显示器和半导体。

20 世纪 80 年代初,三星还是一家给日本三洋公司代工生产廉价的 12 英寸黑白电视机的韩国小公司。经过近 20 年的努力,在"2002 年度世界 100 大品牌"的评选中,韩国三星电子的品牌价值为 83 亿美元,居世界 100 大品牌的第 34 位,对比其 2001 年的 64 亿美元上升了 30%,而排名也提升了 8 位,成为全球品牌价值提升速度最快的公

图 17-1 三星电子 LOGO

司。2005 年 8 月,美国《商业周刊》推出的全球最有价值品牌中,三星品牌的价值高达 149 亿美元,首次超过 Sony(索尼),世界排名第 20 位。在世界上最有名的 100 个商标的列表中,三星电子是唯一的一个韩国商标,因此可以说它是韩国民族工业的象征。三星电子能够取得这一骄人成绩,围绕奥运会、亚运会等国际重大体育赛事开展的体育营销是其成功所在。

三星电子的战略目标不仅是做最成功的企业,更是要把三星打造成全球电子行业的领导品牌。为此三星设定了一个最强有力的竞争对手,发誓努力赶上并最终超越它,这个目标就是索尼。因为在全球 500 强排序中,索尼是唯一排在三星电子之前的电子类企业,占据着毫无争议的全球霸主地位。如今,三星电子的产品在国际市场上显现出雄厚实力。2003 年《商业周刊》IT 百强中,三星电子排名第 3,日益成为行业领跑者,其影响力已经超越了很多业内传统巨头。另外,该公司在美国工业设计协会年度工业设计奖(Industrial Design Excellence Awards 简称 IDEA)的评选中获得诸多奖项,连续数年成为获奖最多的公司,这些都证明三星的设计能力已经达到了世界级水平。2003 年三星在美国取得的专利高达 1313 项,在世界所有企业中排名第 9。该企业品牌在世界品牌实验室(World Brand Lab)编制的 2006 年度《世界品牌 500 强》排行榜中名列第 26,在《巴伦周刊》公布的 2006 年度全球 100 家大公司受尊重度排行榜中名列第 42。

三星电子遵循着一个简单的经营理念:以人才和技术为基础,创造出最高品质的产品和服务,为人类社会的发展做出贡献。每一天,三星的员工都在为这个理念身体力行。三星在世界范围内寻找最聪明的人才,为他们提供保证做出本领域最出色成绩的资源。由此带来的成果就是,所有三星电子的产品——从保证储存关键知识的内存芯片到将各大洲用户连接起来的手机——都可以用以丰富人们的生活,这就是创造更美好的人类社会的含义所在。

与此同时,三星一直肩负着一个独特的使命:领导数字融合潮流。三星电子认为,通过今天的技术创新,我们将找到面对明天的挑战过程中急需的解决方案。技术可以给三星公司带来各种机会——保证公司业务不断发展。通过开拓数字化经济,保证新兴市场中的居民走向繁荣,同时保证人们发现新的可能性。三星电子的目标,是开发创新性技术以及高效的流程,创造新的市场,丰富人民的生活,使三星成为一个值得信赖的市场领导者。

**二、三星体育营销之路**

在过去 20 多年的世界重大体育赛事中,三星电子的身影频频出现在人们的视野里:从 1988 年汉城奥运会开始,三星电子与奥林匹克运动结缘成为汉城奥运会的本地赞助商到迅速开始积极支持现代奥林匹克运动。1997 年,三星成为奥运会全球 TOP 赞助商。1998 年,长野冬季奥运会期间,三星电子提供超过 13000 套的无线通信设备,并通过举办"共享这一刻"活动为所有参会的运动员和观众提供了获得体育三星最新无线产品的机会。

借助奥运会的东风,三星的品牌好感度直线上升。在 2002 年盐湖城冬奥会期间,占地 12500 平方米的三星高科技展示中心成为奥运会现场所有与会运动员及体育爱好者的活动中心和关注焦点。而三星的品牌好感度也由 2000 年悉尼奥运会的 52.6 个百分比上升到 72 个百分比。三星"年轻、流行、时尚数字先锋"的形象在消费者,特别是在美国市场的消费者心目中得到了进一步加强,并发展成为国际无线电讯装置资助者。

从此,三星电子的奥运 TOP 计划势不可挡。2000 年悉尼夏季奥运会,三星电子提供了近 25000 台最新数码移动通信产品,包括移动电话和技术支持。悉尼奥运会期间,三星展示了未来电话产品,同时还邀请了超过 100 万的奥运会运动员及其家人,以及所有参观者游览了坐落在悉尼奥运公园的三星高科技展示中心。三星还举办了"共享这一刻"活动,为运动员和观众提供了 3 分钟的免费国际长途电话服务。通过此项活动,三星共提供了 42000 多通免费电话,共计 12.6 万分钟。此外,"三星运动员之家 2000"活动资助了 123 个国家的 1400 名运动员的亲属来到悉尼,为他们的亲人加油助威。2000 年悉尼奥运会的赞助和市场营销活动极大地提高了三星的品牌知名度,并大大促进了三星在 16 个目标市场的无线通信业务。

在历史上第一个真正意义上的全球奥林匹克火炬接力——雅典奥运会上,三星与另一个奥运火炬接力参与合作伙伴、TOP 赞助商可口可乐一起,把奥运会的情感和精神带到曾经主办或即将主办夏季奥运会的城市。三星积极参与了这一为期 10 周、跨越五大洲的火炬接力活动的组织和运作工作。三星还与一些国家奥林匹克委员会和知名的运动员大使合作,大力传播三星品牌和产品形象。雅典奥运会期间,三星在当地设立了一个高科技展示中心,使之成为运动员及其家人娱乐休闲的场所。三星代表无线通信企业为大会提供所需的所有无线通信设备,包括蜂窝式电话机、寻呼机、个人通信服务PCS和TRS。除此之外,三星与欧洲领先的体育电视台EUROSPORT建立合作伙伴关系,通过与电视台的合作,三星向充满热情的体育爱好者推广其技术和产品,并推广三星的奥林匹克活动,包括网上征文大赛和2004年雅典奥运火炬接力。

作为雅典奥运会全球无线通信设备的官方合作伙伴,三星电子宣布了它的真正全球意义上的体育营销策略,以支持它对奥运会的赞助。三星公布的一系列市场营销方案,使人们更加清楚地了解三星在奥运会中所做的努力,并让世界各地的体育爱好者在奥运会之前以及奥运会期间,能够有机会分享奥林匹克精神,体验激动人心的奥运时刻,同时进一步强化了公司负责任的企业公民形象,以及致力于实现促进世界友谊的承诺。

作为奥运会合作伙伴,三星电子总计提供了大约7.2万件无线通信产品,协助赛事无障碍进行。作为国际奥委会的顶级赞助商及2008北京奥运会无线通信设备领域的全球官方合作伙伴,三星电子为2008北京奥运会也做了大量的努力。

特别值得一提的是,三星推行的"无线奥运"计划(WOW)是建立一个无线信息接入系统,能够向奥运官员和贵宾们提供最新信息,能让他们用手机全程观看所有的比赛内容。

一路走来,作为无线通信设备领域全球合作伙伴,三星的体育营销之路从都灵冬奥会延续到2016年,包括2008年北京奥运会、2010年温哥华冬季奥运会、2012年伦敦奥运会、2014年冬季奥运会和2016年夏季奥运会。在长达20余年的"奥运长跑"历程中,三星在奥运会全球合作伙伴这个岗位上做得越来越出色,也得到了全球越来越多消费者的认同。

### 三、三星体育营销战略分析

#### (一)体育营销的产品策略

**1. 以"长期品牌发展战略"思想为指导**

三星始终坚持的体育营销是一个充满了风险与机遇的漫长过程,因此,与追求短期利益的企业不同,三星奉行的是长期的品牌发展战略,即坚持长期投入,注重持续性的市场效应,以取得市场竞争的最终胜利。众所周知,三星的腾飞与奥运休戚相关,锁定全球最为瞩目的顶级赛事,三星从一开始就做好了长远的打算。三星认为,由于奥运会四年举办一届,它的赞助商必然是实力与能力的共存体,前期庞大投入是无法在短期内获得回报的。从这一点,足见三星对"体育营销"理解的成熟看法。

**2. 体育与时尚的完美结合**

三星手机在进行体育营销策划时,首先确定了其产品的传播目标,找出目标受众群体,以及通过赞助和参与体育赛事让目标受众产生什么样的反应;然后以此为出发点选择合适的信息传播渠道和其他营销组合,使跃跃欲试的消费者方便得到信息,亲身体验产品所带来的利益和感受,形成目标消费者的主动寻找信息和二次传播,从而达到体育营销以事件为契机为企业与消费者提供更多接触与沟通的目的。显而易见,三星手机产品想要传播的科技、时尚和前卫的诉求非常适合于当今年轻人追求时尚风潮的个性,体育运动赛事的大部分目标受众正是全世界热爱体育、关心体育的年轻人。

三星倡导的体育哲学——体育中的良性竞争精神,非常契合地满足了当前年轻人追求体育运动的目标和意义。通过在世界范围内赞助不同的体育活动、运动队和运动员,三星得到了表现他们对体育的义务和热情的机会,并和全世界人民分享,从而创造了与消费者之间持续的富有情感和智慧的纽带。

在2006年都灵冬奥会开幕倒计时100天之际,作为无线通信设备赞助商的韩国三星电子公司,尽心尽力地为冬奥会提供了8000部SGH—D600手机。这一采用最新WOW技术的手机,能为组织人员、工作人员、志愿者、运动员、新闻记者提供包括赛程安排、比赛结果、奖牌统计、获奖者信息、比赛场地信息、天气预报等信息和服务,同时能群发冬奥会总部的信息;对于这次赞助,都灵冬奥会组委会主席瓦伦蒂诺·卡斯特尼赞赏有加:"都灵奥组委十分感谢三星电子为本届冬奥会所做出的积极努力,三星的高科技手机,将为数以万计的工作人员以及志愿者、新闻记者,提供工作上的便利。"

三星手机准确的市场定位,使全世界热爱体育的人们迅速地认识到了三星手机的品牌内涵,因而迅速拉近了三星手机和崇尚体育精神的年轻人之间的距离,使他们真正体验到三星产品所带来的时尚前卫的感受,形成了庞大而且忠诚的目标消费群体。

**3. 产品灵魂与人文理念并行**

三星一直将体育精神和自身的体育营销紧密地联系在一起,正如三星所描述的:"我们对赛事的赞助是基于歌颂和平,鼓励友好竞争和促进各文化融合。"这一点与体育精神的宗旨相辅相成。

三星手机在确定了营销目标——爱好体育的时尚年轻人之后,接着考虑对目标受众"说什么"的问题。一般来说,体育营销是一种间接性的、公益性的营销手段,更多地强调与消费者在情感文化上的沟通、以形成长期的消费者喜爱,而不是以直接拉动销售为目的,因此体育营销要有助于强化品牌联想,通过将企业的文化和社会形象融入品牌联想中,将企业产品和体育相结合,产生一种因为体育与消费者共鸣的情感,才能成为一种不错的营销手段。在这里我们可以看到,一个好的体育营销策划,需要将体育事件本身的一些特点与企业的品牌、产品特性形成联系,使消费者能够通过对体育事件的关注和了解潜移默化地形成对品牌的心理定位,这也就对体育营销的策划提出了要求。不能因为体育事件本身十分热闹、轰动就不假思索投身其中,关键还是要找到企业需要通过体育事件向消费者传递什么信息。

三星首先对体育营销赋予了新的概念——"健康为1,金钱为0",其一贯的发展策略就是通过贯彻这一理念来不断树立的,这也是三星电子的灵魂所在。生存权是人类一切权利的先决条件,而健康无疑又是获得生存权的基础——就像一座高高耸立的金字塔,健康就是这座建筑的底座,是基石。健康是"1",拥有了健康,也就拥有了获得更大财富的权利和机会,而无论以后得到什么,都是从"1"这里开始迈出了第一步。健康是建造人生金字塔的第一块砖,第一块砖的结实与否,将直接影响到整座建筑的高度和稳固程度。金钱是"0",在"非典"的特殊时期,越来越多的人明白了一个简单的数学公式——就是无论有多少个0加减乘除,最后都会小于1。也就是说在疾病面前,拥有金钱远没有拥有健康那样坚挺。很多人放弃健康,而用"0"来做金字塔的根基,那么这一定是个豆腐渣工程,很容易倒塌,容易粉碎掉。

另一方面,三星致力于倡导人文理念。三星在各项赛事的赞助中都致力于将奥运精神延伸到普通人的生活心态、价值观念等方面。这也是三星在奥运营销领域提出人文概念的深层次动因。在三星的奥运价值观中,奥林匹克更被理解为一种生活哲学和生活方式,是一种展示人生价值、树立榜样的力量,激励普通人追求理想的价值观。

### (二)数字时代的体育营销策略

**1. "整合"和"共性"的思想碰撞**

在三星看来,数字时代的一个重要游戏规则就是:企业应从以制造为中心转变为以市场及品牌为中心。在体育营销策略上,三星电子的经验遵循了数字时代的品牌规则,通过体育营销的"三步走"策略提升产品的品牌。在三星的体育营销战略里,"整合"和"个性"是两个较关键的词汇。

首先,统一品牌策略。早在1999年之前,三星光海外公司的广告代理商就有55家,三星产品的广告中也使用了近20多种不同的广告语,但却未能打响三星品牌,产品没有名气,消费者不愿意购买,陷入恶性循环。后来,三星转变策略,奥运体育营销使三星电子有效地统一起来,围绕"数字世界欢迎您"这一核心,所有的主题都紧紧围绕着三星品牌的提升。

事实上,三星一直采取整合策略,把作为企业无形资产的核心力量与企业竞争力源泉的品牌价值提高到世界水平,在统一的品牌形象指导下制定和实施各地区和各业务领域的策略。通过奥运会、亚运会等国际重大体育赛事开展体育营销等活动,三星的品牌与公众的距离进一步缩小,增强了品牌的好感度和亲和力,同时获得了品牌价值的提升。

除了支持奥运会和亚运会之外,三星赞助的体育赛事遍及东欧和西欧、北美和拉丁美洲、亚洲和中东。三星长跑节每年会在俄罗斯和东欧举办,目的是帮助唤起人们对地区和全球热点问题的关注,为重要的事件和项目筹集资金。三星公司还赞助了三星国家杯——世界上历史最久、最有声望的马术比赛。在其他体育运动中,三星还在美国赞助了三星世界锦标赛(SWC);在韩国,三星拥有17支体育队伍的管理权。要想理解三星电子这种全球性的体育营销思路,必须先了解三星品牌战略的核心。

其次,个性化路线。数字时代最重要的品牌规则就是"与众不同",与众不同的品牌个性在极限竞争时代变得最为重要。被称为"定位之王"的营销大师杰克·特劳特已经多次发出警告:对于企业而言,制造与众不同的产品比历史上任何时候都更加具有挑战性,个性才是一家企业赖以生存的关键。三星电子最擅长的就是给自己的产品增加与众不同的元素。美林的分析师曾指出,许多三星产品都比竞争对手同型产品具有更多的功能,而这个优势使三星能够将其价位拉高30%。三星也擅长发动"与众不同营销",让其在奥运营销中脱颖而出。

三星认为,复制别人、模仿别人永远不可能做到第一。三星的成功是因为做了不一样的事情,借助体育营销为自己的品牌赋予了独特的个性。如三星的"Anycall"手机是选择了一些跟时尚相关的活动进行体育营销,三星个人通信部赞助了"三星Anycall世界花样滑冰大奖赛""三星Anycall经典音乐之夜"等。此外,三星还赞助WCG世界电子竞技大赛,推动WCG成为今天的电子竞技奥运会。三星对于WCG的赞助并不仅限于冠名、设备提供,更在于三星以将WCG发展成为全球顶级电子竞技运动为使命,通过不断完善赛事规则,努力推动全球电子竞技赛事的标准化。另外,三星还将传统奥运竞技精神,即公平、公正、健康、拼搏融入其中,形成了具备时代特征的电子竞技理念——超越游戏。

最后,通过体育营销拉近机器与人之间的距离,或者说,赋予品牌一定的情感因子。三星电子曾经启动过一个叫"三星的未来方向"的调查,通过调查发现:消费者希望数字技术可向自己的生活添加"愉快因子"。毫无疑问,体育营销正是添加"愉快因子"的最佳途径。

总而言之,要打好体育营销牌,必须对体育营销产生一个正确、理性、客观的认识。体育营销的根本目的,就是借助赞助、冠名等手段,通过所赞助的体育活动来推广自己的品牌,其最基本的是建立或改善企业和消费者之间的关系,通过把体育文化融入品牌文化中,使消费者对品牌产生认同。在这个过程中,企业应先明确自己的产品定位、目标消费群、营销目标,然后按照市场规律,结合自身需要,整合优势资源。借助体育赛事的受众而集中这一有利条件,宣传其核心价值,这样才能真正抓住消费者的心。

**2. 品牌战略的特别聚焦——应用创新**

第一,三星选择从品牌进行战略突破,抓住重点,使得它在这个领域不断强化核心竞争力。这是由三星的很多特殊性决定的,比如民族危机感、金融危机等。与三星相比,索尼则出现了规律性的困境,表现出一种不自觉的自大,而这种自大使其热衷于营造标准,希望以自己独有的标准进行营销。但索尼没有看到,这种策略在模拟时代比较有效,进入数字时代,变化更快,基于应用的创新更重要。李健熙在几年前曾表示过,要在数码时代赶超索尼,三星正是看到了这一点,把握机会,以一个超越者和创新者的身份选择了单点突破,其企业形态正好满足了这种战略定位,它没有索尼的种种限制,加大力度进行新产品的开发。当索尼领悟到数字时代中应用创新的重要性时,三星已经在产品市场中遥遥领先了,这也是由数字时代的游戏规则决定的。

第二,三星在品牌战略上的特别聚焦,要成为高端的品牌,甚至在营销活动上也特别聚焦于体育营销,这会形成一种市场印象,进而形成一种市场势能,使快者更快。比如,三星手机在中国就是高端切入,不走低端市场,三星在中国的成功也是其亚洲影响力的一个重要因素。

第三,成为数字时代的"酷"品牌。"酷"不仅仅是一种产品,更是一种精神,弥漫在整个企业的行为里,企业的方方面面都需要"酷"来引领。"酷"精神是一个符号,不仅使设计研发人员有了新思维,更重要的是给消费者传递了一个信号:它的产品是足够酷的。三星电子通过体育营销有效地表现了这种"酷"。

总之,在三星数不清的体育赞助行为背后,都有着正确的营销决策和行之有效的经营理念与指导方法。毫无疑问,未来十年中国的体育产业将迎来发展的黄金时代,如何搭乘体育营销这辆快车就成为国内众多企业关注的焦点。让当年负债累累的三星借助奥运平台成功走出困境,迅速成长为国际化品牌。一时间,"体育营销""奥运营销"成为时髦的字眼,越来越多的企业也开始积极地将自身的业务发展向体育、奥运靠拢,以期在这一巨大的潜力市场中分得一块蛋糕。然而体育营销作为一种战略,不等同于盲目赞助。国内企业对它的认识还存在着太多的误区。任何对体育营销的"偏见",都将可能使企业的商业行为成为一种得不偿失的"烧钱运动"。盲目的结果最终只能是"竹篮打水一场空"。因此,认真分析三星体育营销的成功模式,找准自身定位,认清当前市场的发展形势,才是目前大多数企业首先要去做的事情。

## 三星体育营销的解析

（一）三星通过体育营销取得的业绩提升

体育营销给三星带来了令人欣喜的经济回报。据三星电子的调查结果显示，自从2005年4月与切尔西签订合约以来，公司在欧洲地区的知名度提升了68%。尤其是当地销售商对三星标牌电视的好感度上升了433%；得益于此，与2005年相比，2006年欧洲地区的三星手机和液晶电视的销量分别增长了12%和177%。

三星电子发布的2009年第四季度财务报告显示，三星电子在2009年的总销售额再创新高，比2008年增加15.1%；营业利润也比2008年增加了91.2%。三星电子2009会计年度的销售额为1170亿美元，超过了德国西门子的1098亿美元和美国惠普的1146亿美元，成为世界最大的IT企业。美国的《财富》发表评论指出，这标志着三星电子成为世界一流的电子公司。而在2008年《财富》以销售额为标准排出的世界500强企业中，三星电子仅仅位列第40，此时的西门子和惠普分别位居30位、32位。

（二）三星体育营销取得的品牌提升

一项关于国际赞助的调查研究表明，奥运五环标志比任何一家企业的标志更能给人留下深刻印象。自1988年成为汉城奥运会的赞助商以来，深谙体育营销魅力的三星一直以强烈的攻势开展自己的奥运营销，它的目标就是让人一看到奥运五环标志就能联想到三星品牌。在奥运会等各种大型国际体育赛事中，全球几十亿热情观众津津有味地欣赏着精彩赛事的同时，三星的品牌形象也成功地烙在了他们的心上。

体育营销让三星从一个市场追随者的地位，赶超至领导者位置。调查结果显示，美国和世界各地的观众回忆起三星的比率很高，他们甚至一看见奥运五环标志就想起了三星。这意味着在体验经济时代，抓住了新消费者的心，就吸引了新的购买力。三星集团内部的一份文件显示，长野冬奥会时，三星的品牌总价值仅32亿美元；到悉尼奥运会时已经突破52亿美元。此后，更是以每一届奥运会递进50%的速度增长，到2006年都灵冬奥会时已经突破162亿美元，超越日本索尼的品牌价值。

2000年，三星斥资5000万美元成为悉尼奥运会TOP赞助商，后期又将赞助金额追加到2亿美元。作为回报，当年三星的品牌好感度从52%上升到70%。2001年三星品牌价值达64亿美元，全球排名第42位。2002年，其品牌价值已经达到83亿美元，跃居到34位——三星成为2002年百强品牌中升值幅度最大的公司。从2001—2005年，三星的品牌价值从64亿美元上升至149亿美元，实现了186%的增长，世界品牌价值排名从第42位上升至第20位，一举超过索尼，成为全球最有价值的消费电子品牌。2009年，世界品牌实验室的最新数据表明，三星跃居亚洲品牌500强榜单的第6名，取得了令人瞩目的成就。

（三）三星体育营销的宝贵经验

2010年，第16届亚运会在广州举办，作为此次亚运会的高级合作伙伴，三星在移动通信设备、视听设备、家电、数码相机等类别的产品方面，为大会提供了优质的产品和设备保障。此时，三星电子在体育营销方面的运作能力，从模拟时代一只默默无闻的"小猫"成长为数字时代一只凶猛的"老虎"，再到全球排名第一的消费电子品牌新贵，三星的辉煌与成功源于对品牌战略的深刻定位，也源于对体育营销不遗余力的推行和几近完美的运作。

三星的体育营销堪称全球企业界的成功范本,其宝贵的体育营销成功经验值得其他企业借鉴。

### 1. 体育营销必须持之以恒

企业要想在体育营销方面出彩,首先要持之以恒,因为体育营销很重要的一个目标就是要提高产品和品牌知名度,如果不坚持宣传,很快就会被消费者遗忘。正确的体育营销战略至少有三五年以上的营销规划。很多企业体育营销失败,就是因为目标过于短暂,只关注眼下,没有取得立竿见影的效果,就停止了体育营销工作,这是目前很多企业的误区。

其实,体育营销是一项既需要历史积累也需要抓住未来的复杂工程。三星赞助和支持包括奥运会和亚运会在内的各种世界级体育赛事,至今已逾20年的历史。三星投身于奥运会,是从1988年签约成为汉城奥运会的本地赞助商开始的,自此,与奥运的"姻缘"从未间断。2005年4月25日,三星成为英国切尔西足球俱乐部的官方赞助商,双方签订了5年1亿美元的合约。三星的品牌随着各项赛事在全球的迅速传播而越来越响。2008年,跟许多全球企业一样,三星也受到金融危机的巨大冲击,当年四季度,三星发生了自2000年以来的首次亏损。但是,三星并没有因此减缓体育营销的步伐,与此相反,金融危机使三星更好地整合、改善现有体育营销产品的组合,于2009年再创营业额和利润的新高。

### 2. 体育营销策略必须高效

体育营销要取得成功,企业还要制定高效的营销战略,要有详尽的规划,而且所有的营销设计和规划都必须在基于对市场和消费者的研究之上。三星在启动某项体育营销之前,一般会找第三方的咨询公司,花大约6个月至1年的时间进行调查和研究。主要是对国内销售代表、手机制造商、政府部门和监管机构等进行访谈,以明晰此次赞助的目标和项目,规划应该进行的活动。

通过调查和研究,三星整个体育营销的战略目标会不断调整,在这样的访谈和调查基础上,三星会最终明确要做一个什么样的赞助项目和计划,并设计出项目的细节。譬如三星在赞助足球赛事的时候,会详细地列出各项赞助的目标,目标可能有很多,或是要提高产品的知名度,或是想提高消费者对产品的喜好度,或是提高销售额。基于不同的目标,三星就会考虑营销策略的不同受众,并加以分析受众的喜好和更容易被市场接受的产品,在这个基础上再进行营销活动的设计。有了设计之后,给予有效的执行,并建立良好的反馈流程,全过程是一个系统工程,一个完整的运作体系。很多企业没有做到这一点,所以在营销方面很难产生大的影响。

另外,三星认为,进行合理的投资是体育营销成功的重要保障,这已经成为体育营销上的一个常识——在体育营销上面所投入的费用是赞助费用的两倍。没有这样的费用投入,就没有办法很好地去推行后续营销的活动,如果没有这样的费用,而只是单纯地进行赞助也无法达到预期的效果。

### 3. 体育营销必须系统规划

体育营销的终极目的是提高销量和利润,三星对要赞助的体育赛事有清晰的赞助投入和产出计划。三星的体育赞助主要是两个方面:一是奥运会的赛事,一是足球赛事。对于赞助什么,不赞助什么,三星有非常有效的体育营销系统,其功能就是挑选赛事。三星公司花了两年时间精心设计了一个体育营销系统,一旦有赞助权可以购买,就会积极与各个体育联合会沟通,获取信息。把相应的数据输到三星体育营销的系统,通过认真分析,就大概了解会有什么样的投资回报率。以投资回报率为例,投资回报率区间是0~2,分析回报率大于2时,三星公司则会考虑投资赞助该项目;分析回报率小于1时,三星公司则不予考虑投资事宜;但是,分析回报率为1~2时,三星公司就会依靠本能和经验判断哪个项目会带来更好的收益再进行投资。

对于赞助后的效果评估,三星也有独特办法。首先要看赞助目标是否得以实现,这个步骤是在营销项目开始之前,重点就是设计好目标。如果目标是提升销售额,在营销之前,就要计算一下销售数字,整个营销执行完之后,再看销售量有没有发生变化,得出来的数字是非常客观的。有时候,体育营销的目标是提高企业声誉,这样就很难用数字衡量;而有时候,则是希望提高品牌知名度、客户偏爱度,增强与客户之间情感的联系。不管目标是什么,三星都会在营销策略执行前后进行认真调查,根据前后的变化判断这次体育营销是否成功。

当然,为了应对不可预知的突发事件,譬如最终的结果在某种程度上低于原先的预期时,三星就会启动反馈流程,探讨没有完全达到目标的原因是什么——是后期的营销策略没执行到位,还是营销活动的启动没有做到最佳,又或者是关注点放错了位置。每次都要分析出现问题的原因,下一次就会想办法去纠正。

4. 体育营销必须不断超越自我

历数三星的体育营销成功事迹,一路走来,三星的体育营销策划注重不断创新、超越自我。从1988年汉城奥运会与奥运会结缘,成为汉城奥运会的赞助商,积极支持现代奥林匹克运动,三星的体育营销之旅已经走过了22个年头(截至2010年),并将一直持续。我们能看到,三星的每次体育营销都以崭新的面貌出现,带给业界和市场新的惊喜。

三星电子集团副总裁权桂贤认为,推动公司发展的重要动因之一就是变化。只有不断超越自我,才能让三星变得更高效,走得更远。每次体育营销对三星来说,都是一次自我超越。2010年,三星通过赞助广州亚运会,成功的跻身中国消费者喜好的品牌之一。

2010年是三星体育营销史上最繁忙的年份。温哥华的冬奥会、新加坡的青少年奥林匹克运动会、广州亚运会……这些重大的体育赛事,都成为三星大踏步推行体育营销、推进品牌建设的重要时机,这有助于促进三星电子公司的稳步发展,迎来三星更美好的明天。

### 参考文献

[1] 百度百科. 三星简介[EB/OL]. http://baike.baidu.com/view/9536.htm?fr=ala0_1_1.

[2] 朱小明. 世界顶级企业体育营销[M]. 北京:人民体育出版社,2007.

[3] 管理人网. 三星借力北京奥运会 续写体育营销的神话[EB/OL]. http://news.manaren.com/yingxiao/show-4094-1/.

[4] 中国轻工业网. 经典案例:三星体育营销的成功秘诀[EB/OL]. http://www.clii.com.cn/news/content-115267.aspx.

[5] 郭震. 三星手机的体育营销策略研究[D]. 北京:对外经贸大学,2006.

# 案例十八
# 伊利体育的组合体育营销

## 一、企业简介

内蒙古伊利实业集团股份有限公司是目前中国规模最大、产品线最健全的乳业领军者,国家520家重点工业企业和国家八部委首批确定的全国151家农业产业化龙头企业之一,也是唯一一家同时符合奥运及世博标准、先后为奥运会及世博会提供乳制品的中国企业。如图18-1所示为伊利LOGO。

伊利集团由液态奶、冷饮、奶粉、酸奶和原奶五大事业部组成,全国所属分公司及子公司130多个,旗下拥有雪糕、冰淇淋、奶粉、奶茶粉、无菌奶、酸奶、奶酪等1000多个产品品种。其中,伊利金典有机奶、伊利营养舒化奶、畅轻酸奶、金领冠婴幼儿配方奶粉和巧乐兹冰淇淋等是目前市场中颇受欢迎的"明星产品"。

图18-1 伊利

从2003年至今,伊利集团始终以强劲的实力领跑中国乳业,并以极其稳健的增长态势成为持续发展的行业代表。2009年,伊利全年实现主营业务收入242.08亿元,较上年同期增长12.4%;2010年第一季度,伊利业绩再创新高,实现营业收入70.14亿元,增幅达37%。截至2009年,伊利雪糕、冰淇淋产销量已连续17年居全国第一,伊利超高温灭菌奶产销量连续多年在全国遥遥领先,伊利奶粉、奶茶粉产销量自2005年起即跃居全国第一位。

伊利集团是中国绿色事业的先行者和奠基者之一。集团自创立之初,就秉承责任导向的发展观,全力谋求与行业、社会和全球环境的和谐共赢。伊利集团第一次在中国商界提出打造"绿色产业链"的构想,力求在乳业上、中、下游间构建一条绿色生态循环链。"责任为先"的伊利法则和"绿色领导力"理念一直指导着伊利的战略发展。在着力实现企业的绿色生产,倡导顾客的绿色消费,坚持品牌的绿色发展的基础上,伊利正全力带领整个乳品行业打造"绿色产业链",极大地推动了中国乳业的规范化和可持续发展。在近50年的发展过程中,伊利始终致力于生产100%安全、100%健康的乳制品,输出最适合中国人体质的营养和健康理念,并以世界最高的生产标准为消费者追求健康体魄和幸福生活服务。

最新的权威机构调查数据表明,伊利集团的品牌价值至2009年已达205.45亿,并第6次蝉联中国乳品行业首位。这意味着伊利在经济影响力、技术影响力、文化影响力、社会影响力等方面全面展示了行业领导者的绝对优势。

2002年伊利曾提出"2012年跻身世界乳业20强"的市场目标,而在成为2008年北京奥运会合作伙伴之后,伊利有信心在2010年完成这一飞跃。作为中国乳业连续三年的市场领导者,作为奥运会合作伙伴历史上的唯一一个食品类品牌,伊利无疑是带领中国乳业进军世界舞台的最佳选择。

## 二、伊利的体育营销之路

2005 年 11 月,伊利通过了全球最高标准的检验,成为中国有史以来第一家,也是唯一一家符合奥运标准,为奥运会提供乳制品的企业。为确保奥运乳品的品质安全,伊利集团在遵循奥运食品安全标准和奥运服务标准的基础上,致力于打造具有世界最高品质的乳品,升级精准服务,开创性地形成了一整套经过奥组委认可的也是符合世界最高标准的质量管理监控体系,并在北京奥运前夕成功实施了"奥运保障"计划。为期 3 年的奥运服务及筹备工作,让伊利实现了从生产技术、质量控制、物流服务,到企业文化和品牌形象的全方位升级,构筑了伊利新的核心竞争力。成功服务奥运,不仅成为伊利品牌与世界品质的"背书",更让伊利顺利踏上了世界的舞台,也为伊利携手另一全球盛事——世博会,奠定了良好的根基。如表 18-1 所示为伊利体育大事记。

表 18-1 伊利体育大事记

| 时间 | 事件 |
| --- | --- |
| 2005 年 | 伊利签约篮球明星易建联,代言伊利集团当时主推的新品——伊利优酸乳 |
| 2006 年 2 月 | 伊利以 1700 万签约刘翔,诠释伊利"为梦想创造可能"的品牌主张 |
| 2006 年 3 月 | 伊利集团正式签约跳水冠军郭晶晶,郭晶晶成为伊利新品 LGG 酸牛奶的形象代言人 |
| 2006 年 4 月 14 日 | 伊利成为北京奥运会唯一饮用乳制品,并指定为多哈亚运会中国体育代表团唯一乳制品合作伙伴 |
| 2006 年 8 月 | 伊利冰淇淋的"冰工厂"品牌在海南三亚策划"沙滩足球"活动 |
| 2006 年 11 月 23 日 | 伊利集团花费 2.04 亿元的高额代价,包揽中央电视台 A 特段所有 6 个时段单元的第一选择权 |
| 2007 年 4 月 18 日 | "伊利冰火——燃情奥运"全产品营销活动正式启动 |
| 2007 年 4 月 9 日 | 伊利集团在人民大会堂正式启动大型奥运主题活动"伊利奥运健康中国行" |
| 2007 年底 | 伊利启动奥运公益活动"蒲公英计划" |
| 2008 年 1 月 | 伊利联合央视国际、百度贴吧盛情推出"寻找我的奥运坐标"春节特别活动 |

## 三、伊利的体育营销战略

### (一)明星代言

伊利在成为北京奥运会的官方赞助商后,一改往日保守的作风,全力打造奥运这盘棋。伊利自 2005 年成为奥运会赞助商至今,一直在实施明星战略。伊利的代言明星阵容完全可以用"星光灿烂"这四个字来形容,而且伊利更是在广告宣传方面做足了文章。

早在 2005 年,伊利就已经签约篮球明星易建联,代言伊利集团当时主推的新品——伊利优酸乳。当时,易建联尚未进军 NBA,不过其在 CBA 联赛中抢眼的表现和部署的战绩表明,"篮球王子"的潜力不可估量,很有可能成为继姚明之后中国篮坛另一颗耀眼的明星。伊利正是看重这种潜力,凭借其敏感的商业头脑,果断与易建联签约。2007年6月,易建联在NBA选秀大会首轮中以第六顺位被密尔沃基雄鹿队选中,成为继姚明之后第五位在选秀大会上被选中的中国球员。易建联的广告价值由此迅速蹿升,也因此成为广告主们的新宠。

2006年2月,伊利以1700万的天价费用签约刘翔,用刘翔来诠释伊利"为梦想创造可能"的品牌主张。本次刘翔的签约赞助商共有8个,其中一级代言分别是伊利、耐克、可口可乐和VISA,伊利是一级代言商中唯一的中国企业。除此之外,伊利在携手刘翔的同时,还与国家田径队签订合作协议,成为该队的独家乳制品赞助商,全力支持中国田径运动。也就是说,在2008北京奥运会上,无论是刘翔个人,或者是中国田径队的其他运动员,只要能够取得好成绩,都会与伊利联系在一起。

2006年3月,伊利集团正式签约跳水冠军郭晶晶,成为伊利新品LGG酸牛奶的形象代言人。伊利也正式拥有了第二位奥运冠军代言人。

(二)奥运营销策略

自从2005年年底获得乳品独家赞助权后,伊利在营销策略上也就紧密围绕这一战略布局,从公益营销、产品促销、品牌策略等方面展开攻势。

**1. 大打奥运广告**

伊利在广告上花了不少力气,选择刘翔出任伊利集团形象代言人,推出刘翔领衔的"我与冠军只有一杯之遥"系列广告,并以2008万元拿下中央电视台奥运会开、闭幕式广告的"第一位置"。在央视播出的新广告中,伊利集团总裁潘刚还亲自上阵和刘翔演对手戏。

**2. "伊利奥运健康中国行"活动**

2007年4月9日,伊利集团在人民大会堂正式启动大型奥运主题活动"伊利奥运健康中国行"。全国人大常委会副委员长司马义·艾买提,国际奥委会委员、国际奥委会文化与教育委员会主席、中国奥委会名誉主席何振梁,北京奥组委执行副主委王伟以及中央电视台副台长罗明等重量级嘉宾应邀出席,刘翔、郭晶晶、史冬鹏、吴鹏等冠军运动员也应邀前来。整个活动包括奥运社区行、奥运主题体验公园、万人健步走、千万人"做健康明星与奥运同行"签名等。

伊利举办"伊利奥运健康中国行"活动,旨在推动"全民奥运",引领大众积极参与全民健身。她的启动表明国内乳品行业领导者的伊利,正在全力推动全民奥运与全民健康文化的普及。

**3. "有我中国强——寻找我的奥运坐标"**

之后推出的"奥运计划2.0"计划中,从奥运口号、奥运概念产品、奥运公益活动等多方面对奥运进行了立体化推广。其中"有我中国强——寻找我的奥运坐标"活动通过虚拟空间架设,利用最新的互联网技术,引导所有网民为助威奥运签名,传递每一位中华儿女对08奥运的祝福。新媒体工具的合理使用和网络的大规模推广,明星的加盟签名等方式有效地提升了活动的认知度和参与度。在此基础上推出的"圣诞""元旦"和"春节"的特别策划活动持续吸引着更大人群的参与,将这些节日乃至其代表的文化含义相联系,已有超过25万人次的网民在中国地图上签名留言并祝福奥运。

**4. "蒲公英计划"**

2007年年底,伊利启动奥运公益活动"蒲公英计划",即从2008年开始的每届奥运会上,中国代表团只要夺得一枚金牌,伊利就将向伊利梦想基金注入资金20万元,应用于青少年教育和发展事业,此举大大提高了伊利的企业形象。

伊利将赞助奥运定义为一个对全社会都有益处的人类活动,牵手奥运,意味着企业通过了世界最高标准的检验,此举全面打造了企业品质。奥运是机遇更是责任,它带来的是对企业从产品质量到管理水平的深度锤炼;与此相应,奥运将成为伊利品牌理念的一部分。奥运带给公司的不仅仅是一个营销机会,更是一个体现品牌的舞台。

**(三)抢占高端,聚焦赛事——自上而下的营销策略**

伊利和蒙牛两大乳企在争夺2008奥运资源上几乎是同时发力的,只是在着眼点和着力点有着显著的不同。从2004年起,蒙牛就为每一位国家运动员都配置了"牛奶套餐";2005年,蒙牛对奥运的营销活动定义为"志愿北京,蒙牛同行",由蒙牛出任首席合作伙伴的"志愿北京"赞助计划正式启动。此外,蒙牛还准备为北京申奥捐款1000万元,希望用亲情化的营销方式拉近消费者与蒙牛的距离,使奥运与蒙牛的乳类产品不至于离得太远,同时也能向奥组委表明自己的决心。而伊利则一开始就把主要的精力放在政府公关上。2005年,伊利集团出资3000万元支持内蒙古自治区呼和浩特市的文化、体育事业建设,其中,2000万元用于呼和浩特创建文化大市,500万元用于发展自治区文化事业,500万元用于为参加2008北京奥运会和下届全运会的内蒙古籍运动员提供补贴、奖励,以及改善自治区体育设施。

最终伊利获得了北京2008年奥运会唯一一家乳制品赞助商的资格,成为中国有史以来第一个赞助奥运会的中国食品品牌。这对于伊利始终坚持打造乳业第一品牌的战略是一个至关重要的机遇。因为像"超级女声"这样的活动营销更适于产品的行销而非品牌的彰显,但奥运营销,因其所具有的非凡的影响力、知名度和关注度更会对品牌的增值,以及品牌国际化的建立都具有难以估量的作用。

在确立了奥运营销的优势后,伊利迫切需要建立奥运精神与自身的品牌内涵之间的内在关联。正如2003年9月可口可乐公司全球奥运项目总监彼得·富兰克林来到中国,面对众多希望复制可口可乐成功经验的中国企业时所回答的那样:"一个企业要以赞助商的身份利用奥运会这个广阔平台,首先需要明确企业自身的目标,找到奥运与公司品牌之间的关联性。"于是,伊利的"为你的梦想创造可能"的品牌新诉求应运而生。奥运会对于每一位参赛的运动员来说都是一个实现自己梦想的机会;对于每一位观众来说,都是一个感受梦想成真的舞台。而伊利作为乳制品的生产商,正是在为人们实现理想提供无穷的动力。

在具体的营销载体上,伊利走的是赛事营销路线,即结合2006年国内外发生的热点体育赛事,如世乒赛、世羽赛(汤尤杯)、德国足球世界杯、上海国际黄金大奖赛等来进行体育营销活动。特别是在2006年7月12日凌晨,刘翔以12秒88于瑞士洛桑再次夺冠,并打破了维持13年之久的世界纪录。作为伊利的形象代言人,在24小时之后电视广告、报纸广告、终端海报等已经全部换成伊利祝贺刘翔打破世界纪录的广告,将重大赛事所带来的轰动效应放大到了极致。

**(四)伊利冷饮的全产品营销**

伊利冷饮针对自身的品牌优势和伊利作为2008北京奥运会唯一乳品赞助商的良机,

深挖品牌亮点并充分利用奥运元素,以此拉动产品销售的同时,借此进一步提升伊利冷饮的品牌形象。

2007年4月18日,"伊利冰火——燃情奥运"全产品营销活动正式启动,消费者只需购买伊利冷饮产品,即可凭借产品飘带上的编码角逐奥运大奖。这是伊利冷饮事业部和联想集团数码事业部携手推出的奥运联合营销新模式,即联想集团数码事业部为伊利冷饮的全产品推广量身定制相关产品,产品的设计围绕2008奥运主题。在这样的合作模式下,联想集团数码事业部为伊利冷饮全产品促销量身定制了全套福娃U盘(5个)作为产品促销的奖品。该活动的迅速升温预示着中国冷饮行业已经逐渐步入成熟期,同时,从伊利冷饮对奥运营销的广泛应用中,不难看出,冷饮市场已经由之前的产品竞争全面进入以品牌竞争为重点的发展阶段。

中国品牌研究院研究员认为:"伊利冷饮此次全产品营销,打造了冷饮营销历史上的三最,即营销力度最大、成本投入最高、覆盖范围最广。"

本次活动覆盖了伊利冷饮主要产品。如此大手笔的全产品营销在冷饮行业中尚属首例。一般来说,为了确保活动的盈利,冷饮行业内的营销多数采取买赠的形式,参加活动的产品也会集中在价格较高的高利润产品。因此,不难看出,伊利冷饮本次活动除了要进一步提高其在冷饮市场的占有率之外,更多的则是要凭借本次活动在情感上建立与消费者沟通的纽带,建立起品牌影响力。

另外,这次活动覆盖范围也是行业内最广的。这对于冷饮行业来说非常罕见,由于各个区域的销售情况不同,冷饮商们多数会根据不同的区域情况制定不同的促销策略。进行全国范围内的推广对厂家的渠道管理、销售半径、整体控制都有近乎苛刻要求。由此可以判断,伊利之所以能够大手笔地推出这样的活动,与其近年来下大力度在渠道建设上有密切的关系——伊利冷饮已经很好地构建了全国市场的战略布局,七大营销区域和全国范围内30多个生产基地的构建,成功完成了全国织网的计划,实现了集生产基地、营销大区与渠道运作于一体的运作模式。

(五)伊利与蒙牛的战略对比分析

从营销的角度看,奥运会只是一个规模和影响相对盛大的体育比赛,因此,这类型营销应该统称为"事件营销"。"事件营销"在国际上也叫"游击营销",它的最大特点就是四两拨千斤。无论怎么称呼,关键看是否符合企业战略发展需要。既然奥运营销是"事件营销",那么奥运营销只能让赞助企业取得阶段性胜利,而不是决定性胜利。

实际上伊利取得北京奥运赞助资格只是对乳品产业前3名有影响,对其他企业的影响并不大。伊利和蒙牛现在在销售额上的差距已经可以忽略不计,因此,争夺赞助资格实际上是在争夺行业老大的位置,从这一点看,伊利争取了一次和第二名拉大距离的有利时机。然而,伊利没有让同行的最大竞争对手取得赞助资格,只是在战略上阻挡了对手超越的可能性。对于其他奥运赞助商来说,是否能够真正达到赞助目的还是要看营销策略以及执行力如何。伊利在奥运营销上的动作不少,可是出彩的不多,如果再不颠覆传统模式的话,很难拉大二者之间的差距。反过来看,蒙牛目前之所以能够迅速缩短和伊利的差距,主要是因为团队战斗力比伊利要强。由于在战略上的先天失败,蒙牛只能依靠战术尽可能弥补。事件营销是蒙牛的强项,蒙牛通过独家赞助央视名牌体育节目《城市之间》获得了很好的非奥运营销效应。

数字一百市场咨询公司曾对伊利集团所具备的奥运赞助商特点进行了问卷调查，结果显示，伊利品牌在公众瞩目的知名度高、国际化品牌、积极回报社会、民族品牌以及环保、绿色的行业方面得到了广泛的支持，但公众关注度相对较低，在科技含量高、高品质和充满激情和活力等具有明显正面意义的特点上，伊利品牌均低于公众的期望。上海证券更是较直接地认为，对奥运营销的积极效应需冷观。伊利作为奥运独家赞助商所获得的品牌认知度，并不比非奥运赞助商蒙牛更突出，甚至给予公众印象良好的水平还略有落后。

2008年，伊利与蒙牛的竞争是一场奥运营销战，从以上数据和业内人士的分析来看，没有取得赞助资格未必是坏事，取得赞助资格也不见得都是好事。

## 伊利体育营销的解析

（一）伊利通过体育营销取得业绩提升

2006年1月至9月，伊利集团主营业务收入就超越2005年全年业绩，高达124.81亿元，实现净利润2.94亿元，纳税达到创纪录的8.10亿元。

2007年，伊利集团上半年的主营业务收入达到93.25亿元，较上年同期稳健增长17.55%。除了在内地市场独占鳌头之外，伊利在澳门成为第一品牌，在香港名列前三甲。目前伊利是国内出口国家最多的乳品企业，在新加坡、蒙古已经成为前三品牌，并开拓了加拿大、非洲、中东等市场。

2008年北京奥运会结束一周后，伊利集团以两倍于行业的增长速度交出第一份答卷。在伊利股份发布半年报中，奥运的强劲拉动进一步显现，公司2008年上半年的营业收入达到115.11亿元，较2007年同期增长23.06%，利润总额为8.25亿元，较2007年同期增长35.16%。剔除股票期权会计处理对净利润的影响后，净利润总额为2.56亿元，同比增长12.51%，纳税总额为7.08亿元，同比增长15.45%。其中，奶粉销售收入为21.38亿元，同比增长64.94%，不仅使其中国奶粉市场第一品牌的优势愈发巩固，在高端奶粉领域更以远超国际同行的增速逐渐开始扭转洋品牌称霸的传统局面；冷饮销售收入为20.63亿元，同比增长19.11%，连续13年产销量居全国第一；同时，奥运年中，伊利"奥运产品"的销量增长格外明显——被中国奥运健儿选为"奥运军团专用奶"的"伊利营养舒化奶"，2008年上半年销量大增30余倍，成为奥运期间的明星产品，有着"世界最高标准"的伊利金典有机奶则同比增长达150%以上。

（二）伊利体育营销取得品牌提升

2007年2月，在"第二届中国体育明星形象代言年度评选"颁奖盛典上，伊利集团荣获"年度最佳形象代言人物奖"和"年度最佳企业创意广告奖"两项大奖，成为颁奖典礼上最为闪耀的明星企业。

据中国品牌研究院2007年3月6日发布的《2006奥运营销年度报告》指出，伊利由于其美誉度涨幅最大，知名度最高，广告创意最受好评而成功荣获"2006奥运营销最成功品牌称号"。

2007年6月，由国际品牌评估机构"世界品牌实验室"公布的"2007年中国500最具价值品牌"的评选结果表明：伊利集团的品牌价值年内增长15亿元，从2006年的152.36亿元升至167.29亿元。

2008年1月18日,在北京召开的"第二届全国优秀企业管理成功案例论坛"上,伊利以《08奥运,缔造世界伊利的序曲——伊利集团成功牵手北京2008年奥运会》案例成为由中国企业联合会、中国企业家协会评选出的"全国十佳企业管理案例企业"。

2008年1月19日,作为唯一一家符合奥运标准、为奥运会提供乳制品的企业,与联想、海尔因2007年为助力奥运做出的卓越贡献,共同摘得"奥运社会价值排行榜"荣誉大奖。

在2008年最新更新的哈佛商学院案例库中,伊利集团作为中国乳业领军企业也赫然名列其中,并作为研究中国经济发展的代表案例被重点推荐。伊利集团董事长潘刚先生也因此受到邀请,将登陆哈佛讲堂,与哈佛商学院MBA学子就伊利集团和中国乳业发展进行现场互动。

可见,借力奥运对提升伊利集团品牌影响力应该起到了很大的作用。

(三)伊利在体育营销中的不足之处

1. 代言人的问题

伊利用刘翔做奥运营销的代言人可谓是名正言顺,但刘翔同时还是多家企业的代言人,本身定位比较模糊,除了伊利牛奶以外,刘翔至少代言了8个品牌。营销咨询机构最近的一项调查发现,人们很难记清这位明星代言了什么品牌。如何让刘翔和伊利从一片混沌的背景中脱颖而出,对伊利来说是一个不小的挑战。

再者,与刘翔所代言的其他品牌不同,伊利将宝全部押在了刘翔身上。刘翔的意外退赛对伊利集团打击颇大,措手不及。伊利花重金拿下了奥运赞助商和刘翔的一级代言资格,根据官方公布的数据,刘翔一级代言的价格为每年1000万元到1200万元,而奥运赞助商的花费据说至少在人民币4000万以上,伊利将二者合二为一,为之投入的巨额营销和广告费更是数以亿计的。

类似伊利这样在重大体育营销上"押宝"某一个运动员的,在体育营销业界堪称"大忌"。早在2006年世界杯,国内某著名IT厂商曾砸下上亿营销费用在巴西球星罗纳尔迪尼奥身上,结果该次比赛小罗表现不佳,该厂商血本无归。但经过世界杯、奥运会等大赛洗礼,国内企业明显提高了体育赞助水平,已经很少用类似伊利这种"把鸡蛋全放在一个篮子里"的招数。

其次是如何抓住易建联参加NBA选秀这个大好机会进行营销的问题。易建联选秀是那段时间最为热门的事件,更是NBA中国赛前最大的事件,大部分的媒体和商家都十分自然地把目光聚集到了易建联身上。易建联是伊利牛奶的形象代言人,而伊利没有利用这一点进行强烈的宣传。一个时间段内一个运动员的商业价值最大表现就是在曝光率,由于当时易建联身上凝聚着一种期待、实力和梦想的综合体,他当时的曝光率自然是其运动生涯中有史以来最高的,商业价值也是最可观的,甚至会高于其登陆NBA以后的比赛时的商业价值。伊利应该在那个时间段稳稳地抓住时机,不知为何却无故放弃了,没有达到预期的宣传效果,实在令人惋惜。

牛奶与篮球其实有天然的吻合度。一句朴实的"喝牛奶长个儿",相信是母亲让孩子喝牛奶的初衷和本能的消费观,这句话就能说明两者结合的许多朴素的理由。伊利却没有很好地利用这个闪光点,把易建联放到了与刘亦菲搭档的"时尚"点上,结果差强人意。

中国的许多企业总是简单地认为体育明星只要加入就可以带来永恒的价值,对体育明星的社会形象、职业发展和个人性格都抛之脑后,以为一个体育明星对于企业就是永远的号召力和影响力。

最后,伊利虽然拥有刘翔和易建联两位高知名度的体育明星,但是如何把身为NBA球员的易建联和刘翔整合在一起,如何突出奥运营销的主题,也是个问题。

2."伊利奥运健康中国行"活动营销的问题

伊利拥有了许多塔尖的体育资产,却缺乏耕耘塔基的沟通思路及策略。伊利"伊利奥运健康中国行"的优点是涉及面比《城市之间》更基层,而且在奖励方面的吸引力也比《城市之间》更大,塔在一定程度上就是希望解决"耕耘塔基"的问题,但仍然存在着诸多问题。

与蒙牛的活动《城市之间》相比,伊利的"伊利奥运健康中国行"有四点劣势。

首先,"伊利奥运健康中国行"是一个全新项目,是一个一切重新开始的节目,让观众接受需要有一定的过程和一定的难度。

其次,"伊利奥运健康中国行"的媒体主办单位为CCTV-2,是经济频道,和体育的相关性十分牵强,也不是奥运会的播出频道。另外联手多家电视台合作分散了人群的注意力,效果反而不好。

再次,"伊利奥运健康中国行"无强大的官方背景,此处可见蒙牛采用全国妇联等排他性的合作是非常准确的。无政府背景的渠道渗透将使执行权威性欠缺,商业特征过于浓烈,爱心和公益特征不足。而且,无政府渠道保障,执行也将面临相当大的困难和高成本。

最后,因为2007年全民健身活动太多,伊利的活动很难从诸多同质的项目中凸现出来,这也就体现出了蒙牛结盟NBA的重要价值。

## 参考文献

[1]伊利[EB/OL]. http://baike.baidu.com/view/68579.htm?fr=ala0_1_1.
[2]易迈网络.伊利体育营销的"刘翔速度"[EB/OL]. http://www.mba163.com/glwk/scyx/200701/86870.html.
[3]新浪财经.伊利奥运健康中国行健康启动[EB/OL]. http://finance.sina.com.cn/leadership/pplt/20070412/15363496549.shtml.
[4]广告人编辑部.伊利&蒙牛PK体育营销[J].广告人,2007(8).
[5]孙先红,朱小明.蒙牛体育营销内幕[M].北京:人民体育出版社,2007.

# 案例十九 怡冠急功近利由盛转衰的启示

## 一、企业简介

广东润田怡冠保健品有限公司是深圳安诚信投资公司、江西源远投资公司出资,国家体育总局体育科学研究所提供技术,并与江西丰江实业公司共同开办的一家功能性饮料公司。如图 19-1 所示为润田怡冠 LOGO。

20 世纪 90 年代初期,江西润田保健品公司在江西本土纯净水市场的"润田"纯净水一度曾占据江西市场的半壁江山,达到十几亿元的销售额,在纯净水行业也算是举足轻重。

随后润田试图发展植物性功能饮料。市场调查发现,20 世纪 90 年代初期,全球功能性饮料市场起步时还不到 20 亿美元的销售额。然而 10 年不到,2001 年全球功能性饮料的销售额已超过了 150 亿美元,年均以两位数的百分比增长,更有专家预言到 2005 年,全球功能性饮料市场可以达到 250 亿美元。当年在中国,功能性饮料销售收入只有区区 12 亿元人民币,市场空间何等广阔。当时这类饮料在中国的市场格局是,除红牛一枝独秀,占据了 70% 以上的市场份额外,其他一些品牌加起来市场份额不足 30%,甚至有人乐观估计,功能

图 19-1 润田怡冠

性饮料在中国至少还有 10 亿元的市场空间。基于功能性饮料在中国发展时间短,市场竞争少,从饮料市场的发展趋势来看,功能性饮料极有可能成为继碳酸饮料、纯净水、果蔬饮料和茶饮料之后的消费者新宠等原因,润田决心进入功能性饮料市场。

2001 年初,润田公司进入了实际操作阶段。为研制新产品,润田委托湖南农业大学萃取中心进行产品研发。经过攻关,不久,新品研制成功。这种被赋予"怡神醒脑、补充体能"神奇功效的饮料取名"怡冠"。一则"怡冠"与"一罐"同音,易于上口;二来有取"怡神安体,勇盖三冠"之意。

## 二、体育营销战略的全过程

作为一家新成立的公司,润田怡冠的体制具有很强的灵活性,产品依靠外围厂家贴牌生产,而企业本身只负责品牌的传播和营销团队的整合。2001 年 8 月,怡冠的市场营销正式启动。被红极一时的招聘广告吸引来的一批优秀人才迅速汇集起来,这包括先前在乐百氏负责通路建设,被任命为营销副总经理的管贞福;原香港俊铭企业管理顾问公司高级顾问师,被任命为营销经理的廖建宁等。

在怡冠蓄势待发之际,市场"老大"红牛在经过了5年的高速发展后,正面临着"品牌瓶颈"。红牛定价过高、产品单一,按理说需要以产品换代来适应市场需求,但红牛竟然成了"慢牛",迟迟未见任何动作。更何况,红牛在中国的发展极不均衡,全年8亿元的销售额仅广东一省就占了4个亿,有人甚至用"南帝北丐"来揶揄红牛在中国的处境。

这对怡冠来说无异于天赐良机。在怡冠看来,完全可以利用新产品的爆发力,趁红牛空虚之际以闪电之势占领市场。怡冠迅速制定了营销策略,即采取"高举高打"的方式全线出击。随后,强兵猛将们雄心勃勃地奔赴各地战场。

一切具备,怡冠的大好风光似乎就在眼前。面对即将到来的2002年世界杯,怡冠决定进行体育营销。

(一)成功的开始:2002世界杯的"米卢代言"

对于某一类产品来说,消费者一般所能记住的品牌数为4~5个。也就是说,如果你的品牌不能挤入消费者大脑中的前五名,你就无法让消费者指名购买。这时候,企业广告推广的核心任务应当是提升自己的品牌知名度。而对于知名度的提升,利用一些社会关注的焦点事件、活动、重大体育赛事等的影响力要远远好于常规的广告宣传,因为这些重大事件或体育赛事不仅吸引了数量庞大的观众群,而且他们对这类活动的关注程度和投入的深度也要远远高于平时。特别像世界杯比赛这样的体育活动,其竞技的激烈程度和比赛结果的不确定性,更增强了观众对直播赛事节目的关注度,观众的情绪将随着比赛的进行而被剧烈地调动起来,其中的广告也将不被反感地融入他们的生活和情绪当中,对品牌的塑造起到一般节目无法实现的特殊作用。这对于急需提升知名度和市场占有率的新企业、新品牌或者新产品来说,是个很好的着力点。

创立之初的广东润田怡冠保健品有限公司投入世界杯营销也是大势所趋。"选择体育行销,使我们好像从一个狭长的黑匣子里找到了光明的出口,顿时眼前豁然开朗,我们开玩笑说人类的视野长度有8公里远,可是我们的眼光至少应该有8年那么长。"当代著名策划人、被业内尊为"策划之霸"叶茂中的一席话,可以看出体育营销在当时业界的受追捧程度。

2002年,国人谈得最多的就是足球。"神奇"教练米卢率领的中国国家队在世界杯预选赛上势如破竹,一举获得2002年韩日世界杯的入场券,一时在全国掀起了足球热潮。足球运动需要保持清醒的头脑和充沛的体能,这与怡冠饮料的功能诉求有着共鸣。怡冠考虑到当时米卢在中国的人气及其背后世界杯的商业价值,选用了米卢作为该产品的形象代言人。

怡冠高层认为,选择米卢之后不是仅仅炒作一下就完,借用米卢是一个借势的过程,关键是在产品以及营销通路上的运作,以及以后的系列性,米卢是一位像狐狸一样狡猾、多变的人,这在球场上可以看到,而怡冠饮料所要面对的消费者则是一些在脑力上要与他人博弈,从而善于思考的一个群体,在这个定位上,米卢与怡冠是相通的。

世界杯期间这样一支广告开始频繁播出:"神奇"的米卢手里拿着一罐怡冠饮料,一副指挥若定的样子,赢得比赛最后的胜利,字幕现出几个字:关键时刻,保持清醒。精美的广告外加上米卢的名人效应,自然吸引了人们的眼球。怡冠的"大手笔"很快得到回报。一个刚推出市场的产品,居然能够请来米卢打广告,而且在央视世界杯黄金时间播出,这产品本身绝非等闲之辈。闻到"赚钱味道"的经销商纷涌而来,强烈要求经销怡冠饮料。据说一位湖北的经销商千里迢迢赶赴广东,未做任何考察就拿下了20万元的订单。截至2002年3月,怡冠在全国建立起21家分公司,产品进入了国内上千个卖场和超市。几乎一夜之间,怡冠闪电般地完成了全国铺货。

怡冠的广告策略是有效的,它为企业带来了巨大的品牌价值提升,其具体体现在:

首先,怡冠的知名度得到了彰显。怡冠利用米卢之前就有一个计划,上半年利用这种影响提高知名度,下半年,随着世界杯的淡化,米卢在企业品牌中的影响也随之淡化。事实上,这个他们已经达到了预期目标,在广告出来后,国内有数量众多的广告公司与他们保持了联络,产品在深圳等地的知名度也达到了80%以上。

其次,在营销网络内获得了信任度。对于一个没有任何名气的新的公司、团队与品牌,怡冠向国内营销网络所能证明的东西还太少,但利用米卢之后,在短短的5个月的时间里,他们在全国建立了自己的营销网络。虽然,其运作效率还有待时间的整合,但整个框架的搭建已为产品的全国性推广提供了基础。

再次,一个营销团队已经组建成功。公司成立之初,由于是一个完全崭新的公司与品牌,企业招兵买马时,怡冠是处在乙方地位,花费较大成本招聘人才。但米卢的广告出来之后,这让他们看到了企业的前景与领导层信心,在当时,甚至像健力宝等一些大的饮料公司的中层干部以及业务骨干也开始向这边靠拢,在吸纳人才方面,米卢广告起到了无可替代的作用。

最后,一个最重要的因素就是,在消费者面前,怡冠确立了自己的形象。消费者才是怡冠最重要的客户,把握了他们才是最终的利益所在。

(二)失败的结局

在怡冠开始全面市场营销时,采取了"高举高打"的全线出击策略。为配合此种策略,怡冠的体育营销不惜重金打广告。签约米卢给怡冠带来体育营销的初步成果,但之后一系列急功近利的营销策略为其最后失败埋下了伏笔。

2002年6月,世界杯在万众注目下拉开帷幕。怡冠再度重拳出击,借势搞起了"看足球赢万元大奖"活动。各地宣传的海报漫天飞舞,饮料的营销可谓热火朝天。产品醒目地摆上货架、经销商涌上门来要求经销,产品随着米卢的名声成为街头巷尾议论的对象,一时到处都是捷报频传。怡冠更是制定了1个亿的销售目标,这为怡冠急功近利的有效策略定下基调。

**1. 不合理的市场论证使怡冠高估功能性饮料的市场消费潜力**

功能性饮料进入中国时间尚短,消费者对其了解不多,很多人都认为其是"身体缺乏某种机能才会喝的饮料"。另外,功能性饮料普遍价格偏高,很显然,5、6块钱一罐的红牛还不如喝三杯可乐更实在,并且很多地方消费者没有喝功能性饮料的习惯。在这样的市场背景下,企业最好的对策就是对市场精耕细作,慢慢培育。然而,怡冠却过于急功近利。

**2. 市场营销策略的根本性失误,缺乏具体的销售策略**

"初出茅庐"的怡冠似乎更乐于创造奇迹,以为依旧有巨大的市场空隙。其认为铺货率越高,销售额就越高。结果全线上市造成了费用的巨额上升。在有些城市,怡冠不惜花费数百万元进入卖场,全国几十家分公司,折算下来费用自然惊人。即便怡冠进入了卖场,却有很多消费者尚不知道怡冠是为何物,略有耳闻的人认为怡冠是足球运动员喝的饮料。

体育营销案例分析

对于怎样将货架上的产品卖到消费者手中,则需制定具体的销售策略,然而怡冠却未设计实施的具体细节,分公司经理们各自为政,自然也就花样百出。有的分公司经理发动自己的亲人、家属购买,再托人的搞采购,中间还可以提成;有的分公司在获得5万元的利润后,按照广告政策可以获得8%即4千元的广告费用,然而4千元钱连上半个版报纸广告都不够,情急之下,该分公司经理在当地的广播电台午夜十二点打了一条广告,其结果自然是石沉大海,更多的分公司则选择放任自流。对于新产品,消费者大都只为猎奇,很难上量。同等价格下,消费者更愿意选择名声更久的红牛。而怡冠推出时,又恰逢国内"冰茶战""鲜橙战"打得如火如荼之际。在此夹缝市场之下,怡冠推出不久市场反应便趋平淡。

眼见产品滞销,怀揣沉重任务的分公司经理们要求总部配合搞促销活动。然而怡冠总部从节约费用的角度出发,虽断断续续地搞了些活动,但不外乎是些买产品送圆珠笔、铅笔之类的"小游戏"。分公司经理们认为这只不过是"哄哄小孩"的把戏,对总公司的促销活动不予认同。有的分公司在世界杯之前,自己提出了搞活动的建议送至总公司市场部,然而到了世界杯结束之后仍杳无音讯。

**3. 中国队兵败世界杯推倒多米诺骨牌**

当世界杯小组赛进行得如火如荼之时,怡冠已是压力重重。最不愿意看到的一幕却偏偏发生,米卢率领的中国足球队兵败如山倒,在世界杯3场比赛中净丢9球,中国足球颜面扫地。所有与米卢相关的产品,也因对米卢铺天盖地的批评而美誉度尽丧。

事前,怡冠高层对米卢的世界杯成绩还是有所准备。一旦米卢在韩国兵败,则立即撤下米卢系列广告,换上主要以功能诉求为主的广告;同时,为了挽救市场,怡冠的高层还准备了2000万元的救市资金。然而,令怡冠高层始料未及的是,怡冠的功能诉求篇广告由于涉及保健品方面的功能,需报请国家有关部门批准。然而直到世界杯结束之后,有关的保健批文却迟迟没有下文,而此时其他广告尚未制作出来,万般无奈之下,怡冠不得不停止广告播出。

一个新产品没有广告的强力拉动,全国各地的经销商纷纷要求退货。很显然,怡冠积累下来的问题,绝非单靠资金投入就能解决。权衡再三,怡冠决定暂不投入准备救市的2000万元资金,刚建立不久的销售体系几乎处于崩溃边缘。

一个全新的产品、一个新生的团队、一个新兴的市场,怡冠借助世界杯的东风全面出击,试图在短时间内创造营销奇迹。但怡冠从产品上市到2002年7月,仅有不到2000万元的销售量。喧闹之后一切归于沉寂,怡冠"全面出击"的体育营销策略宣告彻底失败。

怡冠体育营销的解析

广东润田怡冠保健品有限公司在捆绑米卢的营销推广中,怡冠的品牌核心价值缺位、品牌核心价值与世界杯没能有效对接、推广活动也没多少特色。总之,在耗费巨资提升知名度的同时却没有告诉人们怡冠究竟是什么、怡冠与消费者有什么关系,加之其后来销售目标的盲目乐观,一系列急功近利的销售策略最终导致了怡冠体育营销的彻底失败。

怡冠的这一典型性失败,只是中国企业体育营销挫折"众生相"的一小部分,也反映出中国企业进行"体育营销"的两个误区。

1. "体育营销"＝赞助＋广告,是短期行为

中国现在许多企业都停留在通过"体育营销"进行促销的阶段,其中最常用的两种策略是广告轰炸和巨额抽奖。在中国,几百万元的赞助费可以在2、3天内就确定下来,尽管公司高层对这个体育项目或体育明星都不知道是何方神圣,所知的仅仅是"大家都知道体育营销挺好的"。

中国企业都把"体育营销"当成了短期行为。其实,体育营销是战略行为,只有长期坚持,才能取得大的成果。因此企业如果希望体育营销能够带来即期效益,那是不明智的,从短期效益分析,体育营销并不能给企业带来太多的期望。

2. "体育营销"＝公关＋炒作,是单点运作

国内企业在进行体育营销时,往往把体育营销误认为就是体育赞助,在体育赞助和炒作上不惜重金,却不进行其他方面的配套工作,不进行企业资源的整合,这样就不能发挥出体育营销的作用,导致资源的严重浪费。其实,体育营销是一个复杂的系统执行过程,需要企业在体育赞助的同时,对企业产品、企业形象重新设计、定位,使之与体育文化相符,还要整合企业的资源,综合运用多种形式,使体育文化融入企业的各个环节,形成企业与消费者的共鸣。因此,我们说,体育营销,不仅是事件营销,不仅是炒作活动,不仅是促销活动,也不仅是公关,它是一个战略行为,它关系到企业的品牌定位、产品开发和渠道运作以及推广运动,体育营销是一个体系营销。

客观地说,相对传统营销时代,中国企业有运用体育平台进行营销的意识和行动,已是一种长足的进步,毕竟我们接触体育营销这种新兴模式时间还不长。同时我们也应该承认,我们在对体育营销的领会和把握上还很稚嫩。体育营销是一个复杂、系统的工程,我们不能把它仅仅当成一种炒作,只是利用体育的名义进行单一的广告轰炸和终端促销,这样只会重蹈怡冠的覆辙。

**参考文献**

[1] 网易.怡冠:一场黯然神伤的世界杯营销[EB/OL].http://biz.163.com/06/0822/09/2P4D9EKM00020QDS.html.

[2] 中国品牌总网.怡冠体育营销[EB/OL].http://www.ppzw.com/article_show.asp?articleid＝69426.

# 案例二十
# 招商银行：非奥运赞助商也能红动中国

## 一、企业简介

如图 20-1 所示为招商银行 LOGO。招商银行（以下简称"招行"）于 1987 年在中国改革开放的最前沿——深圳经济特区成立，是中国境内第一家完全由企业法人持股的股份制商业银行，也是国家从体制外推动银行业改革的第一家试点银行。2002 年，招行在上海证券交易所上市；2006 年，在香港联合交易所上市。

成立多年来，招行伴随着中国经济的快速增长，在广大客户和社会各界的支持下，从当初只有 1 亿元资本金、1 家营业网点、30 余名员工的小银行，发展成了资本净额超过 1200 亿、资产总额突破 2 万亿、机构网点近 750 家、员工 4 万余人的全国性股份制商业银行，并跻身全球前 100 家大银行之列。截至 2009 年末，招行在中国（除港澳台地区）的 65 个城市设有 52 家分行及 685 家支行（含分理处），2 家分行级专营机构（信用卡中心和小企业信贷中心），1 家代表处，1760 家自助银行，1700 余台离行式自助设备，一家全资子公司——招银金融租赁有限公司；在香港拥有永隆银行和招银国际金融有限公司两家全资子公司，及一家分行（香港分行）；在美国设有纽约分行和代表处；在伦敦设有代表处。

图 20-1　招商银行

招行将"服务、创新、稳健"作为核心价值观，坚持效益、质量、规模、结构协调发展，在国内同业中逐渐脱颖而出。招行不少创新业务产品具有比较明显的市场竞争优势。一卡通是国内第一张基于客户号管理的银行借记卡，目前累计发卡量超过 5000 万张，卡均存款近 9000 元，远超全国平均水平，被誉为客户较喜爱的银行卡之一；一网通是国内第一家网上银行，近年来招行网上个人银行业务交易量年复合增长率接近 100%，电子银行综合替代率超过 75%；信用卡是国内第一张符合国际标准的双币信用卡，目前发卡量超过 3000 万张，被哈佛大学编写成 MBA 教学案例；金葵花理财是国内首个面向高端客户的理财产品，在高端客户中享有很高的美誉度，目前拥有客户超过 59 万户，管理客户总资产超过 1 万亿元；私人银行服务在国内股份制银行中率先推出，目前拥有客户近 1 万户，管理客户总资产超过 2000 亿元，被国内外权威媒体多次评为"中国最佳私人银行"；跨银行现金管理在国内同业首开先河，成为大型企业集团资金管理的首选。此外，个人储蓄存款、个人消费贷款、资产托管、企业年金、离岸金融等业务，在股份制银行中居于领先地位。招行的风险管理也一直为业界称道，资产质量始终保持良好水平。截至 2009 年末，不良贷款率为0.82%,准备金覆盖率达246.66%。

凭借持续的金融创新、优质的客户服务、稳健的经营风格和良好的经营业绩,招行现已发展成为中国境内颇具品牌影响力的商业银行之一。在银监会对商业银行的综合评级中,招行多年来一直名列前茅。根据波士顿咨询公司的报告,招行2008年的净资产收益率为全球银行之首。招行被英国《金融时报》评为市净率全球银行之首、品牌价值增幅全球第一并入围中国世界级品牌,荣膺《福布斯》全球最具声望大企业600强第24位,《亚洲华尔街日报》中国最受尊敬企业第一名;同时招商银行连续被境内外媒体授予"中国本土最佳银行""中国最佳零售银行""中国最受尊敬企业""最具社会责任企业""中国十佳上市公司"等多项殊荣。

2009年4月29日,英国《金融时报》发布全球品牌100强排名,中国5个品牌入围。招商银行在品牌价值增幅排名中位居全球第一,实现168%的增长;位列全球品牌100强排名第81位,品牌价值80.52亿美元,同比上年增长50.52亿美元。

相关专家分析,招商银行品牌价值的增长源于多个方面:

一是同比国际金融业的危机与衰退,招商银行取得了出色的业绩。在全球金融危机背景下,2008年招行实现营业收入553.08亿元,同比增长35.04%。归属于股东的净利润210.77亿元,同比增长38.27%,每股收益1.43元,同比增长37.50%。

二是国际化战略的成功,招商银行纽约分行在华尔街的严冬时节隆重开业,成为美国自1991年实施《加强外国银行监管法》以来批准中资银行成立的首家分行,被纽约市长誉为"冬天里的春风",受到海内外媒体的广泛关注。另外,它全资收购了具有75年历史的香港永隆银行,在招行国际化发展步伐中迈出了历史性的一步。

三是奥运体育营销取得非凡成功。2008北京奥运年,招商银行"红动中国",郎朗品牌代言、"和"概念信用卡的推广,赢得了全球品牌专业人士的瞩目。而招商银行品牌在2008年百年不遇的雪灾和汶川大地震期间卓越的公益表现,也受到了社会的广泛关注和好评。

## 二、招商银行的体育营销方略

### (一)奥运营销战略

**1. 奥运营销组合拳**

信用卡业务是招商银行的"拿手好戏"。2002年至今,招商银行信用卡发卡率先突破1000万张,成为国内信用卡行业权威,在信用卡产品创新方面亦十分活跃。2008年,奥运商机对于中国金融业来说千载难逢。3月24日,招商银行在青岛启动"2008和世界一家"信用卡品牌理念系列活动,推出招商银行VISA奥运信用卡。并且参加招商银行VISA信用卡"2008,和世界一家"组队刷卡计划,就有机会抽奖赢取VISA北京2008年奥运会3天2晚双人游。

招商银行还承诺,从3月27日到次年6月1日,每发一张信用卡,招商银行将捐出1元钱,每成功完成一笔信用卡消费交易,将捐出1分钱,用于建立慈善基金。可以说,为了打好奥运牌,招商银行非常重视渠道公关,力图树立更好的市场地位。

之后招商银行继续发力,又打出奥运营销组合拳,成功赞助国家帆船帆板队和国家赛艇队,并签约支持青岛市政府"千帆竞发2008"人文工程等。奥运合作伙伴VISA+奥运会水上项目城市青岛 ＋ 奥运国家帆船帆板队和国家赛艇队 ＋ 奥运慈善捐赠，招商银行持"为奥运贡献一分力量"的大旗，从细节着手，从边路发力，以组合拳的方式迈出了奥运营销的步伐。

**2. 红动中国奥运推广**

在招商银行看来，虽然自己不是北京奥运会赞助商，但奥运会不仅仅是一场运动会，更是自豪、自尊、自强的民族情怀尽情释放的舞台。招商银行要抓住奥运营销机遇，要在既有传播主题和营销策略上有所突破。寻找奥运主题与自身企业品牌个性之间的连接点，便是招商银行战略的重点。

招商银行作为中国民族品牌，是与整个国家同呼吸、共命运的。"红"永远是中国的主色彩，它寓意吉祥、平安、热情、美好的祝愿，而招商银行的标准色也是红色，能与中国红和北京奥运会即将频频升起的五星红旗的"红"关联在一起，招商银行"红动中国"的品牌传播主题就这样应运而生。招商银行期望通过"红动中国"系列营销，深度挖掘红色所代表的中国民族情感，令中国的红色感染世界及每一个消费者。

为与众多以民族情感主题为传播基调的奥运营销活动区隔开，招商银行为"红动中国"系列营销传播活动注入了更多差异性元素。它通过更多地体现企业的社会责任来得到消费者的深度认同。这是一种全新的尝试，预期目标是要影响泱泱大国的芸芸众生，其中大部分并不是招商银行原有的客户，这就需要借助影响力大的传播平台，来向公众大力阐释这种倡导。所以，招商银行选择同新浪网合作，设立"红动中国"特别频道，同时与央视科教频道合作，共同打造"巅峰梦想登山"活动，这是一档巧妙地结合了科教频道传播知识、积极参与户外运动项目的特点，融户外活动知识和户外竞技于一体的节目。

通过这些看似与招商银行的业务毫不相干，但是能有效传达其品牌理念的活动，招商银行不仅向广大受众传播了奥运和运动的知识，还使他们积极参与到奥运中来。招商银行走过了20多年的发展历程，正处于品牌国际化提升的阶段，尽管近期中国乃至全世界的经济形势不甚乐观，招商银行还是义无反顾地通过一系列的公益活动来体现自身价值，对此，招商银行品牌总监袁晓懋做了一个形象的比喻："如果一个企业的品牌有了一定的积累，那么遇到了困难或者危机就会凭借已有的蓄积力量获得重生，正如有的动物经过了三季的积累，到了冬天就会有充足的能量安全度过冬眠期。"

招商银行的一系列"红动中国"的活动，弥补了它不是奥运会赞助商的不足，走出了金融行业品牌推广和企业形象提升的最具挑战性的一步。从企业公民的角度讲，招商银行用"红"来阐释自己的中国心，在为中国加油、为奥运喝彩的同时，也表达了企业自身谋求发展、做大做强的强烈愿望。

**（二）组 F1 摩托艇招商银行队**

F1 摩托艇是飞驰于水上的一个时尚比赛，故有"水上F1"的美誉。自 F1 摩托艇 2006 年进入中国以来，已经历了 2006 年成都、崇州站，2007 年西安、深圳站以及 2008 年的柳州、深圳站。历经三年的磨砺，F1 摩托艇世锦赛已逐渐被国人接受，国人开始慢慢融入其中，感受和体验水上 F1 的精彩和刺激。

2006 年招商银行成立了唯一的国字号队伍——中国天荣 F1 摩托艇招商银行队，这是 F1 在高端赛事上，首次出现中国参赛队伍。招商银行自 2006 年中国天荣 F1 摩托艇队成立之初，就与深圳市天荣投资有限公司强强联手，冠名了中国天荣 F1 摩托艇招商银行队,并邀请了台湾明星林志颖加盟队伍,为其提升了知名度。中国天荣 F1 摩托艇招商银行队三年来的出色表现,不仅得到了国际媒体的广泛关注,也得到了众多艇迷的支持。F1 也因为有了中国元素的加入,赛事在中国的收视率得到了提升。

F1 摩托艇的青春、时尚和国际化,恰好代表了招商银行的品牌诉求,F1"复杂多变的形势下,要提高驾驭能力、在弯道上创造价值"的战略目标也与招商银行不谋而合。而 F1 摩托艇赛事的主题"激情启迪梦想 速度成就未来",不仅将体育和激情紧密结合在一起,速度更是它最大的特色。招商银行赞助的中国天荣 F1 摩托艇队也将为招商银行这个品牌带来更多的激情、动感与活力。

自从携手中国天荣 F1 摩托艇队之后,招商银行与深圳市天荣投资有限公司共同开展了一系列以"F1"为主题的大型推广活动,例如:"巅峰梦想 红动中国"登山活动、"F1 未来之星"选拔、"F1 美丽使者"选拔、"万人签名助力 F1 中国队"、"F1 摄影大赛"、"F1 交响音乐会"、"F1 志愿者招募"、"F1 城市巡展"、"F1 颁奖晚会"等,这是因为招商银行与 F1 有着相同的发展理念。

招商银行与 F1 赛艇运动的紧密结合,不仅促进了 F1 赛艇运动在中国的发展,同时提升招商银行在国际金融市场上的影响力,双方实现共赢是大势所趋。招商银行健康、拼搏、进取、新锐的品牌形象也深入人心,受到消费者的认可和青睐。自携手 F1 摩托艇以来,中国天荣 F1 摩托艇招商银行队的年度传播价值超过 1.5 亿元,近 80% 的现场观众认为招商银行是国人骄傲的民族品牌、国际化品牌,近 9 成观众则表示今后在选择银行金融类业务时会优先考虑招商银行。通过赞助 F1 摩托艇,招商银行的国际化品牌建设更上层楼,企业品牌与财富得到完美提升。

(三)体育明星搭配超级女声快乐男声

在 2007 年 9 月 12 日晚湖南卫视的"一路上有你"关注奥运健儿大型晚会上,体育明星搭配超女快男,一起为招商银行奥运计划添砖加瓦。

尽管 07 快乐男声于 7 月初就因广电总局对选秀节目的限制而匆匆落下帷幕,但"超级女声""快乐男声"两大品牌在中国普通观众眼中的影响力依然强大,二者均创造了同期同类节目全国最高收视率即可说明一切;而湖南卫视十年来打造的国内娱乐卫视一哥地位的影响力也不容小视。招商银行借湖南卫视和超女快男之力,邀请体育明星共办奥运主题晚会,以文艺之路进行奥运营销的想法成为一种可行方案。

双方共同邀请刘翔、邓亚萍、李宁、李小鹏等奥运冠军,和易建联、赵蕊蕊等人气体育明星以及招商银行赞助的国家帆船帆板队的金牌选手徐莉佳出席晚会,湖南卫视派出 06 超女刘力扬、07 快男陈楚生、苏醒、王栎鑫、郭彪等在晚会上演唱,招商银行更是派出总行唐志宏副行长亮相晚会,身体力行地深度宣传、倡导并高度提升了招商银行"和"的概念和意义,并对招商银行体育专项慈善基金及对国家水上运动中心帆船帆板队的赞助予以广泛传播。此外,主持台特意披上了象征招商银行的金葵花,主持台后面也挂着招商银行的品牌标识;在晚会后方,更是用巨大的"和"字做装饰。当晚会结束全场飘起巨幅五星红旗时,晚会后方的"和"字引领象征祖国荣耀的五星红旗,勾勒出一幅和谐奥运之图,十分具有感染力。

这次独家冠名的奥运晚会,是招商银行 2008 奥运营销"和"战略的重要组成部分,也是招商银行娱乐和体育营销的进一步深化。我们相信招商银行将继续在不同领域找到合作奥运营销的契机。借鉴"2002年足球世界杯中,非奥运赞助电信企业韩国SK电讯,通过与韩国足球著名的'红魔啦啦队'联手大打'给选手加油'等概念和活动牌,营销效果远胜奥运赞助电信企业KTF的案例",以最少的成本费用,最大地提高品牌知名度,打好奥运营销牌。

有时候,非奥运合作伙伴,反而可以打出更好的奥运营销牌,因为没有赞助条款约束,没有高额赞助成本,有的是生存压力,也是创新动力。

## 招商银行体育营销的解析

### 1. 寻找跳板涉足奥运

08北京奥运会期间,招商银行"VISA奥运卡"的广告频繁出现在电视台上,"2008和世界一家"的广告主张让人联想起奥运,虽然此时招商银行并非是奥运的赞助商。

其实早在2005年初的时候,招商银行就与三星、VISA联手推出了奥运卡,从此便触上奥运的弦。航运起家的招商银行和运动的结缘理所应当。

奥运品牌是全球颇为认知的品牌之一。国际奥委会进行的一项调查表明,63%的被访者认为,产品上的奥运五环标志可以吸引他们对产品的注意力。奥运会已经成为全球认知度最高(全球高达90%的认知度)的体育赛事。国际奥委会最近的一项调查表明,68%的奥运赞助企业认为,排他性标识使用权利,是奥运权益中最重要的权益。奥运赞助商极力保护自己千金换来的权益,因而激发了非奥运赞助商们的创意思维。

招商银行是美国万事达卡组织(以下简称VISA)的会员单位。VISA从1986年开始一直是奥运会指定的赛事独家支付卡和支付手段赞助商,这一身份也极有可能持续至2012年。3月24日,招商银行在青岛正式启动"2008和世界一家"信用卡品牌理念系列活动,推出招商银行VISA奥运信用卡,并签约成为国家体育总局水上运动管理中心下辖的国家帆船帆板队和国家赛艇队在金融领域的唯一赞助商,签约支持青岛市政府"千帆竞发2008"人文工程。

信用卡的发行只是个开始,接下来的推广和营销非常重要。卡片是非常严肃的,招行的卡片合法合规,VISA奥运卡是得到了VISA的审批,还有银联的审批,甚至是经过奥委会、北京奥组委的审批才得以上市。招商银行信用卡中心一位不愿透露姓名的副总经理说,取得审批授权是重要的第一步,也是最痛苦的一步。所有与VISA奥运卡片相关的新闻稿、促销资料、市场活动都需经由VISA递交给国际奥委会和北京奥组委进行审核、批复。这当中,需要不断地与VISA、北京奥组委沟通。

与前期公关一同进行的是公司内部的设计创意。在招商银行制定的"VISA奥运信用卡"宣传守则中,招商银行只享有VISA在支付领域内的权益,任何宣传中均不能提及与北京奥运会相关的字眼。宣传受限,只能在营销上大做文章,几番商讨之后,最终确定以"2008和世界一家"为主题,传递中国人民喜迎奥运的精神。

实际上,凡是VISA的会员都可以享受这样的"礼遇",只是看你是否想到,并做到。据了解,想要推出这样的"VISA奥运卡"不需要向VISA支付任何费用。不是做不到,只是想不到。想要发行类似的卡,只要是会员都可以申请。

只要企业敢于创新,非赞助商往往能够在奥运营销中达到出奇制胜的效果。

## 2. 找准体育营销切入点

众所周知，经过艰苦、漫长的申请之后，2008年奥运会的举办权花落中国，中国人民的百年奥运梦想得以成真。举办奥运会不仅给我们国家提供了向全世界人民展示自己的机会，更给我国的众多企业提供了走向世界、开发国际市场的契机。但是奥运会的官方赞助名额有限，同一类型的企业只能有一家，所以没有争取到这一机会的企业想要借此东风只能另辟蹊径。在我国的银行业中，只有中国银行是奥林匹克委员会的官方合作伙伴，只有它能够合法地冠以"奥运"字眼，其他银行都没有这样的资格，那么我国其他的银行怎样做才能更好地利用在家门口举行的奥运会这样一个世纪良机就成了一个关键的要素。而招商银行借2008年奥运会之际推出"和"广告，无论是从时机上还是从主题等方面都很好地借用了奥运的东风。

这则名为"together you and me"的广告，在视觉效果上："梦想和希望""东方和西方""泪水和欢笑""瞬间和永恒"等字眼依次出现在画面上，用"和"字唤起人们把它和奥运会联系起来。画面中闪过的镜头中与08奥运会有明显关联的包括北京奥运会的"人文标志"、朗朗和小女孩在奥运会开幕式上共同演奏钢琴的情景、刘欢与莎拉·布莱曼合唱"我和你"时脚下的蓝色星球、烟花笼罩下的鸟巢、活字印刷展现的三个"和"字以及在画面中快速闪过的多幅运动员或拼搏，或流泪，或痛苦，或欢呼的场景等等。

听觉上的感受是：在悠扬的背景音乐中一个男中音舒缓地吟唱着以下的词句：together you and I, forever in my eye, you are me, I am you, oh, can't you see, you make my dreams come true. 让人不禁想到08奥运会的会歌"我和你"。最后点明主旨的广告词是：招商银行和《第五频道》邀您共同见证2008和世界一家。

这则广告的长度是30秒钟，虽然它展现的文字、图片、声音信息都是很有限的，但是这则广告的高明之处就在于它能够利用有限的信息量为观众带来无限遐想的空间。而且，对这届奥运会和招商银行越有了解的人，越能跟这则广告产生共鸣。

从主题上来看。首当其冲的是，这则广告与2008年北京奥运会的主旨高度契合。08奥运会的三大理念是"绿色奥运、科技奥运、人文奥运"。它的口号：同一个世界同一个梦想（One world One Dream）。所谓"人文奥运"意在传播现代奥林匹克思想，展示中华民族的灿烂文化，展现北京历史文化名城的风貌和市民的良好精神风貌，推动中外文化的交流，加深各国人民之间的了解与友谊，促进人与自然、个人与社会、人的精神与体魄之间的"和谐"发展。简而言之，人文奥运就体现在"和"字上面。所以这则广告处处以"和"点题。用一个"和"字所体现的文化把自己和奥运会联系起来，和奥运精神联系起来，也就与和奥运相关的一切有了连接的桥梁和纽带。因此在奥运赛事进行得如火如荼的时候，它能够不失时机地展现招商银行的企业文化和价值观念，使受众把它和奥运、和全世界联系起来。

从投放媒体来看，它选择了中央电视台。一般广告的效果可以从两个方面进行分析。一是传播媒体本身能够达到的效果，在"眼球经济时代"，适逢奥运盛事，中央电视台可谓占尽了天时地利人和，从8月11日开始在第一、二、五、七套节目和CCTV-高清、CCTV-新闻及两个付费频道基础上央视又开通CCTV-3和CCTV-12两个频道进行奥运会赛事转播，至此，央视进行奥运赛事转播和新闻报道的频道达10个。可以想象，每一刻有多少双眼睛盯着它的画面。另一方面是媒体传播之后受众的接受效果，如广告的关注度、记忆度、由此所产生的购买行为以及由此反映到企业销售方面的业绩等等,这方面不容易评价,而且需要比较长的一段时间后才能取得相关的统计数据。

从投放时机来看,它选择在开幕式之后,在为期16天的奥运会刚开始不久的时点上。此时,还有多项奥运赛事还未开始,比如田径项目中全国人民都翘首以待的刘翔110m跨栏;足球、篮球等重大赛事也只进行到小组赛而已;我国很有希望夺金的项目如乒乓球、羽毛球、体操等也未到最终决赛时刻。因此,这个投放时点可以说是比奥运赛程安排提前了半拍,让观众在关注激烈比赛之前还能够欣赏到与奥运精神高度一致的画面漂亮、音乐优美、让人充满感动甚至认同的一个短片,而如今的电视广告数量众多、插播频繁,但是欣赏性不高、没有美感,让观众很厌烦。这则广告却能从各个方面吸引你,引导你跟随着它的播放而在其中放飞自己的思绪,去感受、去体味、去联想,从而不会让观众觉得烦。因此,从这则广告可以看出,该企业对时机的把握和对重大事件的快速反应能力都是非常强的。

### 参考文献

[1] 一网通. "2008 和世界一家" 招商行曲线营销 天生"搅局者"岂甘局外观[EB/OL]. http://www.cmbchina.com/CMB+Info/news/CMBnews/news20071205.html.

[2] 陶磊. 论"艺""体"结合的优势叠加——浅谈林志颖加盟中国天荣F1摩托艇招商银行队的体育营销学意义[EB/OL]. http://www.f1boat.com.cn2008-12-1.

[3] 新浪博客. 招商银行联手超女快男大打奥运营销牌[EB/OL]. http://blog.sina.com.cn/s/blog_537f3ef001000c3h.html.

# 案例二十一 联想的北京奥运营销

## 一、联想集团简介

如图21-1所示为联想LOGO。联想集团是一家极富创新性的国际化的科技公司,是全球第三大个人电脑产品与服务提供商。联想集团的总部设在美国罗利,在全球66个国家拥有分支机构,在166个国家开展业务,在全球拥有超过25000名员工,年营业额达146亿美元,并建立了以中国北京、日本东京和美国罗利三大研发基地为支点的全球研发架构。

联想集团于2004年成为国际奥委会全球合作伙伴(TOP)中的第一家中国企业。作为国际奥委会的全球赞助商,在2005—2008四年内,联想集团为2006年都灵冬季奥运会和2008年北京奥运会以及世界200多个国家和地区的奥委会及奥运代表团独家提供台式电

图21-1 联想

脑、笔记本、服务器、桌面打印机等计算技术设备以及资金和技术上的支持。在北京奥运会上,联想集团以3万件包括服务器、笔记本、台式电脑、打印机在内的技术设备,构筑了北京奥运信息系统平台,覆盖计时计分系统、评论员信息系统、赛场成绩系统、比赛管理系统等七大核心领域。这些由联想设备构筑的信息系统,遍布7个奥运举办城市、38个竞赛场馆、18个非竞赛场馆,它如同北京奥运会的"神经系统",维持着奥运会繁杂的赛事运营和组织管理工作。奥运会的每一个信息数据,都被联想设备及时地记录、存储和传输。

联想集团为了北京奥运会组织了一支580余人的奥运技术服务团队,坚守在各个奥运IT技术岗位。这支曾在都灵冬奥会和好运北京测试赛中积累了丰富经验的团队,组建了一套严密的四重技术服务体系,能够快速响应并有效化解赛场内外可能出现的信息系统风险,确保信息系统的稳定。驻扎在各个奥运场馆的联想技术服务团队,提供了前端的工程师现场服务和技术专家现场巡查。同时,北京奥运会还获得后台的双重支持,包括数字北京大厦内奥运技术运营中心的全天候远程监控,以及联想北京、东京、罗利全球三地研发中心的远程支持,四重服务保障体系给奥运信息系统的通畅和顺利提供可能。

## 二、联想北京奥运营销方略

体育营销一直是联想集团国际化战略中的重要环节,从2001年提出国际化战略后,联想集团一直没有停止过体育营销的脚步。成为北京奥运会TOP赞助商后,奥运营销已逐步成为联想集团营销活动的核心内容。联想充分利用自身优势,将奥运营销运用到为

消费者传递产品和服务价值的活动中去,从而获得策略性的竞争优势。从联想成为国际奥委会全球合作伙伴开始,联想不断进行着与北京奥运密切相关的营销活动,形式多种多样,成功地吸引了全球的目光。

从出资1200万元支持北京申办第29届夏季奥运会到成为奥运史上第一个来自中国的TOP赞助商;从北京奥运会火炬接力全球合作伙伴到为奥运会设计"祥云"火炬;从全球范围内火炬传递到覆盖全国854个偏远县镇"奥运联想千县行"大型主题活动;从签约奥运明星到赞助央视体育频道,联想集团一步一个脚印,使北京奥运营销力度不断加强。随后联想集团又发布了由"科技奥运"和"人文奥运"两大战略构成的"十大奥运计划",这样既建立了产品与奥运品牌的关联性,同时又体现了自身战略和业务发展紧密结合的适应性。

联想集团北京奥运营销可以概括为三个步骤:第一步是在2004年成为北京奥运会的TOP赞助商,有"告知"作用,借收购IBM PC业务之机,告诉全世界在中国有家电脑企业叫联想;第二步是都灵练兵,其作用既为北京2008年奥运会提前演练,更通过体育这一无国界的语言,在全球传播联想的品牌理念、企业文化和产品价值;第三步则是借北京2008年奥运会让全世界的人都认识联想的产品。

联想集团北京奥运营销诉求,是通过一系列营销活动的推广促使大众对联想品牌的关注保持高位,并持续提升。在此基础上,提升品牌认知度、美誉度,传播品牌理念,使体育成为品牌与目标受众之间情感沟通的纽带,从而促进企业凝聚和业务增长。

(一)火炬营销策略

每一届奥运会,奥运火炬都吸引了世界各地观众的眼球,因此与火炬相关的活动成为赞助商的必争之地,这一次占尽天时、地利、人和的联想集团收获颇丰,火炬传递路线不仅遍布全国的31个省、市、自治区,更是途经全球20余个国家和地区。这也意味着,不必等到奥运会开幕,联想就可以借助火炬传递所带给当地的奥运热情进行自己的奥运推广和营销,也就大大拓展了奥运营销的实现路径。根据百度数据研究中心提供数据(见图21-2),我们发现在"网民最熟悉的奥运营销活动"调查中,联想奥运火炬手选拔活动被网民熟悉程度甚至超过了可口可乐公司的火炬手选拔活动,充分说明了火炬营销策略的巨大成功。

作为中国首家国际奥委会全球合作伙伴,联想成为北京奥运会火炬设计单位,同时成为唯一一家中国的奥运火炬接力全球合作伙伴。借此东风,联想展开了一系列围绕奥运的体育营销活动。

2007年6月23日,北京奥组委举行了公布火炬手选拔计划的发布会。而仅在北京奥组委正式公布火炬手选拔计划4个小时后,联想便率先召开了相当规模的新闻发布会,邀请了全国各大媒体,发布了题为"你就是火炬手"的火炬手和护跑手的选拔计划。与此同时,23日当晚,联想和央视联手推出了大型电视节目《你就是火炬手》活动,持续时间长达5个月之久。期间,联想火炬手选拔在全国各地进行落地活动,并由央视全程播出,在全国范围内产生了巨大的影响。联想借助央视资源,迅速把活动铺开到31个省份,同时进行7大赛区的选拔工作。

与此同时,联想火炬护跑手选拔也在全国500多所高校中如火如荼地进行,大学生可在校内进行报名,通过体能测试和省级决赛,争夺260个护跑手资格。相比联想奥运火炬

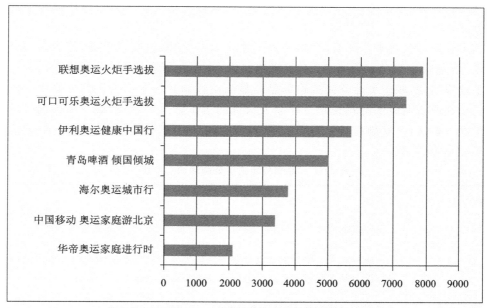

图 21-2　网民最熟悉的奥运营销活动

手,护跑手的选拔结合营销活动更加具有针对性,与护跑手结合的营销策略,是专门针对全国所有高校市场。因为联想旗下的天逸笔记本电脑定位于学生和白领群体,奥运火炬护跑手全国公开选拔活动进一步提升天逸品牌在大学生中的知名度和美誉度。

针对国外市场,联想率先与 Google 合作公开挑选火炬手前往中国传递奥运火炬。活动投入不高,但各国候选者的热情参与,吸引了很多国外媒体关注。对正在国际化道路上的联想来说,此举可谓叫好又叫座。

联想这一系列借力火炬全球传递的动作,始终牢牢围绕"祥云"火炬这一北京奥运会核心标志展开。通过可靠的产品和负责任的企业形象,联想不仅扩大了品牌影响力,更推动了终端产品销售,为其国际化战略涂上一笔重墨。联想以火炬为主线的营销策略是睿智和高明的。

(二)公益营销策略

营销界有句经典名言:"做广告不如做新闻,做新闻不如做公益"。公益营销是一种运用商业营销手段达到社会公益目的,或者运用社会公益价值推广商业服务的解决方案。公益营销是有意识地改变消费者行为的营销策略,追求对消费者行为的成功影响和改变。

联想集团长期以来以实际行动来推动社会公益事业发展,以尽自己的社会责任。联想开展的"奥运联想千县行"活动,从 2006 年 6 月 29 日启动,约历时一年,走遍全国近千个五六级地区的城市,借助联想在五六级市场的资源和渠道平台,播撒奥运文化,传播奥运精神,让县镇地区的孩子们也能近距离接触北京 2008 奥运会,与奥运互动。活动设置了包括奥运知识讲座、奥运联想千县行晚会、名师教育方法讲座、联想奥运服务工程师现场咨询和联想奥运产品体验等丰富多彩的内容,通过这些奥运普及宣传活动,让当地的群众尤其是青少年切身感受到奥运带来的激情和魅力。联想也由此活动实现了自己的三大目标:传播奥林匹克精神,分享优质教育资源,以及提供联想奥运品质的产品和服务助力教育事业。

其实在社会公益事业方面,联想一直不遗余力。从"联想奥运千县行"到参与奥运火炬设计,乃至与CCTV联合举办"不断超越探索、共创和谐家园"为主题的奥运火炬手和护跑手选拔活动,联想奥运营销战略都是凸显公益性和作为企业公民的社会责任感。企业责任正在改变商界的游戏规则。社会大众也回报了联想,支持联想不断向前。通过持久地赞助公益活动,联想自身品牌知名度、美誉度和忠诚度得到很大的提升。联想集团公益活动详见表21-1。

表 21-1 联想集团主要公益活动汇总表

| 活动开始时间 | 活 动 内 容 |
| --- | --- |
| 2004年4月底 | 在全国范围内开展以"我支持,我参与"为主题的大型奥运推广活动 |
| 2004年8月5日 | 首届中国大中学生奥运夏令营——联想奥运夏令营活动举办。本次活动是联想与教育部和国家体育总局共同举办的一次公益性青少年活动 |
| 2005年11月8日 | 联想在全球启动了"联想奥运文化周"活动 |
| 2006年6月 | 联想携手北京奥组委启动了大型奥运推广活动"奥运联想千县行" |
| 2007年 | 从2007年起"奥运百城巡礼""奥运科技快车行"等活动将持续2年,覆盖大连、广东、温州和宁波等500城市 |
| 2007年6月 | 在全球20多个国家,全国31个省市自治区,寻找最具奥运精神的"探索者",担任联想奥运火炬手和火炬形象大使;联想还在全国各高校选拔护跑手并启动奥运火炬巡礼和火炬百城行等一系列巡展活动 |
| 奥运会期间 | 联想斥资千万在奥林匹克公园开设了数字奥运体验馆 |

(三)产品创新策略

联想十分注重产品创新,紧跟数字时代及时尚潮流。2005年11月11日,北京2008年奥运会组委会向全球揭晓北京奥运吉祥物——奥运福娃。同一天联想集团推出了带有吉祥物形象的"北京奥运吉祥物限量珍藏版联想闪存盘",并同步在众多网络媒体的重要位置进行了声势浩大的线上推广。

此外,奥运火炬接力传递活动,历经130天,从境外到国内,行程13.7万多公里,获得全球关注。"祥云"奥运会火炬,频频出现在全球五大洲人们的视野里,它的精神深入到所有关注奥运的人们的心田当中。联想随即推出的具有"祥云"概念和底蕴的"天逸"笔记本电脑,就是在产品创新精神的指引下,成功地把"祥云"概念运用到自家产品上,使产品能够与奥运产生"渊源"。在奥运热潮的大势下,又能够提出"为奥运设计火炬,为你设计天逸"的推广卖点,成功实现了预期的销售,并为产品设计走上国际化谱写新的华章。

(四)整合营销传播策略

联想一直秉持"以奥运为主线,以特定赛事为补充"的方针,打通广播、电视、网络、平面媒体等多种宣传渠道,全方位结合体育元素,通过广告、公关、主题活动、促销等一系列整合营销手段提高联想的知名度和美誉度。

北京奥运营销是联想体育营销战略的主轴,其他形式的体育营销活动是联想集团北京奥运营销的重要补充形式。奥运大年、小年的传播节奏赋予联想体育营销富有动感的节律。在大众对奥运关注度处于高峰的时候,联想将奥运传播载体细分,与奥运相关的体育项目建立直接的品牌或业务关联,或是开展奥运主题的推广活动;而在奥运关注度相对较低之际,联想与非奥运赛事、职业体育联盟建立品牌关联,从而维持品牌关注度的总体均衡上升。具体而言,联想在不同的战略阶段、不同的区域、针对不同的业务层面和不同的顾客群,在全球范围内通过赞助特定的优秀赛事,夯实体育营销体系,有计划地开展整合传播。

2006年6月,联想除赞助传统赛事之外,还举办了联想IEST 2006电子大赛。通过电子竞技的平台,不仅与联想的消费PC业务完美融合,引领娱乐PC时代,还促使众多的青少年了解奥运会和奥林匹克精神。

2006年8月,联想旗下的ThinkPad品牌携手中网(中国网球公开赛)。ThinkPad与网球运动同时具备高贵优雅的特征,是速度、技术与智慧的完美结合,ThinkPad的品牌形象和品质与中网的契合,为借助这一赛事发挥良好的营销效果提供了根本保证。而网球在中国的日益风靡,使作为中国各界全力打造的网坛顶级赛事——中网有效地提升了ThinkPad的品牌活力,在中国市场促进了其品牌认知度和美誉度的提升。

2006年10月,联想携手NBA,在中、美乃至全球引起轰动。NBA和联想都处于各自领域的前沿;对技术应用,对客户体验有着共同的追求。NBA以赛制的不断改革、规则的不断创新,带动世界篮球运动发展;联想则以持续不断的技术创新和应用创新,引领IT市场潮流。追求创新与卓越的共通理念,对社会责任感、国际化发展的共识,双方高度契合的价值观,为双方此次携手合作奠定了基础。联想与NBA深度合作,首创"联想指数(Lenovo Stat)"这一全新技术统计体系。"联想指数"所展示的团队效率,正是球队竞争力的直观写照,是篮球运动的一次创新,更是体育营销的创新——在欣赏赛事的同时,人们对技术的崇拜感将会油然而生,从而将整个联想品牌的技术含量拉升到一个全新的高度。联想创造这样一个新的指标并以自己的品牌来冠名,在体现自身技术实力的同时,品牌影响力也得到极大提升。

2007年2月2日,联想在英国宣布与AT&T威廉姆斯车队签订协议,正式成为该车队在F1赛事中的顶级赞助商。联想的品牌不但会出现在威廉姆斯的新车上,两位车手罗斯伯格与伍尔兹的赛车服上也将印有联想的标志。这是联想继成为奥运会TOP赞助商、NBA顶级赞助商之后,为开拓海外市场,与顶级赛事的又一次亲密接触。

作为世界颇有影响力的三大赛事之一的世界一级方程式赛车(F1)来说,它总是吸引了顶级的企业来赞助和合作。尤其是赛车运动需要高科技和高效率,因此IT企业拥有更多的机会可以发挥作用。除了用于赛车,联想电脑也会用于车队运转。威廉姆斯车队首席运营官表示,在F1里,车队对电脑的依赖性相当高。威廉姆斯车队原来的IT主赞助商是联想最大的竞争对手惠普,但自从惠普CEO马克·赫德2005年上任后,就宣布提前退出F1的赞助,联想不失时机地抓住机会与F1合作,进一步拓展其体育营销的领域。如表21-2所示为联想集团赞助体育赛事汇总表。

体育营销案例分析

表 21-2 联想集团赞助体育赛事汇总表

| 序号 | 赞助对象 | 赞助内容 | 时间 | 赞助收益 |
|---|---|---|---|---|
| 1 | 国际电子竞技锦标赛（IEST） | 冠名并提供设备及技术支持 | 2006 年 6 月 | 比赛与联想的消费 PC 业务完美融合，促使众多青少年了解奥林匹克精神。提升了联想品牌影响力 |
| 2 | 中国网球公开赛 | 钻石级赞助商，提供资金及技术设备 | 2006 年 8 月 | 提升品牌活力在中国市场的认知度和美誉度 |
| 3 | NBA | 全球顶级官方合作伙伴并提供资金及技术设备 | 2006 年 10 月 | 提升联想品牌在欧美市场的知名度，促进在欧美市场业务增长 |
| 4 | F1 威廉姆斯车队 | 为车队提供设备及技术支持 | 2007 年 2 月 | 提升联想在欧洲消费电脑的市场份额 |

多种形式的体育营销活动为联想在全球范围内带来了丰厚的回报。其中，有形的回报表现在销售方面直接的提升；无形的回报包括，对联想在全球范围内品牌的推广和提升，对联想员工士气的鼓舞，以及体育营销所带来的建设客户关系的机会等等。

在媒体传播方面，CCTV 则成为联想最为紧密的战略合作伙伴。联想成为 TOP 赞助商后，须将这一信息进行最为广泛的传播，因此联想利用各大媒体平台进行信息传播，不仅通过网络媒体进行广泛宣传，在电视媒体的大手笔也成为营销亮点。

2007 年开始，联想奥运营销的步伐进一步加快。3 月 27 日，联想冠名的《奥运倒计时标版》在 CCTV-1《新闻联播》前和 CCTV-5 每天的黄金时段滚动播出，4 月 26 日，联想特约播映了 CCTV 奥运火炬发布的特别节目，通过节目、奥运和品牌多个元素的完美融合，极大地提高了联想的美誉度。4 月 27 日，联想随即发布了自己的 08 奥运战略。以科技和人文为基点，并针对不同的阶段和受众，推出十大奥运计划，标志着联想奥运战略的全面启动。

2007 年 9 月，在奥运会倒计时进入一周年之际，联想又与网络平台联手，将奥运火炬手的选拔对象扩大到新兴群体"网商"领域。"网商"作为中小企业主最为集中的群体，正是联想着力覆盖的目标人群，也是联想近期利润增长的关键点。

可以看到，联想集团一直以来都与高端媒体保持良好的沟通。联想总是不断借力国际化的网络平台，使自己的品牌建设走得更远、飞得更高。

（五）博客营销策略

在博客流行的今天，联想紧紧抓住了这一受众广泛、传播速度极快的载体作为其中一项营销战略。2008 年，在北京奥运会召开前夕，联想推出了一场名为 Voices of the Olympic Games（奥运之声）的"开博"活动，共邀 25 个国家的 100 名奥运选手在网络上开通博客，把在北京奥运会期间的所见所闻展现给网民，为网民介绍一个真实的奥运会。为此，联想免费为合作的 100 名奥运选手提供联想 Ideapad 笔记本电脑和数码相机等设备。联想还开通了自己的企业博客，有专门员工负责维护博客的内容。

联想本次活动也充分利用了主流的社会化媒体,比如 twitter、flickr、del.icio.us。这次活动是通过博客营销达到口碑营销目的的营销活动。主要是运用网络博客的力量以及消费者的口碑,让企业的产品或服务成为消费者谈论的话题,以达到营销的效果。这种方式所带来的营销效益是传统方式无法比拟的。联想的博客营销除了可以对消费者购买行为起作用之外,在搜索引擎优化、增加网站流量、建立品牌认知度方面也有不小的作用。其目的是开展话题营销,掀动口碑舆论,达到品牌关注度的提高。

### (六)联合营销策略

在联想的北京奥运营销中,与世界著名品牌的联合营销是其另外一种很有效的策略,虽然联合营销处在整个奥运营销的辅助的地位,但效果显著。

2004年12月22日,联想集团与同为TOP的全球最大的支付卡组织——VISA签订了为期五年的奥运战略合作伙伴协议。此后,双方致力于以奥运会为平台建立长期的合作伙伴关系,在战略、品牌、技术、营销等方面展开全方位的合作,为客户创造"科技金融新体验"。与此同时,联想、VISA、中国银行还联合发行了带有北京2008年奥运会会徽——中国印标识的"中银联想VISA奥运信用卡"。

2006年北京奥运会TOP赞助商联想集团和可口可乐公司就共同助力北京奥运会签署了合作意向,宣布结成市场战略合作伙伴关系,在奥运领域展开多项合作。它们分享各自的客户资源,充分利用各自的品牌、渠道及营销优势,联合发动一系列合作推广活动,谋求品牌建设和市场拓展的"双赢"。在可口可乐的销售渠道中出现联想的产品,而联想则为可口可乐设计、生产包括台式电脑、笔记本电脑及其他数码产品在内的各类授权产品。2007年,两家TOP赞助商联合推出1000台联想天逸F20可口可乐全球限量珍藏版笔记本电脑。这款两强联合的合作产品,以全球各国语言的"可口可乐"商标图形作为笔记本的顶盖设计主图案,产品整体外观颜色是可口可乐特有且知名的"可乐红"。

在联想集团和可口可乐的合作中,联想集团通过联合营销策略成功地借用了可口可乐在全球青少年群体中的影响力和号召力,很好地提升了Lenovo品牌的形象,获得了世界范围内的广泛关注和赞誉。联合营销一下子为联想吸引了全球无数人的眼球,为联想提升了品牌的国际传播效应和影响力。

在与国际化大公司合作的同时,联想还根据不同运动项目、不同体育运动项目冠军、不同国籍的综合考虑来选择形象代言人,充分考虑体育明星和奥运冠军本人形象、知名度、所在国籍、世界影响覆盖区域等因素,有针对性地选取形象代言人,形成了较好的传播深度和广度。

2007年联想推出全球冠军计划后,在全球范围内签约了5支运动队和15位著名运动员,其中包括澳大利亚的游泳世界冠军利比·莱顿、美国的沙滩排球世界冠军凯利·沃尔什等。2007年7月4日,联想继签约国家登山队后,又和中国田径协会在北京签署合作协议,联想集团正式成为中国田径队战略合作伙伴,如日中天的中国飞人刘翔同时成为联想品牌代言人,也使得联想成为IT业内刘翔代言的唯一一家企业。

## 三、联想北京奥运营销业绩

作为联想国际化品牌战略的核心,北京奥运营销已经成为联想全球品牌推广的重要途径,通过体育这一无国界的语言,联想在全球传播了品牌理念、企业文化和产品价值。

联想集团的奥运营销采取赞助、合作等多种方式,通过整合传播,在相当长的时间内保持全球受众对联想的注意力持续、平滑的上升,推动了联想品牌的稳步发展。通过收购IBM PC业务和北京奥运营销推广活动,其业绩表现强劲(详见表21-3)。2004年集团主营业务销售额为27亿美元,2005年为26亿美元,2006年开始飙升至126亿美元,在2008年达到约164亿美元。2008年7月,联想集团成为《财富》杂志排名的全球500强中唯一的中国IT(信息技术)企业。

表21-3 联想集团2004—2008财年年报摘录

| 年度 | 2008 | 2007 | 2006 | 2005 | 2004 |
|---|---|---|---|---|---|
| 单位 | 千美元 | 千美元 | 千美元 | 千美元 | 千美元 |
| 销售额 | 16 351 503 | 13 978 309 | 12 685 726 | 2 609 198 | 2 708 433 |
| 销售成本 | 13 901 523 | 12 091 433 | 10 967 415 | 2 294 346 | 2 363 777 |
| 毛利 | 2 449 980 | 1 886 876 | 1 718 311 | 314 852 | 344 656 |
| 经营盈利 | 499 044 | 161 486 | 75 579 | 139 885 | 128 646 |

与此同时,联想集团海外市场份额不断扩大。通过图21-3和图21-4的数据我们看到2005年联想在国内的销售额中,台式电脑占了很大的比重,笔记本电脑的销售额所占比例和联想手机所占比例相当,海外市场销售额为0。而到了2008年,我们看到美国、欧洲、中东、非洲以及亚太(不包括大中华)地区的营业额已经占总营业额的63%,而且高利润的笔记本电脑销售额所占比例飙升至58%。

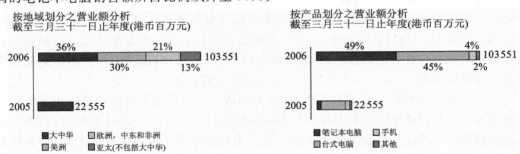

图21-3 联想集团2005/2006年财年报表

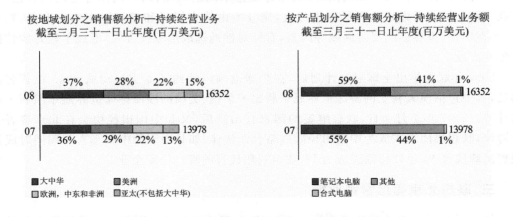

图21-4 联想集团2007/2008年财年报表

## 联想北京奥运营销的解析

当企业把目光投向体育领域,首先必须对体育营销有深刻的认识,然后需要考虑企业自身的管理能力是否足以应付各种挑战,不仅仅是资金、品牌、营销传播等方面,还应该包括企业内部的决策能力、组织能力、执行能力和控制能力等。对联想的奥运营销策略进行深入的分析可以给其他中国企业很多启发。和其他营销模式一样,奥运营销要结合企业的整体经营战略、自身的实力、品牌内涵等方面来考虑和灵活选择。结合联想北京奥运营销的经验和教训,企业进行体育营销决策时可以得到以下几个方面的启示。

(一)联想北京奥运营销的成功经验和启示

作为北京奥运会的 TOP 赞助商,联想集团在全球范围内获得了丰厚的收获,在业务、品牌和企业文化上都有诸多提升。借助这届奥运会,联想不仅扩大了国际品牌影响力和国际业务,也进一步地巩固和提升了在中国大本营的领导地位。在财务方面,2007—2008年联想在全球的各个区域市场上已全部实现赢利。联想的财报显示,营业额增长了17%,达到了164亿美元,并作为中国首家充分竞争领域的高科技企业,跻身世界500强。在品牌方面,美国《商业周刊》的调查显示,全球已有53%的受访者认为联想是新兴国际品牌中的佼佼者。除此之外,联想通过自己设计的"祥云"火炬,将联想品牌传遍全球各地、大江南北,成为本届奥运会中最普遍应用的一个视觉符号。

1. 奥运战略思路清晰,准备充分

奥运营销是实现企业经营目标的策略性方法,企业要分析环境与营销机会,明确企业进行体育营销的目标。企业处在一种复杂多变的环境中,出于自身生存和发展的需要,企业需要对环境有清晰准确的认识,需要分析目标市场消费群的习惯特征和文化、经济、政治等多方面因素来选择自己参与体育营销的项目、方式、时机等。简而言之就是根据企业的发展战略以及目标定位等等来进行体育营销的决策。

联想努力成为国际奥委会 TOP 赞助商绝不是因为一时头脑发热,是经过深思熟虑后做出的重大决策,可以说北京奥运营销只是其国际化大战略下一个彰显实力的选择。加入国际奥委会 TOP 计划,与 2003 年 4 月联想切换全球通用的品牌标识 Lenovo,以及 2004 年 12 月宣布收购 IBM 全球 PC 业务,一起奠定了联想国际化的三个里程碑。联想期望在全世界范围建立品牌竞争优势,因此加入了奥运会的 TOP 计划,以开展全球性的奥运营销活动。

联想的奥运战略思路非常清晰,面向 2008,联想制定了"科技奥运"和"人文奥运"两大战略,并且针对不同的阶段和受众,推出了十大奥运计划。

联想科技奥运战略致力于以先进和卓越的产品、技术和服务,打造稳定的信息系统,支持 2008 北京奥运的顺利运行。针对奥组委和赛事运营,联想制订了技术设备计划、IT 运营服务计划;针对各国代表团和全球媒体,制订了奥运网吧计划、多品牌电脑维修计划;针对现场观众,制订了数字奥运体验馆计划。如表 21-4 所示为联想集团奥运战略汇总。

表 21-4　联想集团奥运战略汇总表

| | | |
|---|---|---|
| 科技奥运 | 技术设备计划 | 为 2008 北京奥运提供 15000 台台式电脑、笔记本、服务器、桌面打印机、显示器等计算技术设备。联想信息技术全面支持奥运会运营的各个层面,从计时计分系统、赛场成绩系统、评论员信息系统,到信息分发系统;从比赛管理系统、人员安排和调度系统、审查系统,到认证制证系统;从交通系统,到组委会信息系统等等,都将在联想的设备上运行 |
| | IT 运营服务计划 | 提供项目管理、系统维护、场馆运营支持、运营规划、奥组委系统支持等一系列的运营服务,并为奥运信息系统提供奥运精英服务团队 |
| | 奥运网吧计划 | 联想在 2008 北京奥运期间,在位于北京、香港和青岛三个奥运主办城市的奥运村和新闻中心开设 9 家联想网吧,为各国运动员、教练员、官员和提供便捷舒适的信息服务,助力各国媒体的新闻报道 |
| | 多品牌电脑维修计划 | 在奥运期间将为全球媒体提供多品牌电脑维修计划,在奥运场所内设置多品牌电脑维修中心,开奥运史之先河。这一计划将保障全球媒体手中的笔记本电脑等 IT 设备正常运行,从而及时向全球传播赛事盛况,传递中国风貌 |
| | 数字奥运体验馆计划 | 为了更好地向观众展示奥运科技带来的全新体验,联想在奥林匹克公园搭建数字奥运体验馆。体验馆位于赞助商展示区内显要位置,处于景观街、公园主通道、东交通主通道交汇处,面积达数千平方米,在比赛期间举办一系列的展览和互动活动,让观众感受最先进的数字科技产品,感受联想在产品创新方面的不断探索,感受奥运品质的前沿数字生活 |
| 人文奥运 | 火炬推广计划 | 火炬接力是奥运赛事以外影响力最大的奥运活动,作为源于中国的国际企业,联想不仅参与火炬设计过程,还成为 2008 奥运火炬接力全球合作伙伴,助力火炬的全球传递。依托遍布全球的分支机构和销售网络,联想在全球 20 多个国家,全国 31 个省、市、自治区,全力实施创新的火炬手选拔、护跑手选拔,并启动了奥运火炬巡礼和火炬百城行等一系列巡展活动,更广泛地传播奥运精神,分享中国文化,也有效地提升了联想品牌在全球的知名度 |
| | 系列公益传播计划 | 通过一系列全国性的奥运巡回活动,传播奥运精神,让奥运与全国民众零距离接触。奥运联想千县行覆盖中国近千个 5、6 级县镇;奥运百城巡礼让奥运走进上百个 4、5 级城市,通过系列展示与互动参与,让大众零距离接触奥运,参与奥运;奥运科技快车行,持续 2 年,覆盖大连、广东、温州和宁波等 500 余座中小企业聚集的城市,在传播奥运精神的同时,让广大中小企业以及大众关注奥运,支持奥运 |
| | 全球冠军计划 | 联想和运动员以及运动队合作,通过联想信息技术,帮助运动员提高运动成绩,从而探索并实现人类在不同运动领域的新突破;联想在全球范围签约一批奥运明星,以奥运明星积极健康、不断超越的形象,感召更多的人参与奥运,并在自己的工作生活中不断探索进取 |
| | 全球贵宾接待计划 | 在北京奥运会期间,联想为全球数千名名贵宾提供奥运体验之旅,其中包括观看开幕式或闭幕式、热门比赛,与奥运明星面对面、幕后参观、数字生活体验、文化晚宴等等。这一计划致力于让 2008 北京奥运成为全球商务人士的难忘之旅,并让他们在体验 2008 北京奥运的过程中,领略当代中国的经济发展成就,感受古老而又充满活力的中国文化 |

续表

| 人文奥运 | 千万客户关怀计划 | 客户可以通过短信和网上互动的方式参与进来,全国上百万客户均有机会获得联想提供的各种奥运产品、纪念品,以及宝贵的奥运比赛门票。不仅如此,其中20位客户中还有幸成为联想奥运火炬手。通过客户关怀计划,更多的联想客户亲身体验了奥运,共享奥运带来的激情与欢乐 |
|---|---|---|

### 2. 强化整合营销传播

整合营销传播(IMC)简称整合营销,按照整合营销理论创立者舒尔茨的解释,整合营销是以客户、以市场为导向的营销理念,其最基本的目标是:通过制订统一的架构来协调营销推广计划,运用最有效的接触方式达到"一种形象、一个声音"的营销效果,以获取营销协同优势,最大限度地发挥营销资源的效用。联想虽然从事奥运营销时间很短,但奥运营销团队在获得赞助权益之后,积极探索符合自身特点的奥运整合营销思路,从而将联想长期积累的丰富、有效的营销推广优势和经验,同奥运元素进行了成功的对接和融合。

奥运营销是将品牌核心文化以体育为平台进行再次提升与超越,这是一个系统工程。在奥运营销过程中,无论是冠名赞助还是其他形式的赞助,能够直接展现在公众面前的诉求往往只有企业、品牌或者商品的名称和标识等信息。这些信息虽然至关重要,但是仅仅凭借这些信息,还不足以令消费者对企业、品牌和产品产生全面、完整、详细的认识和印象,因而也就难以完成提高知名度和进一步提升形象等使命。赞助体育事件只能弥补其他沟通手段的不足,不能代替其他沟通手段,所以在进行奥运营销的过程中,要求企业必须具有整合营销的观念,采取整合沟通的方法,即以赞助为龙头、结合广告、促销和公关等其他沟通手段,并使之相互支持、密切配合、优势互补,形成一种相得益彰的合力,产生规模效益和轰动效应,从而取得更大的效果。

联想集团从2004年成为TOP赞助商后就开始进行一系列奥运整合营销传播活动,充分享用了自己的赞助权益,最大限度地释放了奥运营销的能量。主要形式有:成为在大型赛事中唯一的IT产品供应商,提供专用的IT产品和IT技术支持;推出带有奥运标志或吉祥物形象的产品;开展系列性的推广宣传活动;赞助中国参赛队伍或队员;赞助全球或地区范围的重大赛事或运动队;聘请不同项目、不同区域的体育明星做形象代言人;推出大赛形象或参赛队伍、明星形象的产品;进行强大的推广宣传活动;联合开展赛事的推广传播等。这些活动取得了很好的效果,吸引了全球观众的眼球。

#### 1)契合奥运精神,规划传播主线

奥运整合营销所涉及的内容和操作手段丰富多样,因此保证多轴营销手段能够发挥协同效应,同时保证不同的营销方式都能够保持统一的传播形象和同一个声音对企业尤为重要。一方面,联想从企业自身的品牌资产出发,包括对品牌特性、品牌定位、品牌核心价值等进行细致梳理和精准表述;另一方面充分融入奥运元素,融入国际奥委会所定义的奥运品牌特性,体现奥运精神、商业精神、企业文化三位一体的高度契合。

联想在2004年3月26日召开签约发布会后不久,就在公司系统内部全面切换了带有奥运五环组合标识的公司视觉形象,启用了统一的广告识别。迅速从户外广告、公司画册、广告宣传、网站,到店面门楣、产品包装、办公用品、员工名片,都迅速切换为联想与奥运的组合标识。

在更深层次的品牌传播主题上,联想更是迅速地渗透了奥运"更快、更高、更强"的精

体育营销案例分析

神。联想有一个很重要的奥运推广策略,就是"不同阶段说不同的话",明确制定不同阶段的品牌推广路线。在 TOP 发布会的时候,联想巧妙地借用了中国受众强烈的民族自豪感和对北京奥运会的热切期待,以及企业员工迸发出的激情,在"让世界联想中国"这一高度凝练的核心传播主题的统帅下,成功地展示了进军 TOP 所显示的企业实力、对奥林匹克事业的责任感和奉献精神。2004 年 8 月前后,联想开始在受众中大力灌输"联想作为奥运全球合作伙伴"所彰显的品质、技术、实力。联想制作了三个形象广告电视片,分别从高品质、不断超越、可信赖这三个核心品牌理念出发,阐述联想成为 TOP 的深刻含义。广告片选择在主流电视媒体的黄金时段播出。进入 2005 年,联想的形象传播主线又发展成"让世界一起联想",这一主线与北京 2008 年奥运会确定的"同一个世界、同一个梦想"的口号神交契合,联想的奥运营销主题已经逐渐超脱"物理"和"技术"层面,正在向精神层面升华。

2)整合媒体资源,打好奥运组合拳

奥运期间,联想在全球范围内实施了主题为"联想,成就科技奥运梦想"的广告计划,涵盖电视、广播、报纸等多种传播渠道,针对全球亿万关注奥运赛事的观众、听众恰到时机地传播广告诉求。同时,通过遍布北京的户外媒体、车身广告等渠道,这些广告让联想品牌在各个角落形成统一鲜明的视觉系统。

在国内颇受关注的央视奥运节目中,直播间主持人笔记本均印有醒目"Lenovo"标识。央视"奥运奖牌榜"由联想冠名,在亿万收看奥运赛事转播的电视观众中提高了联想知名度。

除了硬性广告攻势,口碑营销和博客营销也成为联想奥运营销创新的一大看点。联想在自己的网站上建立了一个叫作"奥运之声"的博客群,邀请来自 25 个国家的 100 位著名运动员在这里开通奥运博客,把在北京奥运会期间的见闻分享给全球网友,为他们展现一个更加新颖鲜活的奥运会。借助网络论坛,有关联想支持奥运的话题也吸引了众多网友的热情参与,通过与网友的互动,联想收获了口碑营销的显著效果。

3)整合营销组织,发挥协同效应

联想在奥运营销领域所取得的成果是非常多的,但令人意外的是联想内部并没有设立专职的"奥运营销部",专司奥运营销推广工作;联想也没有为奥运营销设立专门的基金,所有的项目开支都是在联想每年的整体市场推广费用中列支的。联想的做法是将奥运营销完全融进既有的营销推广体系中,杜绝了国内很多从事奥运营销的赞助商所出现的"两张皮"问题。联想认为如果将奥运营销和常规营销分别开展,很容易出现各干各的现象,经营奥运推广的不清楚常规品牌与产品推广的最新计划,而日常推广的人员则很难运用奥运资源。这样不仅浪费人力物力,也不利于建立清晰统一的对外形象。不仅如此,联想集团负责企业沟通、推广的职能部门,将公关、广告、活动、品牌建设、对外合作等诸多资源整合在一起集中管理,统一规划调度;企业推广部门又与各产品或业务部门保持紧密的联系,将产品推广纳入到企业推广计划中进行整合管理。这种体系在横向上保证了企业推广部门内部人、财、物各种资源的正常流通;保证了各种营销手段可以非常方便地整合在一起,便于发挥协同效应;保证了将各种优势资源集中起来为奥运策略所用,也从根本上为联想奥运营销的成功提供了坚强的组织保障。

### 3. 将奥运精神与品牌精神有机结合

打造全球化品牌必须具有并传递被全球广大消费者认同的品牌精神。通过深入分析和挖掘,可以发现"联想"作为一个在消费者心目中值得信赖的品牌,其丰富的内涵与奥运会所倡导的"奥运精神"是一脉相承的。作为一家综合性IT企业,联想把自己的品牌定位在"科技创造自由",致力于运用先进的现代科技提供便捷的产品和周全的服务,让企业和个人每一天都得到高效自在的享受,这与奥运精神所主张的"努力后的快乐"可谓是不谋而合。

"诚信"是联想人做人和做事的根本,而在奥运会这一全球体坛盛事中,则一贯坚持"公平竞争和公正原则"。联想主张"创新与活力",致力于建设"勇于挑战现状,积极进取,朝气蓬勃,争作时代先锋"企业文化,而奥林匹克的著名格言"更快、更高、更强",不单表示在竞技运动中要不畏强手,敢于斗争,敢于胜利,更是鼓励人们在自己的生活和工作中不甘于平庸,要朝气蓬勃,永远进取,超越自我。所以利用奥运传播的大舞台,在奥林匹克精神被大范围、高频次、高接受度的传播过程中,巧借两者间的契合点塑造联想品牌,可以得到事半功倍的效果。并在价值认同层面提升公众对联想品牌的认同感,同时与其他品牌区别开来。

### 4. 善用奥运资源,提升营销层面

拥有了TOP资源的联想,通过内引外联、灵活运用奥运资源,建立了区别于同业竞争对手的差异化营销优势,利用联合双方在各自领域的巨大影响力,实现双赢甚至多赢,从而使营销面进一步拓宽。

TOP阵营是一个国际顶尖品牌的俱乐部,包括联想在内的11个成员都是各自行业内的领导者。联想相信,在国际奥委会全球合作伙伴这一平台上,联想可以巩固和扩大与世界顶级品牌的多种形式合作,通过和这些"巨人"的合作,既有利于拉开联想和本土品牌的差距、提升其国际化品牌形象,也有利于跨行业的资源共享、优势互补。联想通过与同为TOP赞助商的VISA和可口可乐的战略合作,使企业在消费者心目中的顶级奥运品牌意识最大化。同时,与NBA的合作,签约国际知名的体育巨星等也对联想品牌的国际化起到了重大作用。

### 5. 充足的资金是营销活动的保证

奥运营销需要足够的资金作保证,除了直接赞助费用以外还需要更多的后续费用支持。如果是成为国际奥委会的TOP合作伙伴的,只赞助费用这一项就可能会成为一般企业的"难以承受"之重。自国际奥委会实施TOP计划以来,TOP赞助费的门槛是扶摇直上,到本届北京奥运会,企业至少要花费6500万美元才能成为国际奥委会的TOP合作伙伴。联想集团为了成为奥运历史上第一个来自中国的TOP合作伙伴花费了约8000万美元用于TOP,等值于6亿多人民币的费用将从2005年到2008年分四年陆续支付给国际奥委会。而高额的赞助费只是开发奥运市场的入场券之一,联想至少花费了3~5倍于赞助金额的资金用于公关推广、市场活动等,也就是说联想至少拨出了3亿美元的专项经费。

在联想成为国际奥委会第六期TOP合作伙伴之初就有很多质疑的声音,作为以PC业务为核心业务的联想集团,在PC行业薄利润的大行情下,能否有充足的资金保证奥运营销的顺利进行是一个大问题。虽然联想公司一直否认财务问题,但是在2007年12月4

日联想宣布2008年北京奥运会之后不再续约奥运TOP赞助计划,还是让人怀疑这其中的原因。对此联想集团的官方解释是"都灵冬奥会和北京奥运会的赞助,已经能有效地帮助联想实现第一阶段的品牌目标,联想的体育营销将更加侧重针对策略性目标市场的赛事赞助。"我们无法得知联想到底是因为什么而选择放弃TOP赞助商的身份。但是有一个有趣的现象,联想宣布退出TOP计划当日,联想H股便结束了自2007年10月份以来的持续的下跌趋势,上涨了1.63%(见图21-5)。

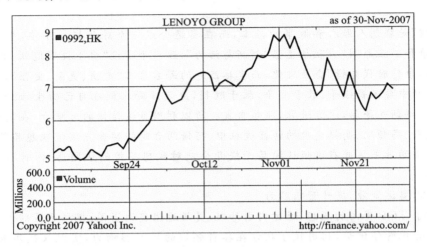

图21-5  2007/9—2007/11 联想H股走势图

(二)联想奥运营销的不足

1. 刘翔意外退赛后的危机处理

2008年8月18日,飞人刘翔因伤退赛,国人震惊,舆论哗然。刘翔退赛不仅在全国引起极大反响,同时对于这些由刘翔代言的知名企业而言,也将面临品牌传播风险。采取何种策略,直接考验着这些品牌的商业智慧,处理好这场"危机公关"或处理不好,将对加固品牌价值或动摇品牌价值都可能带来直接影响。联想作为IT业内刘翔代言的唯一一家企业,对刘翔因伤退赛后的反应显露出联想在运作水平上和可口可乐、耐克这样的体育营销"专业户"相比,还存在很大的差距。

刘翔退赛发生后,耐克第一时间做出反应,表示支持刘翔,但是相关广告已经撤下,取而代之的广告仍以刘翔为核心,不过内容上做了调整,中国平安、可口可乐等也均表示不会因为刘翔退赛而改变形象代言人,而联想集团于18日则撤下刘翔电视广告,取而代之的是其新消费品牌Idea系列的广告。虽然后来联想回应说撤下刘翔的广告只是按照原定计划的正常切换,和刘翔退赛无关。但联想表示,合同期满后是否会与刘翔续约,目前还有待评估。究竟是正常切换还是非正常切换,联想并没有给出一个准确的结论。但从联想的表示说明联想在犹豫,联想以后是否还会再力挺刘翔要根据飞人以后的表现而定。而同为刘翔赞助商的耐克则表现得要成熟的多。耐克在刘翔退赛后的表现表明,它仍然保持了对刘翔,或者说是对中国的商业友好态度。因为刘翔几乎是家喻户晓的"飞人",这次因伤退出比赛,绝大多数国民都是同情、理解和支持的,如果你因此就轻易地在广告中将他拿下,其势利之心,昭然若揭。人们一下子是转不过来的。耐克对这一心理的掌握是非常到位的。

从刘翔退赛后联想的表现可以说明联想事先准备的预案不充分。其至少应有两个方案：一个方案是代言选手获胜后的方案，一个是没有获奖的方案。一支作战部队在攻防作战中，有时候要准备5个、6个甚至10个作战方案，并在其中进行优劣得失排序。同样，奥运营销也一定要准备2个以上的广告方案。联想在费尽周折签约刘翔之后，在广告宣传方面至少应该准备两套方案以供获奖与否采用。遗憾的是，直到迫于解约传言的压力而出来澄清之际联想还声称没有料到这样的结果会发生。

2. 国外奥运营销手段仍需加强

从2004年成为国际奥委会第六期TOP合作伙伴后，联想打通广播、电视、网络、平面媒体等多种宣传渠道，全方位结合体育元素，通过广告、公关、主题活动、促销等一系列整合营销手段，使联想知名度和美誉度得到了大幅提升。但是纵观本次联想北京奥运营销全过程，公众普遍认为联想在国外开展的奥运营销活动数量偏少且手段较为单一。

联想奥运战略以"一起奥运、一起联想"为主题，分为"科技奥运"和"人文奥运"两大战略，针对奥运筹备的不同阶段和受众，一共拟订了十项计划。其中，"科技奥运"战略包括为奥组委交付硬件设备的技术设备计划、为信息系统提供服务的IT运营服务计划、为各国代表团成员和新闻媒体提供信息服务的奥运网吧计划、为比赛期间各国新闻媒体设置电脑维修中心的多品牌电脑维修计划，以及将在奥林匹克公园建设的数字奥运体验馆计划。

"人文奥运"战略包括在全球范围展开的奥运火炬推广计划、结合奥运主题的公益传播计划、针对体育明星的全球冠军计划、旨在接待前来观看奥运的全球大客户的全球贵宾接待计划，以及客户关怀计划。

从目标受众群体来看，十项计划中的前两项直接为奥组委提供服务，并非赞助权益事项，属于纯投入性质的"义务"，或许只有宣传上的价值；有两项计划（奥运网吧计划和多品牌电脑维修中心）主要是为国际性的新闻媒体提供服务，可以理解为联想对国际媒体关系的维护；三项计划（数字奥运体验馆、火炬推广计划和公益传播计划）面向普通公众，一项计划（全球冠军计划）面向体育明星，两项计划（全球贵宾接待计划和千万客户关怀计划）属于回馈客户。

从上面的分析中可以看出，十项计划中具有真正意义上商业营销价值的只有面向普通公众的三项计划。但是，如果进一步从地域上来分析，数字奥运体验馆只能面向主办城市的公众，以奥运联想千县行、奥运百城巡礼和奥运科技快车为构成的奥运主题公益传播计划，分别覆盖5~6级县镇、4~5级城市和大城市的中小企业用户，唯有奥运火炬推广计划能够把营销推广的触角伸到全球，但是因为政治因素的干扰，奥运火炬只能覆盖到沿途传递的20多个国家和地区，这与2004年希腊雅典奥运会在全球100多个城市传递火炬的情况大相径庭。由于火炬传递被干扰事件出乎联想集团的意料使得联想原本希望随奥运火炬到全球宣传联想品牌的战略在效果上打了折扣。

虽然联想奥运战略对中国市场的举措准备比较充分，但是针对全球消费市场的覆盖却依然缺乏举措。当然，并不是指国内市场不重要，而是对于联想而言，中国以外的全球市场才是最亟待提升的地方。

**参考文献**

[1] 联想简介[EB/OL]. http://baike.baidu.com/item/联想集团?from_id=2545017&type=syn&fromtitle=联想&fr=aladdin.

[2] 徐泽,麦雪萍. 联想集团体育营销策略实证分析[J]. 西安大学学报,2009(5).

[3] 王若菡. 联想奥运营销新体验[J]. IT经理世界,2005(12).

[4] 侯继勇. 揭秘联想奥运营销双线战略[J]. 中国品牌,2007(10).

# 案例二十二
## 黄鹤楼体育营销:借势传媒 缔造经典

### 一、企业简介

湖北中烟工业有限责任(以下简称湖北中烟)前身为 20 世纪初的南洋烟草公司汉口分公司,于 2003 年以原武烟集团、三峡烟厂等为主体组建,隶属国家烟草专卖局(中国烟草总公司),负责统一管理湖北省卷烟工业企业及多元化生产经营企业。

近年来,湖北中烟通过资源整合和技术创新,品牌竞争力和企业综合实力得到不断增强,截至 2012 年 8 月已累计申报专利 1157 项,授权专利 711 项。专利申报量和授权量保持行业第一,企业专利成果转化率达到 60% 以上。与此同时,公司高度重视质量管理,建立健全质量管理体系,引入卓越绩效管理模式,产品实物质量持续得到维护提升。2002年、2005 年,湖北中烟 2 次获得武汉市质量管理奖;2011 年,湖北中烟获得"全国质量工作先进单位"称号,在国家烟草专卖局组织的行业工业企业技术创新能力综合考核中总得分排名第一。2012 年,湖北中烟获得湖北省最高质量荣誉奖——长江质量奖。

作为湖北中烟旗下重点卷烟品牌之一,黄鹤楼以较高的知名度、美誉度和忠诚度广受大众喜爱,被商务部认定为"中华老字号"和"驰名商标"。

如图 22-1 所示为黄鹤楼 LOGO。黄鹤楼品牌得名于江南三大名楼之一的黄鹤楼,始创于 20 世纪 30 年代,是湖北省名优烟之一。1995 年,黄鹤楼品牌全新上市;2004 年,黄鹤楼品牌推出旗舰产品 1916·黄鹤楼,从此异军突起,备受关注,成为中国高档卷烟品牌之一。

图 22-1 黄鹤楼

黄鹤楼卷烟以中式卷烟经典品牌为定位,以"香气飘逸、透发性好"的淡雅香型为内在特征,以创新传统的新古典主义设计和尊贵典雅的金色色系为外观特征,以厚积薄发的典藏配方和量身定制的特色工艺为品质基础,成为"低焦高香舒喉"的中式卷烟高档品牌代表。

2011、2012 年,黄鹤楼卷烟以 270 亿元的品牌价值,连续入选《胡润品牌榜》,成为全国同档次卷烟中成长性较好的品牌之一。

### 二、黄鹤楼品牌的奥运精神:更快、更高、更强

历史烟云渺渺,黄钟大吕声声。自 1916 年南洋华侨简氏兄弟创办南洋烟草汉口分公

体育营销案例分析

司以来,黄鹤楼品牌,历经百年风雨,见证历史沧桑,在传承创新中积攒智慧和力量,步伐坚定,一路前行。

一百年风雨,巍然屹立;一百年承诺,坚定不移。黄鹤楼品牌自诞生之日起,就承担起振兴民族烟草工业、抗击外来侵略、实现实业救国的使命。在简氏兄弟的苦心经营下,黄鹤楼品牌一度成为抗击外国烟草的一面旗帜。新中国成立后,黄鹤楼又肩负起建设社会主义卷烟工业的使命。在湖北卷烟工业资源重组的环境下,黄鹤楼曾历经制造之痛,在实现18变1、200变2后,黄鹤楼品牌以"天赐淡雅香"的全新姿态展现在世人面前。黄鹤楼品牌一路走来,历经坎坷,在磨砺中焕发出新的活力,实现了从异军突起后来居上到生力军、主力军的华丽转身,开创了销量从最初的几万箱到突破100万箱的传奇,打造了从最初偏居一隅到做成了全国行业标杆的壮举。

奥运格言是"更快、更高、更强"。支撑和造就"更快、更高、更强"的是"自信、自强、自尊"。这既是奥运精神的原动力,更是奥运精神的境界升华。与之类似,黄鹤楼品牌的成长之路、成功之道在于追求"更快、更高、更强"。

走得更快。企业要走得更快,首先是眼光长远,视野开阔,这样才能少走弯路、多谋发展。责任烟草、规范烟草、效率烟草、活力烟草是行业的愿景。黄鹤楼品牌的发展,紧紧围绕"责任、规范、效率、活力"做文章,长远规划,大处着眼小处着手,把承担社会责任、建立规范企业、提升各方效率、激发人员活力作为长远规划,作为走得更快的有力保障。

站得更高。高标准、高技术,成就好产品,带给消费者更好的吸食体验,这才是企业的成功之道。"技术的力量,文化的力量,超出人们的想象,大大出乎人们的意料",这一论断,既是对黄鹤楼品牌大获成功的原因总结,也是对品牌未来发展方向的明确。黄鹤楼有行业中一流的科研队伍,有行业领先的技术研发中心,黄鹤楼科技园是"内部硅谷",是科研高地,技术能力是黄鹤楼的制胜利器。

练得更强。品牌强则企业盛,公司始终把培育品牌放在战略要位,整合一切力量,苦练内功,"做大做强黄鹤楼"。人才是培育品牌的关键,黄鹤楼品牌把"人才强企"放在显著位置。"人都是人才,人都可成才"黄鹤楼品牌重视人才,鼓励成才,为各种人才的成长提供平台和通道,形成了人才储备和梯队,这必然是黄鹤楼品牌未来能连续卫冕的最大法宝。

历史烟云浮沉,传承和践行奥运精神的黄鹤楼品牌在烟草行业的竞技中,劈波斩棘、矢志传新,不断开辟出新蓝海。自1928年正式注册商标以来,黄鹤楼便一直以自己的方式演绎着传奇。

1996年黄鹤楼品牌全新上市,从此张开了腾飞的翅膀。

2004年,曾经一度被称为"奢华的黄金梦"随着黄鹤楼1916的荣耀诞生,终是好梦成圆,尘封百年的"南洋烟魁壹号"借助黄鹤楼实现了新的裂变,在中国烟草史上写下了浓墨重彩的一笔。

2008年,是黄鹤楼品牌挑战自我,超越自我的一年,"淡雅香"型一种新香型的开创,最终奠定了"淡雅香"品类在烟草竞技场上生力军、主力军的位置。

2011年,是黄鹤楼百年梦圆的一年,百年梦想终铸就百万销量,2011年12月2日,黄鹤楼品牌调拨量突破100万箱,书写出黄鹤楼品牌发展新的"黄鹤楼纪录",永远载入烟草史册。

1996年、2004年、2008年、2011年,将这些无意义的、纯粹的数字符号串联起来,你会发现,原本纯粹的字符,却勾勒出了一条"夺金"轨迹。从最初的预赛,到后来的半决赛,再到最终的决赛,黄鹤楼品牌在不断"挑战自我、超越自我、挑战极限"的竞赛中,摘取属于自己的金牌。

一个终点的到达是另一个起点的开始,路正阔,风帆已挂起。当新一轮竞争的号角吹起,黄鹤楼又开始了下一次的"夺金"之旅。

"更快、更高、更强",黄鹤楼品牌正踏着奥运的鼓点,续写新的辉煌!

### 三、黄鹤楼品牌体育营销战略

(一)黄鹤楼品牌体育营销

**1. 08·黄鹤楼**

"绿色奥运、科技奥运、人文奥运"是北京奥运会的三大理念,而"绿色、科技、人文"也是黄鹤楼品牌不懈追求的品牌理念。在奥运理念与品牌理念的交集中,一款为奥运而生、为梦想而生的08·黄鹤楼孕育而生。

它的诞生是黄鹤楼品牌传承奥运精神、传承梦想、开创未来的宣言;它是全面展现黄鹤楼品牌和谐观的一支产品,它的诞生呼应着"建设和谐社会、实现和谐发展"的社会主流价值和民族振兴梦想。08·黄鹤楼不再是纯粹意义上的一款香烟,而是一种精神载体,一种对奥运精神的理解、寄托、追求的情结,在奥运精神理念的指引下,黄鹤楼将矢志传新、追求卓越,以更多、更好、更美的产品结缘奥运、回报社会。

**2. 品道·黄鹤楼**

采用高尔夫球体内嵌弧面为符号,别出心裁,与众人熟知的高尚休闲运动形成直接联想,建立高尔夫文化与中国传统文化之间的桥梁,倡导雅士族群的修身之道、礼仪之道、诚信之道、平等之道。

以四季不同的高尔夫球场为设计元素,对应以个性化的天然香料配方,首创时令消费概念,春夏秋冬四款系列产品分季投放。

首创横式双推盒型,两个包装腔具备生物钟分时功能,与推杆入洞的高尔夫运动相呼应,为享受生活、热爱运动的创业者倾心打造,既懂积极开创的工作之道,又知倾情享受的休闲之道。

**3. 圆梦·黄鹤楼**

采用红色为主色调,鲜艳夺目,蕴含无比的激情与澎湃的生命力,体现出一种自我超越、不断进取的运动精神。

采用分子结构图为元素,寓意"分子魔方",代表分子技术在植物减害方面的无限可能,令消费者以更为健康的身体和豁达的心态面对人生旅途上一次又一次的圆梦行动。

(二)黄鹤楼品牌"六城会"营销

**1. 社会媒体**

2007年10月19日,第六届全国城市运动会在武汉开幕。在荆楚大地悠久文化的象征——黄鹤楼下,来自全国各地及港澳地区74个城市的体育健儿将和全国人民一起,共同见证这一全国体育盛会。

"六城会"是2008年北京奥运会前国内最后一次大型的综合性运动会,也是武汉有史以来承办的规模最大、规格最高、影响最广泛的全国大型综合性运动会。悠悠黄鹤的故乡——武汉,在这次盛会上展示其在中部崛起中焕发的勃勃生机。作为六城会全面合作伙伴和六城会开幕式及火炬传递的主赞助商——湖北中烟武烟集团,用行动实践着"名牌兴业,回报社会"的企业宗旨。

该届城运会火炬传递分为火炬实地传递、手机传递和网络传递三种方式,这也是城运会历史上的首次创新。"我是火炬手"网络与实地传递活动均由黄鹤楼品牌全程冠名。

活动在搜狐网站开通专题页面,采用网友互动参与的方式。全国74个城市分10条主线路,同时向武汉做火炬接力传递。在网络传递过程中,哪个城市的点击率达到2008时,这个城市的网络火炬就被点燃。

火炬实地传递活动以"两江相汇,薪火相传"为主题,先后赶赴长江源头青海的沱沱河采集"长江文明之火",汉江源头陕西宁强县玉带河采集"汉江文明之火",在商代盘龙城旧址采集"城市文明之火"。

火种采集完成后,9月在黄鹤楼举行盛大的"两江相汇、薪火相传"中华人民共和国第六届城市运动会"黄鹤楼"火炬传递活动点火起跑仪式。代表"长江文明""汉江文明"和"城市文明"的三路火种汇聚点燃城运会火炬。随后,城运圣火在汉口、武昌、汉阳及开幕式举办地——武汉经济技术开发区四个地区依次进行传递。六城会火炬传递活动持续到10月25日开幕式当晚。

在"黄鹤楼之夜"的开幕式现场,圣火由六位武汉籍奥运冠军火炬手接力传递,最后点燃主会场主火炬。现场由著名歌手谭晶演唱《黄鹤楼》,在"她从画中来,彩云丹顶鹤,明月吹玉笛,紫气相引约……"优美的吟唱中,将开幕式推向高潮。

黄鹤楼,喜迎来自祖国各地的体育健儿,为他们顽强拼搏的体育精神加油喝彩。

**2. 自有媒体**

黄鹤楼品牌自有媒体《黄鹤楼周刊》定位中国零售第一传媒,以"服务终端 引导终端 造福终端"为宗旨,面向全国公开发行,期发行量突破80万份。

2007年9月28日,《黄鹤楼周刊》第84期重磅推出《节会盛宴 你我共享》特刊,重点策划六城会《32城32人》专题,倡导"共享运动之美"。

该专题采访了参会的32个城市的32位零售户,从不同的诠释中探寻体育运动的内涵,得出体育的本质应该是"快乐"的答案。

"每天锻炼一小时,健康生活一辈子"。朱德同志曾说:"努力发展体育事业,把我们的国民锻炼成为身体健康精神愉快的人。"现实告诉我们,体育运动不仅能给人们带来健康的身体,还能给人们带来精神的愉悦。

美学界根据美的不同性质,将其分为现实美和艺术美。显然,体育美是一种现实美,是人类现实生活中的一种特殊的实践过程。比如,一场精彩的球赛,往往从观众狂热的呐喊声中开始,在欢呼的浪潮里结束。其实,在体育运动的阵阵呐喊声中,一根小小的木棒,一面小小的旗帜,连接着的是团结和友爱,传递着的是勇气和力量,演绎着的是奋斗和拼搏……

由此,《黄鹤楼周刊》倡议作为一个中国人,作为新时代的零售店主,除了以各种形式为体育健儿加油呐喊外,更应该以自己的实际行动来践行奥林匹克运动精神,积极参与体育锻炼,宣传奥运精神,增强自身体质,提升综合素养。

如果没有快乐,体育将失去所有的魅力,乃至生存的基础。可以说,一个和谐的社会,一个有活力的社会,需要营造一种"处处有赛事,人人皆参与"的体育氛围,更需要"人人热爱体育,人人参与运动"的公民自觉。

黄鹤楼从品牌出发,而不囿于营销,从更宏大的视角倡导体育精神、营造运动氛围,体现出强大的社会责任意识,赢得更广泛的认同和美誉。

(三)黄鹤楼品牌2008北京奥运营销

**1. 社会媒体**

在北京奥运会倒计时100天时,由湖北广电总台交通频道、黄鹤楼科技园联合主办的"黄鹤楼杯奥运知识大赛"启动。"黄鹤楼杯奥运知识大赛"的初赛于2008年4月30日到7月30日期间进行。在3个月的比赛过程中,全省广播听众通过每天17:00到18:00的湖北交广(调频1078)《奥运总动员》节目参与比赛,每期节目提出5道奥运知识问题。参赛者通过短信回答问题,每天从参与答题者中随机抽取5位听众获得幸运奖,并记录答案正确者手机号码,每天答对一题可积累一分。手机号码为参赛者唯一身份标识。初赛结束后,积累分数最高的10位参与者与湖北交通广播主持人一起参与总决赛,由评委从10位入围者中评出奥运知识王以及最佳表现奖获得者。

2008年5月31日,奥运火炬接力武汉站的传递正式开始。起跑仪式设在黄鹤楼公园。湖北中烟总经理彭明权代表湖北企业家履行第3棒奥运火炬接力的职责。他表示:"传递火炬时,我看到万人空巷的场景,无论男女老幼都顶着烈日,齐声高喊'中国加油,四川挺住',让人感动。火炬手的荣誉是社会给予的,作为一个企业家,一定要有社会责任感。"

四川地震后,"黄鹤楼"先后捐赠三千万款物。彭明权说:"我们会继续援建抗震学校,绝不让灾区儿童失学。"

彭明权还送上了对北京奥运会的祝福:"奥运会在中国举办,我们都是东道主。承载着13亿中国人民祝福的北京奥运,怎么可能不办成世界上最好,最精彩的奥运会。"

**2. 自有媒体**

中国奥运年之际,《黄鹤楼周刊》与湖北中烟营销中心市场研究部联袂楼上楼网共同推出"加油!健康店主!"年度主题活动。此次活动旨在宣传奥林匹克精神,为2008北京奥运会助威加油,同时,也为广大零售户朋友提供一个凸显自我、展示活力、释放激情的舞台。

活动按健康身、健康道、健康心三个类别,分别进行评选(健康身侧重于店主的身体状况、锻炼情况、才艺表现等;健康道侧重于店主的生活方式、养身之道等;健康心侧重于店主的健康经营、经营之道等),开展擂台式的展示与对比,在全国零售终端激起强烈反响。

北京奥运前期,《黄鹤楼周刊》编辑出版《奥运新观察》,通过"奥运全接触""奥运夺金点""香烟与体育""黄鹤楼与体育""名人寄语黄鹤楼"等多个板块,与读者共同分享同一个世界,同一个梦想。北京奥运期间,《黄鹤楼周刊》推出"奥运五味"专题策划,通过"甜、咸、涩、鲜、辣"5个板块,见证一个城市的狂欢,一个国家的盛会,一个世界的舞台。

### （四）黄鹤楼品牌2012伦敦奥运营销

**1. 社会媒体**

现代营销理念认为,广告宣传是商品走向成功的法宝。然而烟草企业只能在法律法规的严格限制下从事商业活动,于是有人形象地称烟草广告宣传是"戴着镣铐的舞蹈"。

在控烟日益严峻的今天,烟草企业和品牌应该审视的不是有没有禁令,而是是否用足了禁令之外的政策,是否在法规许可的范围内施展了自己的拳脚。

《烟草广告管理暂行办法》明文规定:禁止利用广播、电影、电视、报纸、报刊发布烟草广告。网络的出现,使得现行广告管理出现了空隙,也给烟草行业宣传自我提供了一个新的空间。

伦敦奥运期间,黄鹤楼品牌在网络发布《黄鹤楼品牌与奥运情结》《黑马与卫冕——透过奥运看黄鹤楼品牌》等一系列文章,透过强势的媒体传播,引发消费者的关注和认同,形成品牌忠诚,创造品牌信仰,将体育营销推向新的高度。

**2. 自有媒体**

"千杯恩,十年舞,此去漫天游。"一曲《黄鹤楼》,悠悠感恩情。

奥运前期,黄鹤楼品牌推出"奥运夺金 感恩有礼"竞答活动——支持祖国奥运夺金,为中华健儿助威;感恩读者多年支持,为零售生活添彩。

该活动由黄鹤楼品牌旗下中国零售第一传媒《黄鹤楼周刊》、中国零售第一传媒网楼上楼网及《黄鹤楼周刊》手机报、楼上楼网手机报联袂推出,通过纸媒、网媒、移动媒体的全媒体活动,多形式、全方位地倡导奥运精神、传播品牌理念。

《黄鹤楼周刊》策划推出《同做一个梦 共尽一份力》奥运特刊。该特刊汇集"为奥运加油"微博互动、"奥运夺金 感恩有礼"有奖竞答、"奥运那些事儿"专栏、零售服务星之"兴隆奥运"特别报道等内容,赢得广泛关注与好评。

楼上楼网策划推出"每日竞猜"主题板块活动,邀网友一同观看2012年伦敦奥运。看新闻、猜金牌、赢积分、兑礼品!"每日竞猜"陪您一同关注赛事赛况,"奥运新闻"为您关注全程赛事,"祝福奥运"让大家齐声为中国健儿加油助威。同时,设定"每日抢楼幸运奖"及"抢楼终极大奖"。其中,"抢楼终极大奖"根据中国队获得的金牌总数、银牌总数、铜牌总数及总奖牌数,设定中奖序号。

## 黄鹤楼体育营销的解析

如今,随着举办体育赛事的经验累积,国内体育赛事的各个方面都日趋成熟,另一方面,国际体育盛会的举办也开始越来越多地聚焦中国。

于是,当体育经济对话中国市场之时,从以营利为目的的企业角度看,如何携体育营销之利器来开创巨大商机,从而最终实现体育赛事的成功举办与品牌的成功推广的双赢局面,是必须解决的共同的课题。

传统的冠名、代言固然是种方式。然而,对于企业重要的不仅仅是知名度,还有消费者的认可度和忠诚度。如何将体育资源与企业品牌有机结合起来,达到深层次的传播效果,才是国内企业当前探索的方向。

借势传媒,缔造经典。黄鹤楼品牌以体育活动为载体,有效整合内外部媒体资源,在让消费者认知、熟悉、接纳、喜欢、忠诚品牌的同时,更借助体育比赛的高度关注践行了企业的社会责任,实现了企业自身品牌的发展。

(一)黄鹤楼品牌体育营销责任意识

据美国的一项调查显示,64%的消费者更愿意购买体育赞助厂商的产品;而同样的资金投入为体育赞助企业带来的回报是常规广告的3倍。

当今社会,消费者在购买产品时,不但希望产品提供应有的功能,更希望从产品中得到情感的共鸣。一直以来,黄鹤楼品牌把体育营销作为品牌建设的重要组成部分,以媒体为平台,一方面通过赞助和报道体育盛会,在短期内迅速提高品牌的知名度和销售业绩;另一方面通过倡导和传播体育精神,树立起良好的企业形象,着眼于长远,有效提升品牌的美誉度和忠诚度。

2011年、2012年,黄鹤楼品牌以高达270亿元的品牌价值连续两次荣登《胡润品牌榜》,与其深具社会责任意识的良好品牌形象是密不可分的。

(二)黄鹤楼品牌体育营销传媒战略

约翰·托夫勒在《第四次浪潮》中指出,人类社会的第五次浪潮将是娱乐业的发展。而体育和音乐作为娱乐业的代表将成为国际营销的重要途径。

传统体育营销主要依托于体育活动(赞助形式),将产品(或企业)与体育结合,把体育项目内涵赋予企业品牌,通过形成特有的企业识别或品牌演绎,从而实现价值增值。

黄鹤楼品牌突破冠名、代言等简单的传统体育营销赞助模式,通过传媒报道、传媒活动等多种形式,实现体育文化与品牌文化、企业文化的融合,实现与消费者、经销商的沟通和互动,从而引起受众思想上、情感上的精神共鸣,赢得更多的社会认同和品牌美誉。

(三)黄鹤楼品牌体育营销传媒模式

营销模式是企业营销的战略战术,是利润创造的价值逻辑。对于企业来说,模式是一套由各种要素和方法形成的体系,是企业的营销工具。从这个意义上说,营销模式创新决定着企业的发展前途。

黄鹤楼品牌体育营销的成功,从某种意义上来说正取决于其建立了一个良好的"土"字形传媒营销模式,即以全媒体营销为自主传播平台,以全方位营销为互动传播渠道,以全天候营销为体验传播分享,为品牌的培植和成长夯实根基。如图22-2所示为黄鹤楼品牌"土"字形传媒营销模式。

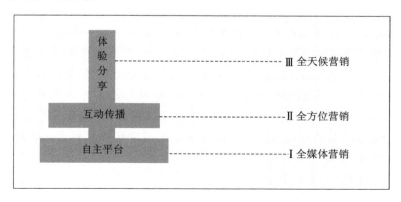

图22-2 黄鹤楼品牌"土"字形传媒营销模式

1. 自主平台：全媒体营销

"全媒体"（omnimedia）指一种业务运作的整体模式与策略，即运用所有媒体手段和平台来构建大的传播体系，实现任何人、任何时间、任何地点、以任何方式接收任何媒体内容。

随着以互联网为代表的新媒体的快速发展，企业营销经历了网络时代、多媒体时代、媒介融合时代，进入现今最为火热的全媒体时代。在全媒体时代，传统广告与营销方式已被颠覆，新的营销方式与需求正在诞生。

黄鹤楼品牌与时俱进，初步构建起融纸质媒体、网络媒体、移动媒体、户外媒体等多种媒体手段于一体的全媒体传播体系。2012伦敦奥运会，黄鹤楼品牌通过报（《黄鹤楼周刊》）、网（楼上楼网）、移动终端（黄鹤楼周刊手机报、楼上楼网手机报）联动，在传播体系与体育营销有效对接的基础上，实现了对具有不同阅读需求、不同信息接收习惯人群的广泛覆盖，取得良好成效。如图22-3所示为黄鹤楼品牌全媒体营销平台。

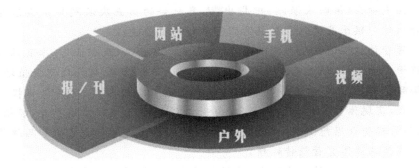

图 22-3　黄鹤楼品牌全媒体营销平台

2. 互动传播：全方位营销

在营销体系中，与"全媒体"相对应的概念是 HMC 理念（Holistic Marketing Communications，"全方位营销传播"，又译为"整体营销传播"）。

所谓"全方位营销传播"，其实就是"组织以顾客为中心，从整个公司的长期视点出发，有机、整合性地展开市场营销活动的过程或是思考方法。"

湖北中烟倡导"服务为王"的价值理念，即满足需求，提供服务，变产品为服务于消费者真实需要的载体。黄鹤楼品牌在体育营销上，同样贯彻了这一价值理念。一是明确"顾客导向"，在消费者日益聪明和审慎的今天，所有的营销行为都强调从顾客的角度进行重新审视。无论是体育相关品牌的开发，还是体育盛事活动的策划，都力求能够与顾客达成心灵和情感的共鸣。二是重视"终端建构"，终端的宣传和推荐可以最直接有效地吸引消费者，从而增加消费者购买欲望。一直以来，黄鹤楼品牌以《黄鹤楼周刊》、楼上楼网为平台，致力于服务终端、引导终端、造福终端，得到了全国零售终端的广泛认同，与终端共同创造价值分配价值，实现了双方的共赢。

如果说以前的 IMC 理念（Integrated Marketing Communications，"整合营销传播"）几乎都是以企业的战略要素整合为目标，追求企业内部的完善化和高效化，那么黄鹤楼品牌在营销，尤其是体育营销上所呈现出的 HMC 理念则是将消费者与企业放在一起，以包容性的双赢型价值创造为目标，在销售产品的同时，使消费者对企业品牌形象，品牌文化产生认同感。

3.体验分享:全天候营销

埃里克·舒尔茨指出了成功推广活动的三要素:一份独特而令人神往的奖励,一个公平的获奖机会,一个简单易玩的游戏。

在营销策划上,黄鹤楼品牌通过积分兑奖、有奖竞答、微博转发等多种活动,在提高品牌曝光度的同时,强调受众参与度和体验度的提升。

对于传统媒体来说,目标永远是更大、更广、更突出。而对于社交媒体来说,最重要的是吸引用户并且激发他们进行分享的动力。

结合2012年伦敦奥运会,《黄鹤楼周刊》推出"为奥运加油"微博送祝福活动,楼上楼网推出"每日抢楼"微博竞猜活动,有效激发了微博粉丝和网友的参与热情,实现了品牌知名度、美誉度的提升;通过受众主动参与、体验并分享的传播,实现了不受时间限制的全天候营销。

### 参考文献

[1]熊源,张小平.用社会责任感支持奥运[N].湖北日报,2008-06-01.
[2]李成平.黄鹤楼品牌与奥运情结[EB/OL]. http://www.tobaccochina.com/news/China/brand/20128/2012820141851_530468.shtml.
[3]佚名.黄鹤楼,为六城会加油喝彩[N].体育周报,2007-10-25.
[4]熊源,张小平.用社会责任感支持奥运[N].湖北日报,2008-06-01.
[5]冯欣楠.从产品为王到服务为王——对话湖北中烟总经理彭明权[N].长江日报,2011-09-19.

# 案例二十三 匡威跨界营销

## 一、企业简介

如图23-1所示为匡威LOGO。Converse（匡威），如同很多其他品牌的由来一样，是取自于创办人Marquis M. Converse先生的姓氏，1908年在马萨诸塞州工厂最初由15名从业人员生产开始，All Star从此诞生。

1917年，第一双Converse All Star鞋问世，凭着产品本身的优异特性，经过多年不断的考验之后，成为历史上著名的运动鞋之一。

同年，二十世纪初素有"篮球大使"之称的美国职篮巨星CHUCK TAYLOR（查克·泰勒）作为一名年轻篮球运动员加入了职篮联盟，当时年轻的他对这款新面世的帆布鞋爱不释手，并深信ALL STAR鞋能让篮球选手在球场上纵横驰骋，尽情发挥，因而无论走到哪里，查克总会带一双ALL STAR的帆布鞋，并随时很热心地向身边的球友、篮球选手和教练推荐此款帆布鞋，并根据篮球运动和对运动鞋

图23-1 匡威

的要求，亲自参与了改良设计ALL STAR系列的帆布鞋，使得它更适于篮球运动。由于他不断地推荐Converse All Star系列球鞋，并卖给各大学及高中篮球队，所以，Chuck Taylor便于1921年与Converse签约，成为业务代表的一员，翻开了Converse和Chuck Taylor传奇性合作的第一页。两年后，Chuck Taylor的签名被放在运动鞋的脚踝处，成为产品的特色之一，All Star于是理所当然地在美国等地区成为篮球鞋的代名词。1935年著名加拿大羽毛球运动员Jack Purcell为Converse设计出创新耐用的Jack Purcell（开口笑）系列，成为Converse的另一经典。1936年Chuck Taylor的签名成为Converse（匡威）商标的一部分，与匡威密不可分，并且展开了人们在运动场合穿运动鞋的概念。同年，Converse All Star鞋成为美国奥运篮球代表队的指定专用鞋，匡威终于回到了与篮球领域的合作初衷。

事到如今，匡威经历着很多变化，加入过二战期间美国军需品的生产行列，由黑白向彩色过度的鞋身，在纳斯达克股票市场挂牌推出，风靡日本，联姻NBA，推出皮质的匡威鞋等，无不透露着蓬勃发展的气息。

## 二、匡威跨界营销战略

半个多世纪过去了,匡威的全明星经典帆布鞋已成为全世界家喻户晓的帆布鞋的代名词。并且以六亿双的数字创造了全球唯一单一鞋型销售的纪录。在营销结果上,成功的同麦当劳、可口可乐、福特汽车、李维斯牛仔裤一样成为美国传统文化精神的代表,在逐年地对中国市场的渗透中,也逐渐以精准的市场营销策略拥有固定的消费群体。

现在匡威已经是NBA的指定用鞋,随着科技的发展,篮球鞋已经发展成了高科技,过去用作单纯运动的帆布鞋已经是时尚人士喜欢的品牌。消费者可以从产品上感觉到,这个品牌有经典和时尚的味道,匡威品牌是逐渐透过它的经典和时尚的味道,在自己的舞台上不断地实现自我。这几年推出了"BE A STAR"的概念,含义是希望每个人在自己的舞台上展现自我,实现自我,这就是匡威过去百年实现的文化。经典、怀旧,又带着无尽的潮流气息,这一切就需要市场营销来传达给受众。匡威以一种跨界营销的方式很精准的传达了品牌内涵。

### (一)跨界明星代言

作为跨界营销高手的匡威曾有一个阶段的重点营销策略都放在明星代言上面,而且在代言人方面选择堪称明智。抛开篮球系列不谈,从帆布鞋的代言人来看,最受大学生欢迎的气质才女徐静蕾、有着阳光帅气形象致力于影视和音乐双向发展的何润东和苏有朋,以及有日本超级偶像之称的木村拓哉,都曾在1999年到2001年间为该品牌做过代言。不难看出,匡威在2000年前后的明星代言策略还依然走着谨慎而中规中矩的道路。

2002年世界杯的时候孙燕姿代言过匡威,匡威从此彻底走上了音乐营销的道路。之后匡威选中了炙手可热的摇滚乐队苏打绿,也算正式明确了自己的营销定位。前往英国录制新专辑时,第一次与媒体正式碰面,苏打绿即以超强爆发力及狂热摇滚音乐袭击全场,特别献唱从英国伦敦回国的最新力作"狂热"完整版。主唱青峰说,前往摇滚圣地——英国伦敦录制新专辑,当然要带回来原创精神浓厚的摇滚大礼,这正和匡威始终诉求的创意至上、颠覆有理,不谋而合。

不难看出匡威代言人的走向和侧重点的变化,从一开始的按部就班的吸引学生群体到逐步走向流行时尚的道路。最后终于确定了以时尚的定位走音乐营销的路线,开始将主要精力放在音乐和新型运动时尚的营销上。

### (二)跨界时尚圈

**1. 参与时尚聚会**

极强传染性,是时尚的最大特点。近600年来,艾滋病是人类最大的健康危机。为了帮助非洲人民对抗艾滋病,2006年,爱尔兰著名摇滚乐团U2主唱波诺、关怀非洲的慈善团体DATA主席Bobby Shriver与全球基金合作,于2006年3月在英国创立持续性全球计划及品牌(RED),并于同年10月进入美国。"红色"计划成功的重要因素是充分地调动了时尚资源,作为在美国有话语权的时尚品牌,匡威及众多大牌,是他们所在领域的潮流制造者,有他们参与,号召力不言而喻。这些有影响力的品牌参与其中,共同为一个品牌贴牌生产并销售,本身就是营销领域跨界的大案例。为了支援"红色"计划,匡威先后推出了CHUCK TAYLOR ALL STAR与各位设计师合作的鞋款,鞋眼扣的红色呼应了红色计划(RED)的精神,鞋舌处标示了CONVERSE RED慈善活动内容,除了公益活动的代表性,也兼顾了鞋款本身的独特感与珍藏价值。在做公益的同时提升了自己的品牌在群众中的好感度和知名度,也闯入了时尚圈成为潮牌的一分子。

**2. 携手知名设计师**

除了参与时尚活动之外,匡威也开始找寻新的机遇,开始与时尚设计师携手出版限量的款式和设计款。将时尚与自己品牌有机结合,完美联姻。

"爱"是全人类共通的语言。自从匡威同日本知名设计大师川久保玲(Comme des Garcons)联名设计推出PLAY系列的爱心帆布鞋后,知名的品牌联手,可爱简洁具有设计感的图案,经典的高低帮款式,一推出就遭到了匡威和川久保玲双方粉丝的大力赞赏和追捧,也在时尚圈引起了一时的热烈关注。"爱"也是设计中永恒的主题,近期,匡威又一次与知名艺术家Robert Indiana合作推出"Love"系列球鞋。曝光的新品可以看见在鞋底侧加入了"Love"标示,鞋舌上则增加了Robert Indiana签名。这款限量的设计版球鞋将在2010年面世,未见其品先闻其声,可谓赚足眼球,吸引了不少时尚迷的期盼。

### (三)跨界音乐圈

**1. 原创**

在匡威品牌一百年之际,"让原创走出去"全国巡回音乐讲谈会在北京开始活动,匡威与Lee Guitars这个象征华人音乐最高标准的音乐品牌携手,由李宗盛领衔、周华健、张震岳、黄品冠、房祖名、戴配妮等明星参与,在上海、广州、北京、武汉、成都、沈阳、西安、重庆等城市办文艺交流活动,最后还在台北演出。同时伴随此次音乐活动的还有Converse All Star全线价格提升策略。一个品牌在某一市场中的价格定位调整,是需要"装饰"的。只有通过"装饰"才能自然、柔和地过度,承上启下地完成市场消费群的新老交替。这个工作做得好,可以事半功倍,巩固原有消费者的同时迎接新的目标消费群。而这个工作被忽略不做,也许会让品牌步入消费者"青黄不接"的阶段。

于是这无疑是匡威百年华诞送给自己的一份厚礼。提升了价格的同时也为自己做了一次有力的营销。匡威借Lee Guitars与各路明星的号召影响力量,在全中国把原创风吹透。这个过程,也是一种生活方式与精神状态的提倡,在精神上面提升了品牌的灵魂。

**2. 摇滚**

不得不提的是匡威大举进军摇滚音乐圈的另一壮举——爱噪音巡回音乐纪录片活动。"Converse一直主张并促进扎根于音乐的创意与品牌",Converse首席市场执行官杰夫·科特瑞(Geoff Cottril)说到,"该纪录片与原创市场宣传平台是一个水到渠成的硕果,因为我们探索出了一条将现有歌迷与潜在歌迷一起带入成长中的中国原创摇滚文化的品牌联动之中,而这种做法是前无古人的。我们被这些勇气与天赋兼备的摇滚乐手启发并感动,欣喜地将这一舞台交给他们来自由发挥。"Converse自豪地借此宣传活动发布之即,为新一代中国摇滚爱好者的心声与噪音举杯庆贺。

### 匡威跨界营销的解析

跨界合作,即英文"Crossover",也称"联名设计"。Crossover是时尚界、潮流界这几年来的大热门。作为知名时尚运动品牌的匡威Converse堪称跨界营销的高手,当今全球正在逐渐向经济一体化的浪潮靠拢。各行业掀起了整合的热潮,在与NIKE公司强强联手后,匡威总部与 NIKE 公司成功签订有关合并协议,继而匡威在中国的发展史成为一个国际性的体育品牌与中国市场不断融合的过程。先进的营销管理经验,在现有基础上取得更大的发展机会——进一步集中精力发展其核心业务(Chuck Taylor All Star 系列、Jack Purcell 开口笑系列、经典运动功能系列等)并有效扩展产品线,以个性的营销赢得广大消费群体的认同。

匡威的策略改变是逐步的,从一开始的体育起家到逐渐开始走向实用性生活化,到最后的休闲时尚的道路。体育和休闲慢慢地融合在一起,虽然依然有专业的体育方面的产品推出,但是帆布鞋方面主要以休闲为主,融合了舒适的运动风格。匡威的发展里程中,早期就是帆布鞋,20 世纪是非常专业的做运动的品牌。因为篮球鞋发展的历史,让匡威的帆布鞋摇身蜕变成时尚的配件。

1. 口碑营销

所以在营销的整个市场的操作上,匡威定位在了与时尚界相结合的理念,如今,匡威将另一部分重点放在了音乐界上。成为时尚和独立音乐代名词的匡威也开始与越来越多的知名设计师和时尚圈内人士合作,大打时尚牌,以独立个性著称推出众多的纪念版和限量款等。例如:匡威尝试过与英国传奇摇滚艺人 Pink Floyd 乐队、Ozzy Osbourne、The Who 乐队合作,并获得了成功。这些偶像乐队的外表造型无不激发着 Converse 的设计灵感,Converse 也正以自己的设计向这些打破常规、改写历史的先锋乐队致敬。潜移默化地在时尚圈以及音乐圈内做了很好地口碑营销。

2. 心理营销

从独立音乐团体苏打绿的代言到匡威爱噪音,无不体现出匡威营销方面敏锐的嗅觉。消费人群定位于年轻人的匡威很好地抓住了年轻群体的爱好,将持续在年轻人中风行的摇滚和独立音乐作为旗帜打了出来。很多独立乐队和团体从头到尾都会以经典的匡威帆布鞋亮相舞台,这也是为匡威帆布鞋做了一种无声而有力的宣传,作为一种心理营销是极其成功的。导致想到独立或另类的音乐就不能忽视匡威帆布鞋的存在。

3. 明确的品牌定位

虽然也有运动员为匡威篮球鞋做代言,但在现阶段上,匡威的运动系列还是不能与耐克、阿迪达斯、锐步相抗衡的。匡威品牌另辟蹊径不失为一种明智的选择,它希望用自己的方式在市场上制胜。即保持在运动系列有专门的匡威运动明星代言系列,而休闲帆布鞋就是时尚界的代言人。在价值观念多元化的社会,年轻的人们讲究个性和选择,各自按照自己的喜好和个性选择自己喜欢及认同的品牌。没有一个明确清晰的品牌形象个性就试图争取所有年轻人的产品,很有可能为所有年轻人所不取。品牌是否有自己的鲜明个性特征,决定了它能否在消费者心目中留下深刻印象。匡威如果没有强烈的品牌个性特征,或者有特征而不会表达传递,就很难在天天接受新信息的年轻人脑中留下深刻印象,更何谈认同。当然,传递的个性特征必须是属于匡威自己的、独特的。

近年来,匡威将产品定位在时尚、经典市场,并通过帆布鞋的高速普及率体现了出来。其实无论匡威的品牌核心价值、形象个性如何,如果把 CONVERSE 默认定位为时尚、经典,那就必须在广告宣传上对这一定位贯彻执行。但是消费者不会因为代言人而对品牌改变印象,明星策略在中国已经趋于疲软了,所以匡威在整个营销的手法上,带给消费者的实质利益还是最重要的。因而匡威另辟蹊径的音乐和时尚营销不失为事半功倍的营销手段。

## 参考文献

[1] 王巍栋. 营销触角有多长——跨界营销:营销转折时代的图腾[J]. 现代商业, 2009(19).

[2] 王巍栋. 跨界营销:另类的强强联手[J]. 民营视界, 2009(2).

[3] 伯建新. 跨界营销的应用及原则[J]. 中国牧业通讯, 2008(19).

[4] CROSSOVER成功的关键密码——热衷跨界营销的消费者洞察报告[J]. 中国广告, 2009(1).

[5] 陈惠心. 百年叛逆——匡威[J]. 新智慧财富版, 2008(9).

# 后记

南非前总统曼德拉曾说过:"体育,拥有改变世界的力量。"体育不但是世界各国人民喜爱的活动,也逐渐成为企业的新宠,许多企业都与体育营销结下不解之缘,并取得不俗的成绩,其中既有像可口可乐、三星这样的体育营销先行者,又有像联想、红塔、安踏之类的后起之秀,这些成功的案例向我们展示了各种各样的营销模式。

根据笔者多年的观察,很多学生、体育品牌营销人员希望有一些典型的体育营销案例,可以帮助自己加深对理论知识的认识和完善一些体育市场营销方面的具体操作。基于以上考虑,笔者甄选出一些比较有代表性的案例,经过反复的推敲,最后精选了 23 个典型的案例,集结成了本书,望对从事体育营销理论研究和实践操作的人能有所借鉴。

从宏观方面讲,本书对提升中国体育营销的水平,探讨中国特色的体育营销的规律模式,促进中国体育营销的进一步发展,具有一定的意义。通过对体育营销经典案例的深入研究,不仅可以提高企业的体育营销意识,强化企业的体育营销能力,还能促进体育营销理论和评价指标体系的完善。从微观层面讲,运用《体育营销案例》中的营销理念解决个案中出现的实际问题,可以在一定程度上弥补体育营销学学生实践的不足,也可以使从事营销方面的职场人员从中汲取灵感,有所创新。

在本书编辑撰稿中,武汉理工大学国际教育学院张馨老师,研究生肖楠、金慧、徐闻闻提供了资料并参与了部分案例的编辑,在此一并感谢。

尽管本书作者有着多年的营销学教学和实践经验,自始至终抱以严谨的态度,力求准确。但鉴于时间、精力和水平有限,书中难免有不当之处。在此也恳请广大读者批评指正。